经济学机制设计理论及其应用研究

方楚怡 著

上海大学出版社
·上海·

图书在版编目(CIP)数据

经济学机制设计理论及其应用研究/方楚怡著.—
上海:上海大学出版社,2024.1
ISBN 978-7-5671-4924-3

Ⅰ.①经… Ⅱ.①方… Ⅲ.①经济机制-研究 Ⅳ.
①F014.36

中国国家版本馆 CIP 数据核字(2024)第 005623 号

责任编辑　王　聪
封面设计　倪天辰
技术编辑　金　鑫　钱宇坤

经济学机制设计理论及其应用研究

方楚怡　著

上海大学出版社出版发行
(上海市上大路99号　邮政编码200444)
(https://www.shupress.cn　发行热线 021-66135112)
出版人　戴骏豪

*

南京展望文化发展有限公司排版
广东虎彩云印刷有限公司印刷　各地新华书店经销
开本 710mm×1000mm 1/16　印张15.75　字数253千字
2024年1月第1版　2024年1月第1次印刷
ISBN 978-7-5671-4924-3/F・241　定价　78.00元

版权所有　侵权必究
如发现本书有印装质量问题请与印刷厂质量科联系
联系电话:0769-85252189

目 录

第1章 机制设计的理论介绍 …………………………………………… 1
  1.1 机制设计理论的定义与发展 ………………………………… 1
  1.2 机制设计理论的理论基础及主要研究内容 ………………… 3
  1.3 机制设计理论与传统经济理论的比较 ……………………… 4

第2章 机制设计理论的重要性及相关理论基础 ……………………… 6
  2.1 研究目标及意义 ……………………………………………… 6
  2.2 机制设计理论的重要性 ……………………………………… 7
  2.3 信息不完全下的机制设计 …………………………………… 9
  2.4 有效制度与机制设计 ………………………………………… 12

第3章 机制设计在新能源汽车领域的应用 …………………………… 15
  3.1 研究背景 ……………………………………………………… 15
  3.2 研究方法的介绍 ……………………………………………… 23
  3.3 新能源汽车相关重要概念介绍 ……………………………… 24
  3.4 相关文献 ……………………………………………………… 27
  3.5 购置税减免政策对汽车企业行为影响的演化博弈模型 …… 34
  3.6 购置税减免政策对新能源汽车企业技术创新的仿真分析 … 48
  3.7 结论与建议 …………………………………………………… 68

第4章 机制设计在跨领域国际贸易中的应用 ······ 71
4.1 研究背景 ······ 71
4.2 研究方法的介绍 ······ 73
4.3 国内外研究综述 ······ 74
4.4 概念界定与现状分析 ······ 79
4.5 基于知识产权的中美贸易理论模型构建 ······ 85
4.6 跨领域贸易政策对中美经济影响的实证及仿真分析 ······ 91
4.7 结论与建议 ······ 99

第5章 机制设计在外卖O2O平台中的应用 ······ 101
5.1 研究背景 ······ 102
5.2 文献综述 ······ 103
5.3 研究方法 ······ 106
5.4 相关概念及理论基础 ······ 107
5.5 我国外卖行业食品安全现状及监管问题 ······ 112
5.6 外卖O2O平台食品安全问题的演化博弈分析 ······ 119
5.7 外卖O2O平台食品安全问题的数值仿真 ······ 131
5.8 结论与建议 ······ 138

第6章 机制设计在"后P2P时代"监管问题的应用 ······ 141
6.1 研究背景 ······ 142
6.2 国内外相关研究综述 ······ 143
6.3 研究方法 ······ 147
6.4 相关概念及理论基础 ······ 148
6.5 中国P2P网络借贷的现状分析 ······ 151
6.6 "后P2P时代"监管机制的演化博弈分析 ······ 161
6.7 案例分析与数值仿真分析 ······ 170

6.8 结论与建议 …………………………………………………… 174

第 7 章 机制设计在电商平台直播业务中的应用 …………………… 178
7.1 研究背景 ……………………………………………………… 178
7.2 研究方法 ……………………………………………………… 180
7.3 文献综述 ……………………………………………………… 180
7.4 电商直播发展现状及市场分析 ……………………………… 183
7.5 相关理论 ……………………………………………………… 189
7.6 模型构建 ……………………………………………………… 192
7.7 结论与建议 …………………………………………………… 202

第 8 章 机制设计在国际贸易领域中的应用 ………………………… 204
8.1 研究背景 ……………………………………………………… 204
8.2 国内外研究现状 ……………………………………………… 206
8.3 相关理论基础 ………………………………………………… 211
8.4 基于博弈论的贸易机制研究 ………………………………… 214
8.5 不完全信息博弈模型下中美贸易战的形成机理 …………… 218
8.6 结论与建议 …………………………………………………… 222

第 9 章 小结 …………………………………………………………… 224
9.1 机制设计理论的优势与问题 ………………………………… 224
9.2 未来的研究方向和挑战 ……………………………………… 226

参考文献 …………………………………………………………………… 230
后记 ………………………………………………………………………… 241

第 1 章
机制设计的理论介绍

1.1 机制设计理论的定义与发展

机制设计理论,这个词汇可能在我们的生活中并不常见,但在我们周围的经济活动中却有着深远的影响。它起源于经济学,是一种创新的理论框架,基本理念是通过精巧设计的经济机制,可以使个体在追求自身利益的同时,也能带动社会的整体福利。这一理论不仅仅是为某一时刻的经济决策提供了解决方案,更是为整个决策过程的优化提供了理论支持。

机制设计理论又称为"逆向博弈论",被誉为"实施理论"的核心,其深度钻研如何通过设定一套"游戏规则"使得个体在自我利益驱动下进行行为选择,能够达到社会福利的最大化。这一理论在经济决策、市场交易等方面具有广泛的应用,主要涉及资源的配置和分配,即在有限的资源环境下,如何通过有效的机制,激励参与者运用自身的信息和能力,朝向社会总福利最大化的方向做出决策。

作为一种科学的制度设计和规则设定,机制设计理论以制度为工具,引导参与者的行为选择,形成一种相互激励、相互竞争的秩序。这种基于个体自我利益的集体最优选择,既考虑到了每个参与者的个性化需求,也实现了社会福利的整体提升。在公共拍卖、投标竞赛、公司股权设计等应用场景中,机制设计理论的作用更是凸显出来。例如,在公共拍卖中,拍卖机制的设计可以激励拍卖者报出真实的估价,从而实现该物品的价值最大化和资源的最优配置;在投标竞赛中,竞标机制的设计可以激励竞标者提出合理的竞标价格,从而避免竞价过高或竞价过低等问题,确保竞赛的公平性和效率;在公司股权设计中,股权分配机制的设计可以激励股东、员工等各方参与者维护公司的长期发展,从而促进公司价值的最大化。

在一个经济体中，无论是市场交易，还是资源配置，都是在不完全信息的情况下进行的。也就是说，经济参与者在做出决策时，往往无法获得完全的信息。这就给参与者带来了巨大的决策困难，因为他们无法确定其他参与者的行动。而机制设计理论就是在这种背景下诞生的，它的出现，就像是为参与者计算出一条最佳的行动路径，让他们在信息不完全的情况下，也能做出最优的决策。

机制设计理论是如何发挥作用的呢？其基本思想是结合理论和实证研究，通过设计一种有效的制度或机制，可以引导和激励每个经济参与者的行为，使其与社会的整体最佳利益相一致。按照这一理念，机制设计理论不仅可以为资源配置和市场交易等传统的经济问题提供解决方案，更可以指导诸如公共服务供应、合约设计、在线交易等新型的经济问题。

在经济学的研究历程中，机制设计理论凭借它的创新性和实用性，获得了广泛的认可和应用。从它的出现到现在，这一理论在经济学中的地位日益提高，同时也开始逐渐进入其他社会科学领域，例如政治学、社会学等。不仅如此，机制设计理论还正在影响着我们生活的方方面面，从政策制定到市场交易、从资源分配到生产决策，都可以看到它的身影。因此，机制设计理论，无论是在理论研究还是在实际应用中，都占有重要的地位。机制设计理论源于博弈论和信息经济学的交叉研究，以信息非对称为出发点，致力于设计一个有效的制度或规则，使得每个个体根据自身的信息选择行动，在这个过程中实现社会最佳利益，进一步推动资源的有效配置。由于机制设计理论涉及的信息经济学的宽广领域，因此，其研究内容的主题是多元化的。

机制设计理论最初的研究主要围绕着社会选择函数的无差异性展开。在完全信息下，一个理想的社会选择函数能直接指导社会做出最佳选择，但在不完全信息的情况下，由于个体可以根据自己的私有信息来调整自己的行为，从而可能掩盖真实信息来捞取私利。因此，机制设计理论便是要解决如何在信息不对称的情况下让社会选择函数能在引导个体提供真实信息的同时，实现社会最佳选择。

然后，机制设计理论的研究范围扩大到了各类市场交易的分析。在经济活动中，各种市场交易的实现都需要信息的对称，但实际上，市场中的交易双方信息通常是不对称的。这时，通过机制设计理论的思路，可以把市场交易视为一个博弈,从而设计出相应的游戏规则,使得所有参与者在游戏中都有动力公开真实的信息,以实现市场的有效运行。

再者,机制设计理论有力地研究了如何通过激励方式实现公共物品的有效供应。公共物品的特性使得如果靠市场机制供应是很难实现资源有效配置的,而传统的政府干预提供也存在效率低下的问题。然而,机制设计理论可以设计出一种制度或规则,激励每个消费者公开他们对公共物品的需求,进而实现公共物品的有效供应。

机制设计理论研究领域的不断开拓,从社会选择函数的无差异性,到市场交易分析,再到公共物品的供应,其理论演化过程就像微观经济理论发展的浓缩版,精确地体现了理论研究如何深入生活,服务于实践的过程。长期以来的研究实践告诉我们,处理信息非对称问题的关键,在于设计出来鼓励个体公开信息的机制,只有在信息公开的基础上,我们才能实现社会福利的最大化。

1.2 机制设计理论的理论基础及主要研究内容

机制设计理论作为一种经济理论,它的基础构想来自一种理性预期的观点:在一定的规则或制度下,参与者均会以追求自我利益最大化作为行为动力。这种理论并非纯粹思辨性的设想,而是在许多实际情况下得到了验证。例如,在竞争性市场环境中,每个销售者将尽可能以最高的价格出售产品,买方则尽可能用最少的资金购买最需要的物品。在这一过程中,市场作为一种机制,利用价格信号引导各方达成交易,实现了资源的有效分配。

机制设计理论,灵感来源于博弈论,其核心理念是通过设计相应的规则或制度激励各参与者按照预期行动,以实现社会福利的最大化。理论着重于解决信息不对称的问题,即参与者独立拥有的私有信息不透明,而通过制定的规则能够引导参与者公开他们的信息,使得整个系统运行更为平稳有效。举例来说,如果一场拍卖会中,每个参与者都知道自己愿意出的最高价格,但他们不知道其他人愿意出的价格。拍卖师的任务就是设计一个机制,使得每个参与者都有动力公开他们真实的最高出价,从而找出愿意出最高价的买家。

在经济决策和市场交易中,机制设计理论的应用不言而喻。例如,公共资源的分配,如电力、水资源和其他公共服务,如何以最有效的方式分配给需求者,而机制设计理论可以通过设计良好的价格机制,促使各参与者公正、公平地分享资源。在公司股权设计的场景中,管理层和股东之间存在信息不对称,机制设计理论可以调整各方的风险和收益,诱导各方公开信息,保证公司的决策更加公正合理。

然而,机制设计理论并非万能的,也存在着一些问题和挑战。例如,理论的适用性取决于参与者的合理行为假设,而在实际情况下,人的行为通常是理性与非理性结合而作出的,这就增加了理论在实际应用中的复杂性。另外,机制设计理论往往假设参与者之间的交互是独立的,然而在现实中,参与者的行为往往是相互依赖的。比如一个供应链系统,供应商、制造商、零售商的决策都会相互影响,这一点在复杂的现实场景下难以处理。

总之,机制设计理论以全面的视角,引导和规范参与者的行为,旨在实现社会福利的最大化。尽管存在一定的问题和挑战,但其本质的价值和应用潜力是无法忽视的。同时,随着数字化、网络化的趋势,未来的研究将更多地侧重于该理论在网络经济和人工智能等新兴领域的应用,以解决更为复杂的信息不对称和诱导问题。

1.3 机制设计理论与传统经济理论的比较

机制设计理论是经济学独特的一角,用于剖析在缺乏完全信息的环境下如何规划和执行有效的规则或机制,使个体的行为和社会的最大利益相契合。该理论是从现实问题中诞生,并进一步指导我们解决与资源配置、公共物品供应、市场交易等经济事务有关的问题。

在许多经济行为场景中,信息并不总是完全可获取的,甚至在大多数情况下,参与者们可以拥有的信息是有限的。这就是所谓的信息不完全的情形。在这种情况下,经济开发者和决策者们需要考虑如何在有限的信息条件下,设置一个有效的规则或机制,使得所有参与者的行为可以引导整个社会走向最佳的可能性。这是机制设计理论的核心命题,它对于理解现代经济社会中的众多问题有着深远的影响。

相比于传统的经济理论,机制设计理论有其独特的地位和价值。传统的经济理论通常关注于已经存在的经济制度或市场环境下,人们如何做出合理的选择,以实现效率、公正和福利的最大化。与之不同的是,机制设计理论并不仅仅满足于分析现有的经济环境,而是致力于设计新的规则或机制,以最优化社会的整体效益。这也是机制设计理论的核心,它的目标是创新和优化,追求社会福利的最大化。

要实现这样的目标,机制设计理论需要借助于厘清各种经济行为主体在信息不完全的情况下如何做出选择的逻辑。例如,它需要仔细研究如何通过合理的激励机制,引导个体的行为与社会的整体最佳利益相一致。这种尝试不仅可以使得我们理解现实生活中的种种经济问题,也可以为我们的经济决策提供科学的理论指导。只要我们充分理解和掌握这种机制设计的原理,就可以利用它来解决我们在经济生活中遇到的各种问题。

第 2 章
机制设计理论的重要性及相关理论基础

2.1 研究目标及意义

本书的目标即是详细探讨机制设计理论，揭示其在不同场景中的应用，及其在促进社会福利最大化中发挥的作用。

机制设计理论是理论经济学的一个重要分支，主要研究如何制定一套规则或机制，使私人参与者在追求自身利益的同时，也能达到社会总体最优化，即实现"帕累托改进"。因此，机制设计理论对于我们理解和设计市场规则，并使得市场能够更加高效、公平地运行起到了至关重要的作用。然而，尽管机制设计理论在经济决策、市场交易等领域具有广泛的应用，但在实际应用中，仍然存在一些问题和挑战。其中最值得注意的是激励兼容性与真实揭示原则的冲突问题。在实际情况下，参与者的行为是否会完全按照设计者的预期行动是值得疑虑的。这便涉及如何设计一个既能激励参与者真实揭示信息，又能达到社会最优的机制，这是本研究需要深入探讨的关键问题。

本书的重要意义在于，通过深入研究并应用机制设计理论，能促进我们更好地理解和应对市场经济中的各种问题，为社会福利最大化提供理论支撑。同时，这一研究将推动我国在理论研究与实际应用上的深度融合，为我国的经济社会发展做出贡献。

2.2 机制设计理论的重要性

2.2.1 机制设计理论在经济决策中的重要性

机制设计理论是当下经济学领域中的重要分支之一，其在经济决策中的重要性不可忽视。这个理论主要探讨的是如何降低信息不对称所带来的风险，并实现公平公正的目标。在日常的经济生活中，无论是市场竞争、公共拍卖，还是公司的股权设计，我们都能看到机制设计理论的影子。当然，要想准确、全面地理解和掌握机制设计理论，我们还需要探究其运作的具体情境和详细内容。

机制设计理论的核心内容在于解决参与者的策略行为引发的问题，如激励兼容、信息公开等。因为在许多经济决策过程中，人们往往存在自私的一面，只关心自身的利益，会影响到整个决策的公平性和有效性。而机制设计理论的目标就是通过设计相应的规则和激励机制，引导个体在追求个人利益的同时，也向着社会整体福利最大化的目标前进，从而实现经济效率和社会公平的并重。这样的设计可以是一次性的，也可以是持续的，重要的是设计的结果能够保证经济决策的公平性和高效性。

然而，尽管机制设计理论有其显著的优点，但它也存在着一些问题。例如，在一些实际应用中，采用机制设计理论可能会增加交易的成本。具体来说，为了实现公平和效率，可能需要设置一些复杂的规则，在这个过程中，不仅需要专门的人员进行设计和管理，而且还可能因为规则的复杂化，增加交易的难度和成本。另外，机制设计理论还需要充分把握每个参与者的信息，这就需要高效的信息系统和大量的信息收集工作，从而增加了实现的难度。因此，在实际应用这一理论时，需要考虑到成本与收益之间的平衡，尽可能保证其实施的可行性。

总的来说，机制设计理论在经济决策中确实起到了重要的作用。根据相关理论，我们可以设计出合理的规则与激励机制，推动社会整体福利的提高。但与此同时，我们也需要面对其存在的问题并进行改进，力求实现理论与实践的完美结合,最大化其实用性。因此,未来的研究需要进一步探讨并优化这一理论,以便在更多的领域和场景中,实现经济决策的公平性和有效性。

2.2.2 机制设计理论在市场交易中的重要性

机制设计理论在市场交易中起着至关重要的作用,它为解决市场失灵、市场不完全等问题提供了理论框架。在实际经济运行中,由于信息不对称、价格割裂等因素,常常导致市场机制失灵或无法达到资源优化配置。机制设计理论就在此背景下应运而生,它能有效调整各参与者的策略行为,弥补市场失效的缺陷,从而促使效率最大化或者社会福利最大化。市场交易中的价格机制、拍卖机制、竞标方式、资源配置等,都可以作为机制设计的对象。

例如,在拍卖市场中,拍卖机制设计是一种常见的应用。为了数据的真实性和公平性,设计者需要根据市场情况,制定一系列规则,使得每位参与者在追求自身利益的同时,也维护整体市场的健康。如英式拍卖、荷兰式拍卖、密封叫价拍卖等,都是经典的拍卖机制设计。其中的每一种设计,都旨在激励参与者真实表达他们的价值认知,防止价格操控、串通投标等不公平现象,从而达到资源配置的最优化。此外,机制设计理论同样对商品和劳动力市场的价格结构,以及金融市场的市场微观结构产生了深远影响。

进一步说,中国当前电力市场的改革也是机制设计理论的深度应用。传统的电力市场常常存在垄断和价格操纵的问题,这使得电力市场的运行效率低下,无法实现公平和公正。而市场化改革迫切需要一种机制来调动各个参与者的积极性,使得市场在公平和效率之间找到平衡。古诺电力市场模型、多机位竞价模型是目前电力市场设计的重要选择,其背后则是以机制设计理论为核心。这些设计旨在激励发电商和用电商之间形成公平的交易行为,提高市场运行效率,同时保证电力供应的稳定性。

可见,机制设计在市场交易中的应用广泛且深入,其主旨在于通过科学理性的规则设计引导行为者,使得个体利益与社会整体利益相协调。现在,随着信息技术的发展,市场交易的范围越来越广,新的应用场景不断涌现,因此机制设计理论在市场交易中的作用并未终结,反而需要进一步地研究和发展,以应对新挑战,引导市场交易走向更高阶段。我们鼓励社会科学研究者,能够积极借鉴和运用机制设计理论,以期寻求经济社会发展的更好方案。

2.2.3 机制设计理论在社会福利最大化中的重要性

机制设计理论在社会福利最大化中扮演了重要角色。这其中关键的一点在于，它以制度设计为核心，让参与者作为解决问题的关键一环。而这些问题，例如公共物品供给、市场运行诸多要素、经济公平等，都与社会福利息息相关。此外，机制设计理论有助于解决社会方法主义计划缺乏的动态调整和自我完善的问题，推动社会合理公平竞争。

在理论研究中，机制设计理论将人们的目标和策略考虑在内，在此基础上加入了经济决策的考量，使之更符合实际情况。它认为，每个参与者都有自己的信息，而这些信息是需要被充分利用的。因此，设计一个能够让个体自愿向社会揭示真实信息，同时确保社会福利最大化的机制，就显得至关重要。通过激励兼顾个人利益和集体利益，阻止自私行为对集体福利的侵蚀，从而在各方的合作下，达到社会福利的最大化。

在实际应用中，机制设计理论的重要作用敞开亮相。例如，很多公共工程项目的拍卖、合约设计、资本结构安排等场景，都需要遵循一定规则才能确保公平和效率。而机制设计理论就提供了一个强有力的理论工具，用于建立和优化这些规则。例如在广播频率拍卖中，借助机制设计理论可以将公共资源的分配过程变得更为公平和高效。同时，也可以确保企业在参与竞争时，不会因为短视而损害长期效益。在这些过程中，不仅可以保护消费者的利益，同时也可以鼓励企业的公平竞争，从而在一定程度上实现了社会福利的最大化。

总的来说，机制设计理论在社会福利最大化中的重要性主要体现在理论上提供了一种充分考虑个体信息和目标的决策模型，并在实践中通过制定并优化公平有效的规则来实现社会福利的最大化。然而，机制设计并非万能，如何将理论优化并应用到实际，如何面对在复杂情况下进行动态平衡，仍然是需要进一步研究和挖掘的。

2.3 信息不完全下的机制设计

2.3.1 信息不完全的定义和影响

在我们日常生活和经济决策中，信息不完全是一种常见的情况。信息不完全是指在一定的决策环境中,有关决策的所有方面,决策者不能全部知道或者不能准确知道的状况。在现实生活中,我们无法获取的信息通常包括:对方的意愿、动机、行为可能性等。而在经济决策中,因为信息的不完全,可能会对决策有着直接影响。

在经济学中,信息不完全通常表现为对市场交易的主体双方(供需双方)、交易的对象(商品或服务)、交易方式、交易时间、交易地点等多方面的不确定性和不可预测性。这种不确定性和不可预测性从某种程度上增加了交易的风险和成本,限制了市场经济的有效运行,因此在市场经济中,如何在信息不完全的情况下进行有效的经济决策,是一项极为重要的研究课题。

机制设计理论就是根据这种信息不完全的实际情况,提出了一种通过设计一种有效的制度或机制,使得经济决策的个体行为能够在不完全信息的情况下最大程度上实现社会最佳利益。该理论的主要目标就是设计出一种合理、有效的机制,使得在信息不完全的情况下,可以通过这种机制的约束和引导,消除或者减少信息不完全给经济决策带来的不利影响,改善市场经济的运行效率。

具体到经济决策活动,通过机制设计理论,我们可能需要在以下三个方面进行改进:① 提高信息的透明度,即提高信息获取的可能性和获取的准确性;② 提高决策的灵活性,即在信息不完全的情况下,使决策能够根据实际情况灵活应变;③ 提高决策的公正性,即保证在信息不完全的情况下,决策的公平性和公正性不受损害。总的来说,机制设计理论为我们在信息不完全下的经济决策提供了有效的理论工具和方法,是推动市场经济高效运行的重要理论基础和实践指导。

2.3.2 在信息不完全下的个体行为与社会利益

在信息不完全的环境中,私人信息的存在通常会引起市场失灵,而机制设计理论旨在探索解决这类问题的有效机制或制度。对于利益相关者来说,获取其他人的私人信息通常是困难的,甚至是不可能的。因此,如何构建一个公平而高效的制度或机制,以鼓励每个人根据他们的私人信息做出最佳决策,是这一领域面临的重要挑战。

研究在信息不完全情况下的个体行为与社会利益的关系,有助于我们更好地理解和设计有效的经济机制。如果不考虑个体的私人信息,可能会导致资源的错配和效率的下降。例如,某些参与者可能会因为缺乏必要的信息而无法做出符合他们利益的决策,或者某些人可能利用他们的私人信息来获取不公正的优势。然而,如果设计的机制能考虑到每个人的私人信息,我们就能更好地协调各方的行为,使个体的行为与社会最佳利益相一致。

这种理论的实际应用是多方面的。是通过制定合理的政策,例如加强信息公开,引入竞争机制,或者使用合适的激励手段,以鼓励个体在市场交易中公正、公开地披露其私人信息。这样的经济机制可能有助于改善资源配置,减少信息不对称造成的市场失灵,提高市场交易的效率和公平性。政府在公共物品供应、拍卖、税收、社会保险等问题上的决策,也可以通过运用机制设计理论得以优化。当然,实际操作中需要考虑到的因素还有很多。如信息的可信度,激励的适用性,以及各种可能的影响因素。它需要我们持续地研究和实践,对机制设计进行更细致、更深入的探索,以求逐步逼近公平和效率的最佳平衡点。机制设计理论以其在处理实际经济问题中的强大应用性和指导作用,成为经济学研究的重要工具。

2.3.3 信息不完全和机制设计的关系

在信息不完全的条件下,机制设计理论的重要性更为显著。这是因为在现实的经济问题中,个体的信息往往不完全或者不对称,这可能导致经济决策出现偏差,引发市场失灵等问题。如何在信息不完全的情况下设计出一个有效的经济机制,以实现资源的最优分配,是经济学中一个极其重要的课题。

在信息不完全的环境下,一种常用的设计机制是信号机制。信号机制是由经济主体发出的一种表明其类型或质量的信息。通过信号传递,经济主体能够获取有关其他主体的一部分信息,从而做出更接近最优的决策。比如,在劳动力市场中,教育背景就是一个常见的信号,雇主通常会根据求职者的教育背景来判断其潜在的工作能力。

另外一种重要的机制设计工具是激励相容机制。激励相容机制是指在设计过程中考虑到个体的激励,使个体在追求自身利益的同时,亦能够实现社会最佳福利。例如,市场竞争就可以视为一种激励相容机制,在竞争中,商家根据市场的反馈调整自身的策略,不仅实现了自身的利益最大化,也推动了市场的有效运作。然而,在设计经济机制的过程中,我们还需要注意一些可能出现的问题,如道德风险和逆向选择等。信息不完全的情况下可能加剧这些问题的出现。因此，在实际的机制设计中，要尽可能地减少这些负面效应，使得设计出的机制能够在实际中有效运作，这既是机制设计理论的挑战，也是其价值所在。总的来说，信息不完全下的机制设计理论，通过对信息、激励以及行为与决策的深入理解和应用，对我们理解并解决实际经济问题具有十分重要的指导意义。

2.4 有效制度与机制设计

2.4.1 有效制度的定义与特征

制度在社会经济运行中占据着不可或缺的重要地位，它能引导和规范个体的行为，促进社会的公平和效率。有效制度的定义和特征是机制设计理论深入讨论的核心话题，它为我们理解和评估不同制度的可能效果提供了理论依据。在多元化的社会中，没有完全信息的条件下，如何设计和实施一套有效的制度是决定社会公平与效率的重要因素。

有效制度首要的特征是能够在资源有限的情况下，在不同利益相关方之间实现公平且效率的资源配置。对于一个有效的制度来说，它应当创建一个流动的信息交换机制，通过透明的信息交换，使社会各方能够做出理性选择，使得资源配置得以优化。当然，有效的制度设计还需保证其自我执行性，即它能够通过内部的控制和监督机制，保持其稳定运行，并能与变化的社会需求和环境持续适应。

同样重要的是，有效制度还需要具有公正性和普遍性。公正性是指制度在进行资源配置时，应当尽可能公正地处理冲突和矛盾，保证所有参与者都受到公正对待。这就要求制度设计者对社会的差异进行充分考虑，保证制度在适应具体条件的同时，做到普遍适用和公平合理。而普遍性则是指制度的规定和要求不受特定目标或特定人群的影响，具有广泛的适应性和应用领域，可以在最大程度上减少由于特权或者经济地位等带来的不公平现象。

在进行有效制度设计时，机制设计理论强调应注重理论与实际的结合。理论的、模型的研究是重要的，但是如果过于抽象，而对具体的现实环境没有足够的了解和考虑,那么设计出来的制度就可能无法达到预期的效果。同时,应不断根据实践反馈调整和改善制度设计,制度设计不是一次性的过程,而需要在实践中不断迭代和完善。

通过深入研究有效的制度和机制设计,社会经济制度设计者可以更加科学、系统地解决社会经济问题,从而实现社会的公平和效率。这一理论的研究对于解决资源配置的公平性和效率性问题,对于改进公共物品供应,优化市场交易等实质性的经济问题具有深远的影响。

2.4.2 机制设计的核心要素

在没有完全信息的情况下,如何创建一个有效的制度或者机制以调动个体的积极性,使其行为与社会的整体最佳利益相吻合,这便是机制设计理论解决的主要问题。本小节中,我们将重点探讨制度与机制设计的核心要素。

人们在决策时,通常会权衡各种事物的优点和缺点,再依据自身的需求、期望,制定出最有益于自己的行为模式。因此,如果设计的机制能够让其行为产生的个人收益与社会利益一致,那么这个机制则可以说是成功的。从这个角度看,不同的机制设计常常会下定义为一个目标函数,然后通过优化这个目标函数来找到最好的机制。这个目标函数反映了一个社会制度或者机制希望达到的目标,例如在市场交易中,可能的目标就是维持市场的稳定,或者是尽可能地提高资源的利用效率。

为了实现这样的目标,一个重要的步骤就是对行为者的类型进行建模。类型是行为者与其环境的交互方式的度量,它可以包括行为者的能力、偏好、信息等因素。因此,在设计机制时,类型的选择和建模是非常关键的。一般来说,我们希望通过对行为者类型的建模,能够准确描述行为者的行为并预测他们的反应,从而使得整个系统可以按照我们所期望的方式运行。

但是,光是确定了目标和参与者的类型,还不足以完全设计出一个有效的机制。机制设计的一个重要环节就是如何通过适当的规则来激励行为者按照设计者的目标行动。这就是著名的激励兼容性问题。其主要考虑如何设计一个规则,使得行为者在追求个人利益的同时,也能实现社会最大利益。这是一个涉及多目标优化问题的复杂问题,需要我们通过精细化设计规则,才能确保每个参与者在符合自身利益的同时,也能推动整个社会向着预定的目标前进。

本小节探讨了目标设定、参与者类型建模以及规则设计这三个机制设计的核心要素，对于理解机制设计理论的深层含义都具有重要价值。对于未来的应用和研究，这三个核心元素将是必然要考虑和解决的关键问题。

2.4.3 有效的制度或机制设计实例

在诸多经济活动中，我们总是面临着信息不对称的问题，即存在着所谓的"私有信息"，即某些重要信息只为某一方或某些方所知。正因如此，在很多情况下无法实现社会最佳。这就是我们需要机制设计理论的地方，这一理论试图探索在信息不完备的环境下如何设计一种可行的机制或制度，激励各个参与者的行为方向与社会最大利益一致。

例如，机制设计的经典实例——拍卖。拍卖是一种资源分配的方法，通过投标人出价来决定商品的归属。在这个系统中，投标人担心高价得标，但又希望以更低的价格购买商品。而卖方希望商品以高价售出。然而，当投标人有私有信息（例如他们愿意出的最高价）时，传统的英式拍卖可能无法激励他们公开这些信息。为了解决这一问题，经济学家们提出了"第二价格拍卖"制度，即投标最高的人获得商品，但支付的价格是第二高的出价。这样，投标人就被激励出自己真实的最高价，因为他们知道即使得标，支付的也不会是自己的最高出价。

在公共物品供应中，如何确定每个个体应承担的费用及公共物品提供的程度也是一个机制设计问题。因为公共物品的消费者往往想尽可能少的支付费用而享受尽可能多的公共物品，如果让他们自己报告对公共物品的需求，他们可能就会有诱因去低报。为了解决这个问题，设计了 Groves 激励性税收机制。当每个个体都报告自己的真实需求时，社会福利最大化。虽然这个机制存在一些问题，比如税收可能为负，但它至少给我们提供了一种处理公共物品供应问题的思路。在金融市场交易中，"双盲匹配"也是一个有效的机制设计实例。在这个制度中，买方和卖方分别提交他们愿意接受的价格列表，匹配系统会找出所有可能的交易，并以公平的价格（通常介于买卖双方愿意接受的最高和最低价格之间）完成交易。至此，我们可以看出，机制设计理论在各种实际情况中，通过合理的规则与激励，都可以有效解决信息不对称问题，使个体行为与社会最佳利益相一致。虽然可能存在实践中的困难，但这并不妨碍它在理论上的探索，为我们解决实践问题提供了有力的理论支持。

第 3 章
机制设计在新能源汽车领域的应用

过去的数十年中,新能源汽车产业在政府政策的帮扶下实现了快速发展,产销量稳步增长,技术创新能力显著增强,关键核心技术居于国际领先水平。新能源汽车产业的飞速发展离不开政策的推动,但这些企业的"骗补"行为使相关政策备受争议。目前,对于在执行补贴政策退坡时,是否应该一并取消新能源车辆购置税减免政策的问题,仍存在一定的争议。新能源汽车产业仍然是中国的重点发展方向之一,有效地推动新能源汽车产业技术进步仍是我国"十四五"规划中的重点工作。

基于以上背景,本章将从车辆购置税优惠政策是否对新能源汽车企业研发创新存在显著促进作用的角度出发,探讨政府是否应取消新能源车辆购置税减免政策等相关问题。采用机制设计模型中的建立了局部均衡条件下的三方演化博弈模型。利用该模型深入分析政府、新能源汽车企业、消费者三方之间的博弈关系。

3.1 研究背景

3.1.1 新能源汽车行业的研究背景

自 2009 年中国新能源汽车推进产业化开始,新能源汽车市场实现了从无到有、从小到大的发展。图 3-1 中,2010—2015 年是新能源汽车产销量大幅增长的阶段,汽车产销量从 2010 年年产销量不足 1 万辆,到 2014 年年产销量达到 7.8 万辆,2015 年年产销量进一步提升,年产销量约 33 万辆,年产销增长率达到 250%以上。在 2016—2018 年期间,中国新能源汽车产业的产销量始终保持每年 50%以上的增长率。

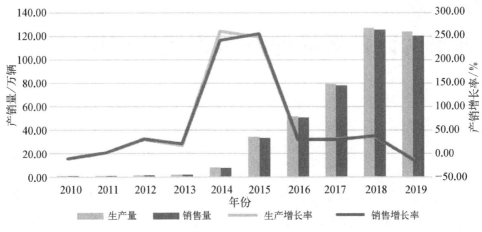

图 3-1 2010—2019 年中国新能源汽车的产销量和产销增长率

近年来,美国等汽车大国相继加强战略规划、强化政策支持,跨国汽车企业陆续增加研发投入,优化产业布局。新能源汽车产业的专利技术申请量呈现逐年上升的趋势,总的来说,动力电池系统、充电系统是新能源汽车的研发重点,2019 年中国新能源汽车公开专利技术构成中,动力电池系统占比 36%,充电系统占比 19%,两者总占比达 54%。此外,在 2019 年,中国新能源汽车专利公开量申请人前 15 名企业中,国内企业申请人占据 10 位。丰田以 846 的专利公开量占据首位,宁德时代位列第二。就国内新能源汽车企业而言,比亚迪以 766 的专利公开量遥遥领先;蔚来汽车以 438 的专利量处于第二梯队;宇通、吉利、北汽、长城均在榜单之中。

自启动国家"863"计划电动汽车重大专项以来,为了促进我国新能源汽车产业的健康发展,中央和地方政府颁布了许多相关的产业政策。自 2009 年起,我国将新能源汽车产业确立为战略性新兴产业,从不同角度出发,构建新能源汽车产业政策体系;通过"十城千辆节能与新能源汽车示范推广应用工程"推广节能与新能源汽车应用,并通过奖励充电基础设施建设等政策措施,对新能源汽车产业发展发挥多方面作用。其中,在 2016—2017 年,国家政策出台数量达到峰值,这也是新能源汽车产业发展最迅速的阶段。处于发展最初阶段的产业,政府政策可推动其创新发展。在新兴产业发展过程中存在许多问题,如技术研发成本高、投资风险大、创新收益的非独占性、产品市场推广障碍等。而政府的保护不仅可以帮助培育市场、完善体系,还能够降低产业演进的时间和金钱成本,以实现跨越式经济发展。当然,在政策支持新能源汽车产业发展的同时,也带来了一些问题,如企业的"骗补"现象、财政补贴有效性的质疑等。但是在众多产业政策中,新能源汽车购置税减免政策却以其政策稳定性强、执行成本低、具有公平性等特点而具有较少的争议。

2012年6月国务院提出,将在试点城市推广私人购买新能源汽车的补贴试点工作。2014年8月,为了推广新能源汽车应用,由财政部、税务总局、工业和信息化部联合下发了关于新能源汽车车辆购置税的政策,其中指出,截至2017年12月31日,对于纳入《免征车辆购置税的新能源汽车车型目录》(以下均简称《免征目录》)的新能源汽车将免征购置税。该项税收优惠政策分别于2018年元月和2021年元月得到延期。根据2019年发布的《免征目录》(第二十六批)来看,不仅有近百款国产纯电动和混动车在其中,而且进口特斯拉全系共11款车型,也均在其中。这表明国内新能源汽车消费者在同等价位上有了更多的选择。

关于两次延期减免车辆购置税政策的行为存在如下争议:一方面,在补贴退坡的大背景下,取消购置税减免政策会增加消费者的购车成本进而打击消费者购车积极性,对新能源汽车产业的发展不利;另一方面,中国为了推广新能源汽车,多项优惠政策陆续出台,不仅包括中央与地方的补贴政策,而且还有不限行、送车牌号等灵活性政策。另外,对新能源产业的充电桩等基础设施布局,政府政策也给予了大力支持。新能源汽车产业的发展,虽然需要政策扶持,但不能"营养过剩"。需要逐步实施补贴退坡机制,逐步破除地方保护,让新能源汽车产业实现市场化竞争。

回顾中国新能源汽车产业的发展,不难发现,新能源汽车产业的蓬勃发展与政府政策的推动息息相关。在2001—2018年,新能源汽车市场的产销量大幅增长;从2016年开始,生产增长率逐渐趋于稳定,整体增长趋势良好。同时,政府也在逐步推进相关产业补贴政策退坡。但对于是否"一刀切"式的取消新能源车辆购置税减免政策则存在一定的争议。车辆购置税减免政策可以降低消费者的购车成本,提高市场对新能源汽车的需求,对新能源汽车市场的培育和消费者的消费观念具有引导作用,以达到引导消费者购买、刺激企业研发创新、促进新能源汽车产业更好发展的目的。那么从2014年至今,购置税减免对中国新能源汽车企业技术创新带来了怎样的影响呢?是否有必要在该项政策到期后继续采取延期措施?从这一视角出发,本章将试图探究我国车辆购置税优惠政策如何影响新能源汽车企业创新,为优化新能源汽车减免购置税政策提供参考建议。

3.1.2 新能源汽车的产业政策发展现状分析

新能源汽车产业政策的发展规律整体上呈现出从产业扶持政策开始,到供给端针对性地对新能源汽车产业技术创新的补贴政策,逐步过渡到需求端对消费者的需求刺激政策,再到最后的财政政策退坡。

1. 新能源汽车的产业政策发展分析

2001年"国家高技术研究发展计划"(简称"863计划")启动电动汽车专项,计划投入8.8亿元资金,用于支持电动汽车产业的技术创新。2006年,国务院发布《国家中长期科学和技术发展规划纲要(2006—2020年)》,指出在未来的15年,科学技术发展的重点领域包括混合动力车、新能源汽车、燃料电池汽车整车技术、动力蓄电池技术、燃料电池发电机和驱动电机技术则作为重点研发方向。2009年1月14日,国务院在《汽车产业调整和振兴规划》中提出,计划提供100亿元资金,用于推动新能源汽车产业化发展,并将其作为发展战略。此后,政府密集出台新能源汽车产业相关政策,支持新能源汽车产业的发展。新能源汽车产业中的财政补贴政策,整体上以整车和关键零部件补贴为主,以需求市场补贴为辅,政府的政策对新能源汽车的发展和技术创新起到了指引和推动作用。新能源汽车产业作为一个新兴行业,属于资金需求量大且风险较高的领域,政府的补贴政策能够显著降低企业的研发成本和面临的研发风险,刺激企业对研发支出的投入,国家的有关政策能够有效提高消费者对于新能源汽车产业的认知,以及企业对新能源汽车产业的发展预期。在需求市场方面,自2009年开始密集出台消费补贴政策,购买新能源汽车的消费者是该项政策的主要补贴对象。消费者以补贴后的价格购车,政府按照程序把补贴金额返还给企业。消费补贴在短期内有效刺激了市场的需求和新能源汽车企业的快速发展,但由于政策自身的实施成本高,实施过程存在管理漏洞,以及监管力度不足等原因,造成了"骗补"等违规行为,降低了消费者购车积极性,对新能源汽车产业的发展不利。因此,财政补贴政策自2014年启动补贴退坡机制。

2. 新能源汽车的产业政策现状分析

从2016年至今,补贴标准逐步降低,具体表现为:2017年在2016年的基础上,补贴标准下降20%;2019年在2016年的基础上,补贴标准下降40%。2022年财政部、工业和信息化部、科技部、发展改革委联合发文进一步明确了新能源汽车的补贴标准将在2021年的基础上退坡30%,城市公交等领域的补贴标准退坡20%,明确补贴政策的终止日期为2022年12月31日,并做好有关政策的清算收尾工作。截至2022年3月,新能源汽车产业的政策导向呈现为供给端的财政补贴政策稳步退坡并进入收尾阶段,需求端的税收优惠、双积分等政策积极优化,支持新能源汽车消费。

3.1.3 新能源汽车产业整车技术创新发展现状分析

本小节以五年计划为梯度,逐步呈现出新能源汽车产业技术创新的发展历程及现状。通过20年的布局与发展,中国新能源汽车产业技术创新能力显著提高,分别在专利数量、国家级实验室和研发中心、产业链的完善和国产化替代、核心技术等多方面取得进步。

1. 新能源汽车技术创新发展分析

新能源汽车技术创新发展情况见表3-1。

表3-1 新能源汽车技术创新发展五年计划成果

时 间	成 果
"十五"期间	规划重点发展方向;出台26项标准;专利申请数量近800项
"十一五"期间	共同发展节能汽车与新能源汽车;出台59项行业标准,专利申请数量2 000项;研发平台48个,国家级实验室15个
"十一五"期间	市场推广取得成就,全球销量第一;产业链构建完整,基础技术取得突破,丰富产品结构,形成优势品牌
"十三五"期间	技术创新能力显著提高,多领域关键技术取得进展,部分部件国产化;建立自主知识产权的技术平台

"十五"期间,我国的新能源汽车研究进入大规模开发阶段,政府实施了国家"十五"电动汽车重大专项政策。新能源整车技术、关键零部件技术等被列为该专项政策的重点攻坚方向,确立了新能源汽车产业发展"三纵三横"的发展方向。在这一阶段,我国的部分企业如东风、长安等研发出了节油减排量达到30%以

上的混合动力乘用车样车,乘用车、客车在燃料电池技术方面的水平逐步提高,研制出乘用车和客车用的燃料电池发动机,锂离子电池、车用驱动电机的性能指标逐步提升至国际水平。这一期间,26项与新能源汽车产业相关的国家标准陆续出台,相关专利申请数量近800项。

"十一五"期间的推进节能汽车与新能源汽车共同发展是新能源汽车产业的总体研发思路。新能源汽车产业延续"三纵三横"的发展思路和发展格局。发展节能汽车的目的是为了优化传统燃油系;发展新能源汽车的目的是开发新的能源动力系统。五年期间,财政拨款近11.6亿元,与新能源产业相关的国家和行业标准累计出台59项,专利申请数量突破2 000项,建成产业相关的电动汽车研发平台共计48个,建成国家级实验室及研发中心15个。

"十二五"期间,中国新能源汽车市场的推广取得成效,标志着新能源汽车产业化初级阶段的来临。"十二五"的五年时间里,中国新能源汽车技术取得重大进步,大幅度提高了动力电池的性能,明显降低了电动汽车的成本。无论是新能源汽车产业链还是关键零部件配套能力,都得以不断完善和提高。具体表现为:① 新能源汽车销量在2015年突破33万辆,占全球新能源汽车销量近六成,全球销量第一,标志着中国成为全球最大的新能源汽车市场;② 产品结构不断优化完善,多领域推广,商用车、乘用车同步推进,区域覆盖面明显扩大,产品更加丰富化,优势品牌正在形成;③ 到"十二五"末期,三元材料动力电池为纯电动乘用车的配套占比近50%。锂电池技术提升,规模增至95亿吨,正负极材料技术步入世界前列,正极出货量达9.6万吨,占全球出货量55%,部分企业在国际上成为主流供应商;④ 初步建立完整的新能源汽车产业链。2015年,为中国新能源汽车提供配套的动力电池和驱动电机的供应商均超过140家,其中,驱动电机和控制器的国产化程度高,在基础技术上已经取得突破。①

"十三五"期间,我国新能源汽车技术创新能力显著增强,建立新型研发机构和跨产业协同创新平台,在纯电动车整车技术、燃料电池商用车技术和插电式混合动力车三个方面的关键技术均取得较大进展。纯电动车整车技术水平显著提升,吉利、比亚迪等研发的电动汽车专用平台实现量产,在模块化、可兼容性、通

---

① 数据来源:中华人民共和国发展和改革委员会。

用化率等方面持续提升;蔚来 ES 系列的车身铝合金用量均已超过 85%,奇瑞 EQ1 采用大量先进工程塑料覆盖件,推动我国先进复合材料应用进一步向国际水平靠拢;国产纯电动轿车平均续驶里程提升至 360 km,典型 A 级纯电动汽车百公里电耗降至 11—13 kW·h,典型高性能 B 级纯电动汽车百公里电耗达到 16—17 kW·h。2019 年,在插电式混动车领域,我国取得关键性的突破,插电式混合动力乘用车 B 状态燃料消耗量相比行业平均油耗水平节油 25.9%,多家企业均推出新型机电耦合装置,持续功率密度为 0.8—1 kW/kg,系统最高效率达到 92%,实现了以矢量控制转矩为核心的整车控制技术突破。燃料电池商用车技术研发取得积极进展,初步系统性地掌握了关键技术,具有自主知识产权的相关技术平台得以建立,实现部分部件国产化。我国车用燃料电池堆单堆功率已达到 90 kW/kg,石墨双极板电堆功率密度达到 2.2 kW/kg,金属双极板电堆功率密度达到 3.0 kW/kg,可实现 −30℃ 启动,寿命达到 5 000 小时。

2. 新能源汽车技术创新现状分析

新能源汽车产业经过多年的发展,多方面取得显著进步,产销量连续七年位居世界第一,新能源汽车的市场渗透率约 20%,国产新能源汽车的竞争力显著提高。部分企业成为世界主流供应商,部分零部件实现国产化替代,系统性掌握核心技术,多方面的关键技术均取得较大进展。

3.1.4 新能源汽车免征购置税的政策分析

本小节对我国新能源汽车免征购置税的政策历程进行了梳理,我国新能源汽车的车辆购置税减免政策实施至今,其在技术规格、车型、优惠目录等方面经历了多次的完善和发展。

1. 新能源汽车购置税减免政策发展分析

我国关于征收汽车购置税的历史始于 2001 年公布的《中华人民共和国车辆购置税暂行条例》,政策实施至今已经发展 20 余年。2012 年 6 月国务院提出在试点城市推广私人购买新能源汽车补贴试点。2014 年 8 月,财政部、税务总局、工业和信息化部联合下发了新能源汽车车辆购置税优惠政策,政策指出,被《免征目录》纳入其中的新能源汽车,将能够享受新能源汽车的车辆购置税优惠,该项政策于 2014 年 9 月 1 日正式实施。期间经历了多次调整,主要针对电池的技术规格、车型等做调整和优化。2017年12月26日,财政部、税务总局、工业和信息化部、科技部联合发布了《关于免征新能源汽车车辆购置税的公告》,公告指出在2018年1月1日至2020年12月31日期间,中国境内销售的新能源汽车将免征车辆购置税。这份公告主要更新了以下三点:① 提高了对免税车型的技术要求,并规定了电池系统质量、能量密度、能耗方面的技术门槛,但保留之前《免征目录》的有效性;② 新能源汽车产品专项检验标准的变更;③ 对新能源汽车企业在多方面提出了更高的要求,具体为产品质量保证、售后、安全监测、电池回购等。2020年4月16日,在财政部、税务总局、工业和信息化部联合发布的《关于新能源汽车免征车辆购置税有关政策的公告》中,针对免税流程、惩罚机制做出优化,如明确提出购置时间为机动车销售统一发票上注明的日期。对提供虚假信息或资料者将依法予以处理。从事《免征目录》管理、审核和办理手续的相关工作人员,在履行职责时,如存在滥用职权、徇私舞弊等违法违纪行为的,将依法追究相应责任;涉嫌犯罪的工作人员则移送司法机关处理。免征购置税政策的建立健全能够有效引导消费者消费,提高新能源汽车在消费者心中的认可程度,进而扩大市场需求,间接促进新能源汽车企业的研发意愿。

2. 新能源汽车免征购置税现状分析

新能源汽车购置税优惠政策经历了不断的优化与发展,政策的合理性不断提高,而财政补贴政策在稳步退坡。与财政补贴政策进行对比,购置税减免政策具有如下优势:第一,购置税减免政策的直接受益人是消费者,消费者在购车时,购置税减免10%的费用能够直接作用到消费者身上。正因如此,该项政策能够避免企业的"骗补"行为。同时,新能源汽车需求的扩大能够让新能源汽车企业成为间接受益者;第二,购置税减免政策具有一致性,但灵活性不足。该项政策对《免征目录》中车辆的免征额度相同,政府的财政补贴政策则会因满足的条件不同,而补贴金额不同。购置税减免政策的"一视同仁"相对缺乏灵活性;第三,购置税减免政策的执行成本低,争议较小,政策稳定性强。购置税减免政策的执行成本小,将优惠直接落实到消费者身上,相对更加公平,因此争议较小,且该政策自发布以来,除了对《免征目录》实施动态调整外,总体保持稳定,而财政补贴政策则需要付出更多的监督成本,目前正在逐年实施补贴退坡,政策稳定性差。

3.2 研究方法的介绍

本章意在探求购置税减免政策对于新能源汽车企业的研发创新是否存在刺激作用，补贴退坡政策的实施力度，以及在补贴退坡政策的大背景下是否应该取消新能源汽车购置税减免政策。政府在《新能源汽车产业发展规划(2021—2035年)》中明确提出，我国新能源汽车发展仍然面临核心技术创新能力不强的问题。车辆购置税减免政策不仅可以降低消费者的购车成本，还能提高市场对新能源汽车的需求，能够提高消费者和生产商双方的实际收益。此外，该项政策对新能源汽车市场的培育和消费观念具有引导作用，能够促进新能源汽车产业更好地发展。然而，鲜有关于购置税减免政策对中国新能源汽车产业技术创新具有何种影响的文献，本章将深入讨论购置税减免政策对于新能源汽车企业研发创新影响，以提出对应的政策建议。

购置税减免政策因其能够避免企业"骗补"行为和地方保护政策的干扰，相对于退税补贴、研发补贴等财税政策存在的争议较少，但是在 2022 年，购置税减免政策将会再次到期。本章试图通过系统地梳理和研究，建立机制设计理论中的局部均衡的三方演化博弈模型并进行仿真分析和实证研究，探究对消费者和新能源汽车企业创新而言，新能源汽车车辆购置税减免政策对其产生的影响，给即将到期的购置税减免政策提供参考，让新能源汽车产业的政策更顺利地完成从"政策化"到"市场化"的转变。

本章将以 Bagwell(2009)、Chisik 和 Onder(2017)的理论模型为基础，推导出消费者需求函数和企业的供给函数，求解出供求平衡下的均衡产量和均衡价格，引入政府补贴对消费行为的影响，从而计算出消费者剩余、生产者剩余及政府的补贴成本，在此基础上，运用博弈论中的三方演化博弈分析作为理论模型基础，分析汽车企业群体、消费者群体、政府三方群体的演化过程，并得出最终结论。本研究在理论模型的基础上，利用 MATLAB.2019a 对模型中的参数进行赋值分析，重点研究不同三方演化群体在不同参与意愿下的对演化系统的影响，以及政府在不同补贴成本下对演化系统的影响。在研究消费者从企业创新中获得的收益占比问题时，本章基于多数学者认可的量表，使用问卷调查的方式取得消费者的数据，并利用 STATA15.0 对其进行计量分析，以回归结果中与消费者相关的创新项系数作为消费者受益系数的数据支撑。本章将通过查阅关于新能源产业政策、企业创新、演化博弈论文，确定了本章的研究目标。建立了从"局部均衡—演化博弈理论—仿真分析"的研究思路，以消费者的效用函数和厂商的成本函数为基础求出新能源汽车和传统燃油车的局部均衡解，进一步得出消费者剩余、生产者剩余及政府的补贴成本，将其引入三方演化博弈模型，最后通过参数赋值，对模型进行验证和分析，研究政府实施新能源车辆购置税政策对研发创新的作用，为下一步新能源汽车产业的政策制定提供一些建议。

本章结合局部均衡理论和三方演化博弈理论构建理论模型，局部均衡理论通常适用于规模较小的市场中，亦被称为"特殊均衡论"。相较一般均衡理论，局部均衡理论不考虑各个经济单位之间的相互关联和影响，重点考察个别经济单位的行为，只关注某一商品自身的价格与其供求状况之间的关系，不考虑该商品与其他商品的价格和供求的关系。在局部均衡的理论基础上，基于 Chisik 和 Onder(2017)的消费者效用函数模型，引入了传统燃油车和新能源汽车的替代性参数 D，构建了消费者、新能源汽车企业、政府的三方局部均衡模型，使模型更加贴合实际。

3.3 新能源汽车相关重要概念介绍

本章主要研究的方向是购置税减免政策对新能源汽车企业技术创新的影响，相关概念的使用在学术界并未形成共识，本节将对本章中使用的主要概念进行界定。

3.3.1 新能源汽车

各国针对新能源汽车概念的界定不尽相同，日美两国采用的是宽口径定义方式，新能源汽车指的是采用丰富的替代性燃料如甲醇、乙醇、天然气为燃料的清洁汽车。中国对于新能源汽车概念的界定随着产业发展而更新，相应的技术要求愈发严格。在 2009 年 6 月 17 日，工业和信息化部在《新能源汽车生产企业及产品准入管理规则》中提出：新能源汽车是指拥有先进的技术原理和新结构，在动力控制和驱动方面具有先进技术。新能源汽车的动力来源是非常规车用燃料,或采用新型车载动力装置和常规的车用燃料结合使用。这次规则对新能源汽车的定义有纯电动汽车(BEV)、燃料电池电动汽车(FCEV)、混合动力汽车,以及氢发动机汽车和其他新能源汽车等。

2016年8月12日,工业和信息化部再次发布《新能源汽车生产企业及产品准入管理规则》,文件中对新能源汽车的技术要求进一步提高,对新能源汽车的定义范围进一步缩小,只有采用了新型动力系统,至少为主要或完全依靠新型能源驱动,才符合新能源汽车的定义。比如,插电式混合动力汽车、纯电动汽车等。

3.3.2 新能源汽车产业

英国经济学家阿尔弗雷德·马歇尔在研究产业组织时发现,同生物组织体一样,每个产业组织内部的各个组织体有分工的同时又有复杂紧密的联系。我国学者芮明杰(2012)认为,产业对社会而言,是一种分工现象,是具有某一特征的企业集聚而形成的企业集合;刘志迎(2007)认为,产业是同一属性的生产经营活动、产品和服务的企业集合。

基于以上几位学者的观点,可以将新能源汽车产业定义为从事新能源整车及相关产品生产、推广及应用的所有新能源汽车企业的集合,包括上游、中游、下游厂商三个部分。上游厂商主要是负责为电池生产提供原材料的企业;中游企业主要是核心零部件企业,包括动力锂电池、驱动电控和驱动电机等;下游企业则主要是整车企业,包括但不限于相关配套设施的企业。

3.3.3 车辆购置税

车辆购置税是直接向购车的消费者征收的一种税,属于中央税种,征收对象为我国境内买车的单位或个人。实施车辆购置税的基本目的是为了支持公路事业,为其提供充足的资金,属于特定目的的财产税,从其性质来看,也是直接税中的一员。车辆购置税的税率统一为10%,同时规定了具体的税收优惠。车辆购置税由车辆购置附加费发展而来,以2005年1月1日为分界线,在此之前由交通部门代征(2001—2004年),在此之后变更为国家税务局。2017年8月7日,在征求社会各界意见的基础上,财政部和税务总局联合起草了《中华人民共和国车辆购置税法(征求意见稿)》,加速落实税收法定原则。汽车行业属于寡头垄断,市场竞争不充分,征收车辆购置税有利于合理调节收入差距,在效率的基础上,兼顾公平的原则,同时有利于打击车辆走私和保护国家权益。

购置税减免政策是政府指导汽车市场运行的手段之一,汽车尾气的排放会造成空气污染,而空气属于公共物品,因此,高排量、高污染的汽车具有显著的负外部性,但是降低汽车的排污能力却会增加企业的研发成本。因此,在缺乏政府规制的条件下,企业没有动力对此情况做出改变。政府基于环境保护的目的,对高排量、高污染的汽车征收较多的车辆购置税,但对排量较小的汽车以及新能源汽车征收部分课税,甚至免征车辆购置税,从而引导消费者的购买行为。

3.3.4 演化博弈

演化博弈论是一种融合起来的理论,它的主要特点是结合了博弈理论和动态演化过程。演化博弈论是动态平衡的概念,此前的博弈论通常集中在静态均衡、比较静态均衡。演化博弈论的基础假设是有限理性,研究的对象为群体的行为选择。借鉴了达尔文的生物进化论,描述了生物行为的演化博弈过程。演化稳定策略(Evolutionarily Stable Strategy,ESS)和复制动态是该理论的核心概念。ESS 是指各方群体在博弈过程中,由于群体的有限理性特点,最优策略以及最优均衡点不可能一开始就被找到。复制动态指的是所有的博弈方会模仿群体中的优势策略,群体中的个体行为具有随机性和突变性,具有有限理性特点的单个主体会选择群体中现有的收益最高的策略,在此基础上,经过长期的模仿演进,群体最终趋于某个稳定的策略。目前,演化博弈论已经成为经济学的重要分析手段之一。

3.3.5 局部均衡

局部均衡理论又被称为"特殊均衡论",是剑桥学派运用于研究分配和价值决定问题时的经济理论和分析方法。相较于一般均衡理论,局部均衡理论不否认其他商品和供求关系对某一特定商品的影响,但重点关注这一特定商品自身的价格,认为该商品自身的供求关系是影响价格均衡的主要因素。因此,在使用局部均衡进行相关研究时,会假设其他商品价格和供求状况不变。局部均衡包含静态局部均衡和动态局部均衡两个概念,主要区别在于是否引入时间因素。

3.4 相关文献

3.4.1 绿色技术创新

对于绿色技术创新问题,现有文献分别从政策端和市场需求展开了研究。

1. 政策与绿色技术创新

部分学者指出,政府的环境规制等政策措施为企业进行绿色技术创新提供驱动力。弗里曼长波理论表明,政策的目的不仅是促进和改善技术创新,而且要推动基础创新的传播。Guo(2014)认为,相关部门在某些方面为企业提供的支持可以对企业的创新产生支持作用,譬如在政策、资金和信息等方面给予支持。曹霞、张路蓬(2015)认为适度的创新激励、宽松的环保宣传和严厉的污染税收相结合,能够最大化地推动企业进行绿色技术创新。绿色创新的扩散效率会因政府对绿色创新技术的过度推广而降低。张平、张鹏鹏、蔡国兴(2016)认为排污费等"费用型环境规制"会提高企业的成本,在"挤出效应"的影响下挤出企业的技术创新;投资型环境规制对企业技术创新产生"激励效应"。刘怡芳、吴国萍(2016)根据来自中国 31 个区域的面板数据得出政府补助越高,企业创新绩效越强的结论。

2. 市场需求与绿色技术创新

部分学者认为,推动绿色技术创新的另外一个重要因素是市场需求。Schmookler(1966)分析了美国的铁路市场,提出类似的观点,即市场需求推动技术创新。Scherer(1982)分析 443 家美国企业,以得到的截面数据为样本,实证分析了市场需求增长提高了企业的技术创新水平的结论。Brouwer、Kleinknecht(1996)的研究结论与 Scherer 一致,强调了市场需求对技术创新的重要作用。Kammerer(2009)认为,顾客的效用对企业绿色技术创新具有重大影响,比如婴儿玩具和绿色食品,只要产品既能降低污染又能够带来附加价值,即使价格更高,消费者也会因为其更高的附加值而选择购买。Horbach(2012)认为未来的绿色市场和绿色技术创新带来的低成本也是重要原因。Cleff 和 Rennings(1999)在全球商业环境快速发展的背景下,绿色技术创新可以实现产品差异化,从而获得更大的竞争优势，Beltramello(2013)也有类似的观点。

3.4.2 新能源汽车产业的技术创新

国内外学者主要从政府政策以及市场需求两大板块讨论新能源汽车产业技术创新的问题。

1. 政策与新能源汽车产业的技术创新

对于新能源汽车产业的研究，国内外学者主要集中在研究政府补贴和税收政策带来的影响。日本对于新能源汽车的研发是最早的，MaxA(2006)阐述了日本政策和新能源汽车发展之间的关系，认为早期的市场支持对于研发工作的重要性，肯定了政府政策的作用。Chan 和 Gillingham(2015)认为，油电混合动力车中，能源使用效率的提升中存在回弹效应(Rebound Effect)，即当产品的能源效率提高时，由于产品使用量的增加会导致燃料使用增加，作者通过对模型的测算提出了回弹效应提高了社会福利。卢超、尤建新等(2014)从政策工具和产业创新链的角度，对比研究了五个发达国家和金砖国家的新能源汽车产业政策，提出了供给端、环境端、需求端的政策建议，旨在解决存在于中国新能源汽车产业政策的问题。谢青、田志龙(2015)基于同样的角度，提出政策工具的使用会随着产业的发展而变化，是从供给面到环境面的发展过程，以及最后到需求面的完善。李爽(2016)认为中国新能源企业创新处于较低水平阶段，这一阶段的特点是绩效增长缓慢，表现在政府补助在新能源企业创新活动中不能发挥良好的作用。更多的学者基于补贴有效论的前提下，重点研究政府具体行为对企业技术创新的影响。王维、李昊展(2017)基于企业成长性视角提出：对于高成长性企业，政府研发补助能够显著促进企业的创新绩效，却无法显著影响低成长性企业。王薇、刘云(2017)认为中国新能源汽车产业使用的政策类型非常丰富，因为政策工具主要集中在第二阶段，作用于创新价值链中的市场化。

部分学者认为，税收是宏观经济调控的手段之一，能够有效调节新能源汽车企业在研发支出方面的积极性、合理促进新能源汽车产业的进步，不同税收种类所带来的效果不同，税收与非税收政策的搭配同样会影响到政策效果。戴晨(2008)认为，税收优惠和财政补贴都可以刺激企业的 R&D 投资，相较而言，税收优惠的作用更强。Beresteanu 和 Li(2008)分析了混合动力车的需求因素，并将现行的所得税抵免计划与退税计划进行比较,发现退税计划需要较少的政府收入,才能达到与新车相同的平均燃油效率水平。这种回扣计划的成本优势随着奖励力度的加大而更大。李绍萍、李悦(2016)研究了新能源汽车产业中的上市公司与企业所得税、流转税之间的关系。结果表明,所得税税负会削弱企业研发投入的积极性,流转税税负则不会对研发支出造成任何不利影响。高秀平、彭月兰(2018)研究了税收优惠和企业的多项面板数据如企业盈利能力、发展能力等多项经营绩效之间的关系,并从长期视角对比了税收优惠政策与财政补贴政策的作用,认为税收优惠政策比财政补贴的效果更好。卢君生、张顺明等(2019)认为在需求不足时期,汽车购置税优惠政策更加实用。高新伟、张晓艺(2020)认为,税收优惠对创新绩效的促进作用主要体现在创新数量而非创新质量方面。

2. 市场需求与新能源汽车企业的技术创新

部分学者认为,针对消费者购置新能源汽车的补贴和购置税优惠等直接作用于需求端的财税政策,能够促进企业的创新投入和成果转化,企业的创新绩效得以提升。在新能源汽车产业政策中,消费者补贴、免费车牌、免车辆购置税等措施,使消费者购买新能源汽车的成本降低,提高消费者购买意愿及市场需求量,从而刺激企业技术创新。Mock(2014)提出,消费者补贴政策可以直接减少购买新能源汽车的成本,让新能源汽车市场更有吸引力,从而促进产业良好发展。但 Nie(2016)认为直接补助的作用小于充电站等基础设施补助。通过分析美国插电式新能源汽车的市场后,发现对基础设施的补助政策,如充电站补助等,更能促进市场扩张。王颖、李英(2013)通过比较感知风险、涉入程度两个因素对消费者购买意愿的影响,发现在新能源汽车市场中,消费者的感知风险会对消费者的购买意愿造成显著的负向影响。消费者的涉入程度会对消费者的购买意愿带来显著的正向影响。马钧、王宁、孔德洋(2015)通过 Logit 回归分析,对比了欧、美、日新能源汽车市场的份额与消费者效用的关系,根据消费者效用原理,分析了消费者购车行为中关键因素的权重,得出政府规制与新能源汽车市场发展之间的关系。赵充(2018)认为车辆购置税税收优惠在新能源汽车发展的起步阶段,对销量的影响并不显著,由于补贴政策退坡、新能源汽车相关技术的进步、配套设施的完善等,车辆购置税优惠政策的效果将会进一步显现。李国栋、罗瑞琦、张鸿(2019)从免费车牌、政府补贴方面进行研究,肯定了政府推广政策的有效性。更进一步的,李国栋、罗瑞琦、谷永芬(2019)分析了上海的新能源汽车数据,认为上海市新能源汽车的车牌政策、财政补贴贡献了45.57%的销量;免费专用牌照政策的效果远大于财政补贴政策。两项推广政策对插电式混合动力乘用车和纯电动乘用车均贡献了50%以上的销量。高新伟、周燕春(2021)认为新能源汽车企业创新绩效会受到车辆购置税优惠政策的显著促进,且对小规模企业创新绩效的激励作用强于大规模企业,对非国有企业创新绩效的激励也会强于国有企业,对高成长性企业创新绩效的激励作用强于低成长性企业。

3.4.3 新能源汽车产业技术创新的博弈研究

部分学者认为,在新能源汽车产业领域的研究中,政府、企业、消费者等彼此之间存在着博弈行为,并基于完全理性的假设前提,使用寡头模型、信号博弈模型等,建立两阶段、三阶段博弈模型研究企业的创新行为。部分学者则基于有限理性的假设前提,使用演化博弈理论建立两部门、三部门模型研究新能源汽车企业技术创新的行为。

1. 新能源汽车供给市场的博弈研究

对于政府补贴政策与企业技术创新的博弈研究,部分学者认为在新能源汽车产业的发展过程中,企业为了追求自身利益最大化,政府和企业之间存在一个不断博弈的过程。美国学者 Richard(1989)指出,由于市场信息的不对称,政府补贴面临着"道德风险"问题,如果不能保护企业自主创新产品,政府补贴的促进作用会弱化。周绍东(2008)研究了企业技术创新与政府研发补贴的博弈,提出只有当政策制定者拥有关于企业创新类型的真实信息时提高补贴,才能有效激励企业增加自主创新投入。王海啸、缪小明(2013)研究政府与企业之间的博弈模型,分析新能源汽车发展过程中政府与企业就补贴问题的博弈,他们认为由于实际博弈过程中信息的不对称,企业策略性获取补贴的动机增加,给新能源汽车的发展带来了负面影响。钟太勇、杜荣(2015)以信号博弈模型分析政府补贴中存在的逆向选择问题,提出政府应该动态调整补贴政策,以应对产业所处的不同阶段。胡祖平、何建佳、刘举胜(2017)采取同样模型进行分析,发现影响政企博弈均衡有政府误判的损失大小、企业选择造假成本及期望风险成本大小等主要因素。马亮、仲伟俊、梅姝娥(2017)在博弈分析基础上设计了政府依据研发给予新能源汽车企业补贴和产业内补贴的机制,认为该组合能够激励企业增加研发投入,并加速传统企业转型升级。

部分学者研究了新能源汽车企业之间的博弈研究,对企业是否选择进入新能源行业,是否率先进行技术创新进行了博弈分析。郭燕青、李磊、姚远(2016)模拟分析了最优政府补贴问题,在两个企业合作与竞争达到均衡的前提下,政府应该把"弱生态位种群"作为重点补贴对象,对于"强生态位种群",政府可以选择不补贴或负补贴策略。卢超、闫俊琳(2019)构建三阶段博弈模型研究了双寡头模型中的新能源汽车企业,分析了在汽车企业研发竞争与合作两种条件下,企业研发的最优续航里程及汽车生产量的问题。分析了政府的最佳优惠力度。汪秋明、韩庆潇等(2014)在政府与企业的动态博弈模型基础上,采用理论与实证相结合的方式,发现在战略新兴产业中,政府的补贴策略对企业的研发支出行为没有促进作用,但具体到新能源产业中,政府的补贴政策却是有效的。

2. 新能源汽车需求市场的博弈研究

部分学者基于需求市场的视角,研究了新能源汽车需求市场的博弈问题,政府政策对新能源汽车产业的影响,一方面表现为对企业的补贴,另一方面表现为需求端的补贴,产业政策通过提高新能源汽车的总需求,提高汽车企业的预期市场份额,刺激市场的发展。Turan等(2012)设计了混合决策模型对德国市场的新能源汽车需求市场的政策进行分析,研究发现消费者购车补贴、税收优惠等购买激励政策,能够刺激新能源汽车的销量。存在的问题是,这类政策的成本过高持续性较差,因而这类政策只能在短期内对市场造成影响。范如国、冯晓丹(2017)从讨价还价模型中得出,政府应该适当降低对新能源汽车企业的补贴标准。因为当前环境下,新能源汽车的成本在持续降低,补贴退坡既能降低激励成本,又能更好的发挥激励效果。

3.4.4 新能源汽车产业技术创新的演化博弈研究

演化博弈理论诞生的标志是演化稳定策略(ESS)的提出(Smith,1973和Price,1974)。20世纪80年代,随着对演化博弈论研究的深入,这一理论被经济学家引入到经济学领域,演化博弈论发展的主线是演化稳定策略概念的动态化。同时,Selten(1980、1983)的非对称博弈将演化博弈理论的研究进一步深入。国内关于演化博弈在技术创新领域的应用最早可以追溯到2006年,但具体到新能源汽车领域的应用,直到2012年才首次出现。

1. 新能源汽车供给市场的演化博弈研究

新能源汽车供给市场的演化博弈研究首先立足于新能源汽车企业与政府的视角,其次是企业与企业的博弈视角。曹霞、邢泽宇和张路蓬(2018)建立两方演化博弈模型发现:① 低强度的监管力度扰乱市场,中强度则促进市场发展,高强度则会抑制新能源汽车产业的发展;② 政府基础设施建设当投入力度为适度和较高时,消费者会购买新能源汽车,企业也会向生产新能源汽车的方向演化。高倩、范明、杜建国(2014)认为政府补贴的效果不及预期,政府补贴的行为与新能源汽车企业行为演化路径存在分化现象,可能趋于良好状态,可能趋于"不良锁定",需要合理调节补贴力度。孙红霞、吕慧荣(2018)构建演化博弈模型,仿真分析了在后补贴时代下新能源汽车企业和政府之间的博弈行为,结果表明:在长期内,政府的补贴额度并不会对新能源汽车企业的生产策略造成影响。为了避免阻碍产业发展,政府需要合理制定补贴政策。

关于新能源汽车企业之间的演化博弈研究。李文鹣、戴良平(2020)针对新能源汽车上下游企业合作创新稳定性问题,构建了以整车企业与电池企业为主体的演化博弈模型,分析了积分交易价格,以及它与研发补贴、税收优惠的搭配对博弈主体行为的影响。

2. 新能源汽车需求市场的演化博弈研究

在需求市场中,多数学者使用两方演化博弈模型对该市场进行研究。曹国华、杨俊杰(2016)使用两方演化博弈模型分析了购买新能源汽车的消费者和政府的行为,认为政府需要积极引导汽车企业进行新能源相关的基础设施建设投资,且在短期内,政府可以加大对新能源汽车企业的补贴,长期则应该减少补贴,执行补贴退坡机制。李云霞(2018)基于政府和消费者的两方演化博弈模型,认为当消费者和政府达到长期均衡状态时,政府已经退出了对新能源汽车的相关补贴,但消费者仍然会选择购买新能源汽车。在短期内,购置补贴能够增加新能源汽车的销量,但相关配套设施的补贴带来的影响则是长期效应。

直到2020年,张扬、陆宸欣(2020)首次使用三方演化博弈模型对新能源汽车市场中的参与群体进行研究,认为政府的补贴退坡带来的不同水平的激励不会改变企业的创新决策,但其演化速度会受到补贴水平的影响。其他学者使用演化博弈模型对新能源企业做了丰富的研究,如徐建中、孙颖(2020)以及曹霞、李传云(2020)等使用三方演化博弈模型研究了政府监督和市场机制下的新能源企业与产学研机构之间合作创新的行为。

3.4.5 文献评述

国际学术界关于新能源汽车产业政策的研究,主要从发达国家新能源汽车的政策体系和作用出发。国内政策研究中,重点包括对国内外新能源汽车产业发展政策演变、特点的分析和总结;分析评价示范推广、财税政策、技术创新政策、研发补贴政策等典型政策;以及研究新能源汽车产业的政策工具。其中,有关产业政策与市场表现的关联或评价研究中,市场表现的评价指标大多为新能源汽车产业的产销量、城市推广量,也有政策评价通过技术研发与投入、产业化水平等指标进行。现有研究表明,对于新能源汽车产业这样的战略新兴产业而言,政策至关重要。随着新能源汽车产业的发展,政策效果评估日益成为一个重要研究领域,市场表现是政府政策效果的重要指标,导致对政府政策效果与市场表现的关联研究成为一个重要的研究视角。随着新能源汽车产业的发展,国内外学者从多种角度对该产业进行研究。在补贴政策的研究中,主要通过现有补贴政策的有效性、补贴政策对汽车企业研发创新的影响等视角进行分析,也有部分学者基于博弈论的视角,探讨补贴政策下的政企行为,但因受样本所处的行业周期、企业规模、企业性质、补贴力度等各类因素的影响,这些研究的结论并不一致。现有的新能源汽车相关文献中,研究需求市场的作用时,往往只会考虑产业政策对消费者的影响,以及产业政策对新能源汽车企业销量的影响,而有关产业政策对新能源汽车企业研发作用的文献相对较少,有待进一步探究。

在理论方面的研究中,现有文献中的理论研究集中在信号博弈及演化博弈理论,如古诺、斯塔克伯格模型、实物期权理论、信号博弈等,更多的学者使用演化博弈理论进行相关研究。但学者在使用演化博弈理论进行研究的过程中,模型中出现的参数通常是外生的,对于参数的理论基础和现实意义没有做深入地探究。此外,国内已有学者在尝试用计量回归替代演化博弈中的数据仿真模拟,但是目前在新能源行业中,演化博弈理论和计量回归相结合的文献相对较少,理论中出现的参数,未能很好地体现在实证模型中。

3.5 购置税减免政策对汽车企业行为影响的演化博弈模型

3.5.1 汽车企业、消费者和政府三方行为的博弈模型构建

我们将在本小节构建消费者、新能源汽车企业和政府三方行为的博弈模型,假设汽车企业生产两种产品,一种产品是新能源汽车(New Energy Vehicles,NEV),另一种产品是传统燃油车(Fuel Vehicles,FV),消费者的效用大小会受到两种产品的影响。基于 Bagwell 和 Staiger(2005)、Chisik 和 Onder(2017)的消费者效用函数,假设消费者效用函数如下:

$$U = \frac{1}{1-D^2}\left[A(1+D)(q_{NEV}+q_{FV}) - \frac{1}{2}(q_{NEV})^2 - \frac{1}{2}(q_{FV})^2 - Dq_{NEV}q_{FV}\right] \tag{3-1}$$

式中,q_{NEV} 为新能源汽车的数量,q_{FV} 为传统燃油车的数量,$A>0$ 代表了偏好强度或阻塞价格(Choke Price),$D\in[0,1]$ 代表了两种商品的替代程度。假设消费者的收入为 I,则其消费约束集(Budget Constraint)为:

$$P_{FV} \cdot q_{FV} + P_{NEV} \cdot q_{NEV} \leqslant I \tag{3-2}$$

根据在消费约束集条件下的消费者效用最大化原则,联立消费者效用函数和预算约束集:

$$\max \frac{1}{1-D^2}\left[A(1+D)(q_{NEV}+q_{FV}) - \frac{1}{2}(q_{NEV})^2 - \frac{1}{2}(q_{FV})^2 - Dq_{NEV}q_{FV}\right]$$
$$\text{s.t.} \quad P_{FV} \cdot q_{FV} + P_{NEV} \cdot q_{NEV} \leqslant I \tag{3-3}$$

建立拉格朗日方程:

$$L = U - \lambda(P_{FV} \cdot q_{FV} + P_{NEV} \cdot q_{NEV} - I) \tag{3-4}$$

对拉格朗日方程分别求偏导数,可得:

$$\begin{cases} \dfrac{\partial L}{\partial q_{NEV}} = \dfrac{1}{1-D^2}[A(1+D)q_{NEV} - q_{NEV} - Dq_{FV}] \\ \dfrac{\partial L}{\partial q_{FV}} = \dfrac{1}{1-D^2}[A(1+D)q_{FV} - q_{FV} - Dq_{NEV}] \\ \dfrac{\partial L}{\partial \lambda} = P_{FV} \cdot q_{FV} + P_{NEV} \cdot q_{NEV} - I \end{cases} \quad (3-5)$$

联立三个偏导数方程,我们可以得出消费者的需求函数为:

$$\begin{cases} q^d_{NEV} = A - P_{NEV} + D \cdot P_{FV} \\ q^d_{FV} = A - P_{FV} + D \cdot P_{NEV} \end{cases} \quad (3-6)$$

假设传统燃油车的成本函数为: $C_{FV} = \dfrac{q^s_{FV}}{2}$,则其总成本函数为 $C_{TFV} = \dfrac{(q^s_{FV})^2}{2}$;假设新能源汽车的成本函数为 $C_{NEV} = f + \dfrac{q^s_{NEV}}{2}$,则其总成本函数为 $C_{TNEV} = f \cdot q^s_{NEV} + \dfrac{(q^s_{NEV})^2}{2}$。$f$ 代表现阶段下,研发生产新能源汽车高出的固定成本(与传统燃油车比)。由总成本函数(Total Cost function,TC)我们可以求得边际成本函数(Marginal Cost)为 $MC_{NEV} = f + q^s_{NEV}$ 和 $MC_{FV} = q^s_{FV}$,因此,两者的供给函数是:

$$\begin{cases} q^s_{NEV} = P_{NEV} - f \\ q^s_{FV} = P_{FV} \end{cases} \quad (3-7)$$

式中,$q^s_{NEV} = P_{NEV} - f$ 为新能源汽车的供给方程,$q^s_{FV} = P_{FV}$ 为传统燃油车的供给方程。联立公式(3-6)和公式(3-7)中的需求函数和供给函数,可得新能源汽车和传统燃油车的均衡价格(P^*_{NEV}、P^*_{FV})及均衡产量(q^*_{NEV}、q^*_{FV}):

$$P^*_{NEV} = \dfrac{(2+D)A + 2f}{4-D^2} \quad (3-8)$$

$$P^*_{FV} = \dfrac{(2+D)A + Df}{4-D^2} \quad (3-9)$$

$$q^*_{NEV} = P^*_{NEV} - f \quad (3-10)$$

$$q^*_{FV} = P^*_{FV} \quad (3-11)$$

由此，我们可以通过消费者的需求函数、效用函数、车企的供给函数、供求均衡状态下的均衡价格，分别求出购买两种不同汽车的消费者剩余（Consumer Surplus，CS）和生产两种不同产品的生产者剩余（Producer Surplus，PS）：

$$CS = U - P^*_{NEV} q^*_{NEV} - P^*_{FV} q^*_{FV} \qquad (3-12)$$

$$PS = Pq - C \qquad (3-13)$$

将公式(3-8)—(3-11)代入上式可得：

$$CS_{NEV} = \frac{(P^*_{NEV} - f)^2}{2(1 - D^2)} \qquad (3-14)$$

$$CS_{FV} = \frac{(P^*_{FV})^2}{2(1 - D^2)} \qquad (3-15)$$

$$PS_{NEV} = \frac{(P^*_{NEV} - f)^2}{2} \qquad (3-16)$$

$$PS_{FV} = \frac{(P^*_{FV})^2}{2} \qquad (3-17)$$

假设政府对每辆新能源汽车的购置税补贴金额为"S"（Subsidies，S），则：

$$P^{**}_{NEV} = P^*_{NEV} - S \qquad (3-18)$$

$$q^{**}_{NEV} = A - P^*_{NEV} + S + D \cdot P_{FV} \qquad (3-19)$$

$$PS^{**}_{NEV} = \frac{(P^{**}_{NEV} - f)^2}{2(1 - D^2)} \qquad (3-20)$$

$$CS^{**}_{NEV} = \frac{(P^{**}_{NEV} - f)^2}{2(1 - D^2)} \qquad (3-21)$$

根据公式(3-18)(3-19)，我们可以求出政府的补贴总额为：

$$G = q^{**}_{NEV} \cdot S \qquad (3-22)$$

化简可得：

$$G = \left[(P^*_{NEV} - f) + \frac{S}{2} \right] \cdot S \qquad (3-23)$$

综上所述，本小节从消费者的效用函数和两种不同类型汽车的生产成本出发，求出了消费者剩余、生产者剩余；求出了在政府购置税减免政策下，新能源汽车的产量和价格以及此时对应的消费者剩余、政府部门的补贴总额和生产者剩余。

3.5.2　汽车企业、消费者和政府三方的演化博弈模型构建

为了更好地展示企业、消费者和本国政府之间的相互影响过程，本小节构建新能源汽车企业、消费者、政府三方的演化博弈模型。在新能源汽车市场中，政府实施购置税优惠政策的行为可以直接降低消费者的购车成本，从而影响消费者的购车需求量。消费者对于补贴产品需求量的增加又会给新能源车企业带来利润，从而影响相关企业的行为。或者说，新能源车企业基于自身的利益，会主动迎合消费者的需求。假设三方演化博弈模型中的参与方都是有限理性的，在演化过程中存在突变（mutation），即各个群体中不断地有部分个体选择新的策略。在这一过程中，较低收益的策略被淘汰，较高收益的策略会被其他个体所选择（selection），在有限理性的前提下，群体之间的个体存在互相学习、适应和改进的过程。

本小节中，三方演化博弈模型的参与方分别为：汽车企业（manufacture, M），消费者（consumer, C），政府（government, G）。汽车企业有两种行为（action），分别是：创新和不创新，其行为集合（action set）为（创新，不创新）；消费者的两种行为分别是：购买新能源车和不购买新能源车，其行为集合为（购买，不购买）；政府的两种行为分别是：补贴消费者和不补贴消费者，其策略集合为（补贴，不补贴）。新能源汽车企业群体中，选择"创新"策略的群体占比是 x，消费者群体中，选择"购买"策略的群体占比是 y，政府选择补贴的概率为 z，$1-x$，$1-y$，$1-z$ 分别代表三者中选择另一种策略的占比，其中，$x, y, z \in [0,1]$。汽车企业选择创新的行为会带来额外的创新收益 V，技术创新不仅能够给企业带来更多的利润增长空间，也能给消费者带来实际利益，因此，企业和消费者从企业创新过程中的获益系数分别为 α_M、α_C。其次，企业的技术创新会推动社会技术进步，给政府带来收益，因此政府从企业创新中的收益为 $\alpha_G V$，其中 α_G 是政府的创新收益转化系数。①

---

① 值得注意的是，α_M、α_C、α_G 之和并不等于1，α_M、α_C 之和也不等于1。因为不同的群体对企业创新收益的评价标准不同，且政府的财政补贴、减免购置税政策等行为会对企业和消费者的收益产生影响，从而出现总收益超过创新收益 V 的可能，而政府在企业创新中的收益则是基于产业价值链地位、国际竞争力、绿色经济等维度，α_G 甚至可能大于1。

政府选择支持购置税优惠政策的行为会给政府带来良好的社会声誉、绿色收益,使社会福利增加,假设此时政府的收益为 $g_{NEV}>0$,若政府选择不补贴的行为,假设政府的收益为 $g_{FV}>0$,由于只有当政府实施购置税优惠政策带来的收益大于不实施该政策时的收益,政府才有动机选择实施购置税优惠政策。因此,本小节假设 $V>g_{NEV}-g_{FV}>0$。

根据上述设定,我们可以得出三方博弈矩阵,见表 3-2:

表 3-2 政府、企业、消费者的三方收益矩阵

汽车企业(M)	消费者(C)		政府(G)
	购买(y)	不购买($1-y$)	
创新(x)	$PS_{NEV}^{**}+\alpha_M V$, $CS_{NEV}^{**}+\alpha_C V$, $g_{NEV}+\alpha_G V-G$	$PS_{FV}+\alpha_M V$, CS_{FV}, g_{NEV}	补贴(z)
不创新($1-x$)	PS_{FV}, CS_{FV}, g_{NEV}	PS_{FV}, CS_{FV}, g_{NEV}	
创新(x)	$PS_{NEV}+\alpha_M V$, $CS_{NEV}+\alpha_C V$, $g_{FV}+\alpha_G V$	$PS_{FV}+\alpha_M V$, CS_{FV}, g_{FV}	不补贴($1-z$)
不创新($1-x$)	PS_{FV}, CS_{FV}, g_{FV}	PS_{FV}, CS_{FV}, g_{FV}	

由表 3-2 可知,当汽车企业选择创新策略,消费者选择购买新能源汽车策略,政府选择实施购置税减免政策时,汽车企业的收益为 $PS_{NEV}^{**}+\alpha_M V$,消费者的收益为 $CS_{NEV}^{**}+\alpha_C V$,政府的收益为 $g_{NEV}+\alpha_G V-G$,当汽车企业选择创新策略,消费者选择不购买新能源汽车,政府仍然选择实施购置税减免政策时,由于购置税政策自身具有公平性的优点,消费者无法享受到政府的购置税优惠政策,此时汽车企业的收益为 $PS_{FV}+\alpha_M V$,消费者的收益为 CS_{FV},政府由于实施了新能源汽车购置税政策的行为,收益为 g_{NEV}。当新能源汽车企业选择不创新的行为,消费者仍然选择购买新能源汽车,政府选择实施购置税补贴政策。由于购

置税政策自身具有执行性强的优点,汽车企业选择不创新将使得消费者无法购买到享受免购置税的新能源汽车。因此,此时汽车企业的收益为 PS_{FV},消费者的收益为 CS_{FV},政府由于实施了新能源汽车购置税政策的行为,收益为 g_{NEV}。

当新能源汽车企业选择创新行为,消费者选择购买新能源汽车策略,政府选择不实施购置税减免政策时,汽车企业的收益为 $PS_{NEV}+\alpha_M V$,消费者的收益为 $CS_{NEV}+\alpha_C V$,政府的收益为 $g_{FV}+\alpha_G V$,当汽车企业选择创新,消费者选择不购买新能源汽车,政府选择不实施购置税减免政策时,由于消费者购买的是传统燃油车,此时汽车企业虽然选择了研发,但仍然不能转化为收益,所以企业的收益为 $PS_{FV}+\alpha_M V$,消费者的收益为 CS_{FV},政府的收益为 g_{FV}。当汽车企业选择不创新行为,消费者选择购买新能源汽车,政府选择不实施购置税补贴政策。汽车企业选择不创新的行为,将使得消费者无法购买到享受免购置税政策的新能源汽车,此时消费者只能选择传统燃油汽车,或者说,此时对于消费者而言,购买新能源汽车与购买传统燃油车带给自身的效用是相同的。因此,这种情况下,汽车企业的收益为 PS_{FV},消费者的收益为 CS_{FV},政府的收益为 g_{FV}。当汽车企业选择不创新行为,消费者选择不购买新能源汽车,政府选择不实施购置税补贴政策。此时汽车企业的收益为 PS_{FV},消费者的收益为 CS_{FV},政府的收益为 g_{FV}。

假设政府对消费者的购置税补贴总额为 G,对单个车辆的购置税优惠金额为 S,由税收归宿理论可知,对消费者的补贴不仅能够直接给消费者带来收益,也会通过提高销量给新能源车企业带来收益。因此,假设 β_M 是新能源汽车企业在政府实施减免购置税政策中的受益系数,β_C 是消费者在政府实施减免购置税政策中的受益系数,且 $\beta_M+\beta_C=1$。由本小节的需求函数和供给函数的斜率绝对值均为 1,可得 $\beta_M=\beta_C=0.5$。由此可得,当政府实施购置税减免政策时,企业和消费者从购置税补贴政策中获得的具体收益为:

$$S_1=S_2=\frac{(q_{NEV}^*+q_{NEV}^{**})}{2}\cdot\frac{S}{2} \quad (3-24)$$

且 $PS_{NEV}^{**}=PS_{NEV}+S_1$,$CS_{NEV}^{**}=CS_{NEV}+S_2$。

3.5.3 三方演化稳定策略求解

对于汽车企业而言,假设汽车企业选择创新时候的期望收益为 $E\vartheta_{M1}$,

由第 3.5.2 节中的模型可得：

$$E\vartheta_{M1} = yz(PS_{NEV}^{**} + \alpha_M V) + y(1-z)(PS_{NEV} + \alpha_M V)$$
$$+ (1-y)z(PS_{FV} + \alpha_M V) + (1-y)(1-z)(PS_{FV} + \alpha_M V)$$
$$(3-25)$$

式中，$yz(PS_{NEV}^{**} + \alpha_M V)$ 表示消费者群体中有 y 占比的消费者选择购买新能源汽车，此时政府以 z 的概率对新能源汽车行业实施购置税减免政策，在此条件下，新能源汽车企业中选择创新的企业所获得的收益为 $yz(PS_{NEV}^{**} + \alpha_M V)$；$y(1-z)(PS_{NEV} + \alpha_M V)$ 表示消费者群体中有 y 占比的消费者选择购买新能源汽车且政府以 $1-z$ 的概率选择不对新能源汽车实行购置税减免政策，在此条件下新能源汽车企业中选择创新的企业所获得的收益为 $y(1-z)(PS_{NEV} + \alpha_M V)$；$(1-y)z(PS_{FV} + \alpha_M V)$ 表示消费者群体中有 $1-y$ 占比的消费者不会选择购买新能源汽车，此时政府以 z 的概率选择对新能源汽车实行购置税减免政策，在此条件下新能源汽车中选择创新的企业所获得的收益为 $(1-y)z(PS_{FV} + \alpha_M V)$；$(1-y)(1-z)(PS_{FV} + \alpha_M V)$ 表示消费者群体中有 $1-y$ 占比的消费者选择不购买新能源汽车且政府以 $1-z$ 的概率选择不对新能源汽车实行购置税减免政策，在此条件下新能源汽车中选择创新策略的企业所获得的收益为 $(1-y)(1-z)(PS_{FV} + \alpha_M V)$。

假设汽车企业选择不创新时候的期望收益为 $E\vartheta_{M2}$，由第 3.5.2 节中的模型可得：

$$E\vartheta_{M2} = yzPS_{FV} + y(1-z)PS_{FV} + (1-y)zPS_{FV} + (1-y)(1-z)PS_{FV}$$
$$(3-26)$$

式中，$yzPS_{FV}$ 表示消费者群体中有 y 占比的消费者选择购买新能源汽车，且政府以 z 的概率选择对新能源汽车实行购置税减免政策，在此条件下新能源汽车企业中选择不创新企业的收益为 $yzPS_{FV}$；$y(1-z)PS_{FV}$ 表示消费者群体中 y 占比的消费者选择购买新能源汽车且政府以 $1-z$ 的概率选择不对新能源汽车实行购置税减免政策，在此条件下新能源汽车企业中选择不创新企业的收益为 $y(1-z)PS_{FV}$；$(1-y)zPS_{FV}$ 表示消费者群体中有 $1-y$ 占比的消费者选择不会购买新能源汽车且政府政策，在此条件下新能源汽车企业中选择不创新企业的收益为 $(1-y)zPS_{FV}$；$(1-y)(1-z)PS_{FV}$ 表示消费者群体中有 $1-y$ 占比的消费者选择不购买新能源汽车且政府以 $1-z$ 的概率选择不对新能源汽车实行购置税减免政策,在此条件下汽车企业中选择不创新企业的收益为 $(1-y)(1-z)PS_{FV}$。

汽车企业的平均期望收益为 $E\vartheta_M$。由公式(3-25)(3-26)可得汽车企业的平均期望收益为:

$$E\vartheta_M = x \cdot E\vartheta_{M1} + (1-x) \cdot E\vartheta_{M2} \tag{3-27}$$

由复制动态方程:

$$F(x) = \frac{\mathrm{d}(x)}{\mathrm{d}t} = x(E\vartheta_{M1} - E\vartheta_M) \tag{3-28}$$

把公式(3-27)代入公式(3-28)可得新能源汽车企业的复制动态方程为:

$$F(x) = \frac{\mathrm{d}(x)}{\mathrm{d}t} = x(1-x)(E\vartheta_{M1} - E\vartheta_{M2}) \tag{3-29}$$

由公式(3-25)(3-26)可得:

$$E\vartheta_{M1} - E\vartheta_{M2} = yz(PS_{NEV}^{**} + \alpha_M V - PS_{FV}) + y(1-z)(PS_{NEV} + \alpha_M V - PS_{FV})$$
$$+ (1-y)z\alpha_M V + (1-y)(1-z)\alpha_M V$$

$$E\vartheta_{M1} - E\vartheta_{M2} = [\alpha_M V + y(PS_{NEV} - PS_{FV}) + yzS_1] \tag{3-30}$$

由公式(3-29)(3-30)联立,求出汽车企业具体的复制动态方程为:

$$F(x) = \frac{\mathrm{d}(x)}{\mathrm{d}t} = x(1-x)[\alpha_M V + y(PS_{NEV} - PS_{FV}) + yzS_1] \tag{3-31}$$

对于消费者而言,消费者选择购买新能源汽车的期望收益为 $E\vartheta_{C1}$,由第3.5.2节中的模型可得:

$$E\vartheta_{C1} = xz(CS_{NEV}^{**} + \alpha_C V) + x(1-z)(CS_{NEV} + \alpha_C V)$$
$$+ (1-x)z(CS_{FV}) + (1-x)(1-z)(CS_{FV}) \tag{3-32}$$

式中,$xz(CS_{NEV}^{**} + \alpha_C V)$ 表示汽车企业群体中有 x 占比的企业选择创新行为且政府以 z 的概率对新能源汽车实行购置税减免政策,在此条件下,消费者选择购买新能源汽车所获得的收益为 $xz(CS_{NEV}^{**} + \alpha_C V)$;$x(1-z)(CS_{NEV} + \alpha_C V)$ 表示企业群体中有 x 占比的企业选择创新行为且政府以 $1-z$ 的概率选择不对新能源汽车实行购置税减免政策,在此条件下,消费者选择购买新能源汽车所获得的收益为 $x(1-z)(CS_{NEV}+\alpha_C V)$;$(1-x)z(PS_{FV}+\alpha_M V)$ 表示企业群体中有 $1-x$ 占比的企业选择不创新且政府以 z 的概率选择对新能源汽车实行购置税减免政策,在此条件下消费者群体中选择购买新能源汽车的消费者所获得的收益为 $(1-x)z(PS_{FV}+\alpha_M V)$;$(1-x)(1-z)(PS_{FV}+\alpha_M V)$ 表示企业群体中有 $1-x$ 占比的企业选择不创新且政府以 $1-z$ 的概率选择不对新能源汽车实行购置税减免政策,在此条件下消费者群体中选择购买新能源汽车的消费者所获得的收益为 $(1-x)(1-z)(PS_{FV}+\alpha_M V)$。

假设消费者选择不购买新能源汽车的期望收益为 $E\vartheta_{C2}$,由第 3.5.2 节中的模型可得:

$$E\vartheta_{C2}=xzCS_{FV}+x(1-z)CS_{FV}+(1-x)zCS_{FV}+(1-x)(1-z)CS_{FV} \tag{3-33}$$

式中,$xzCS_{FV}$ 表示汽车企业群体中有 x 占比的企业选择创新行为且政府以 z 的概率对新能源汽车实行购置税减免政策,在此条件下,消费者选择不购买新能源汽车所获得的收益为 $xzCS_{FV}$;$x(1-z)CS_{FV}$ 表示企业群体中有 x 占比的企业选择创新行为且政府以 $1-z$ 的概率选择不对新能源汽车实行购置税减免政策,在此条件下,消费者选择不购买新能源汽车所获得的收益为 $x(1-z)CS_{FV}$;$(1-x)zCS_{FV}$ 表示企业群体中有 $1-x$ 占比的企业选择不创新且政府以 z 的概率选择对新能源汽车实行购置税减免政策,在此条件下消费者群体中选择不购买新能源汽车的消费者所获得的收益为 $(1-x)zCS_{FV}$;$(1-x)(1-z)CS_{FV}$ 企业群体中有 $1-x$ 占比的企业选择不创新且政府以 $1-z$ 的概率选择不对新能源汽车实行购置税减免政策,在此条件下消费者群体中选择不购买新能源汽车的消费者所获得的收益为 $(1-x)(1-z)CS_{FV}$。

由公式(3-32)(3-33)可得消费者的平均期望收益为:

$$E\vartheta_C = y \cdot E\vartheta_{C1}+(1-y) \cdot E\vartheta_{C2} \tag{3-34}$$

由复制动态方程:

$$F(y)=\frac{\mathrm{d}(y)}{\mathrm{d}t}=y(E\vartheta_{C1}-E\vartheta_C) \tag{3-35}$$

将公式(3-34)代入公式(3-35)可得消费者的复制动态方程为:

$$F(y) = \frac{\mathrm{d}(y)}{\mathrm{d}t} = y(1-y)(E\vartheta_{C1} - E\vartheta_{C2}) \qquad (3-36)$$

由公式(3-32)(3-33)可得:

$$E\vartheta_{C1} - E\vartheta_{C2} = xz(CS_{NEV}^{**} + \alpha_C V - CS_{FV}) + x(1-z)(CS_{NEV} + \alpha_C V - CS_{FV})$$

$$E\vartheta_{C1} - E\vartheta_{C2} = [x\alpha_C V + x(CS_{NEV} - CS_{FV}) + xzS_2] \qquad (3-37)$$

由公式(3-36)(3-37)联立,求出消费者具体的复制动态方程为:

$$F(y) = \frac{\mathrm{d}(y)}{\mathrm{d}t} = y(1-y)[x\alpha_C V + x(CS_{NEV} - CS_{FV}) + xzS_2]$$

$$(3-38)$$

对于政府而言,政府选择实施购置税减免政策的期望收益为 $E\vartheta_{G1}$,由第 3.5.2 节中的模型可得:

$$E\vartheta_{G1} = xy(g_{NEV} + \alpha_G V - G) + x(1-y)(g_{NEV})$$
$$+ (1-x)y(g_{NEV}) + (1-x)(1-y)(g_{NEV}) \qquad (3-39)$$

式中,$xy(g_{NEV} + \alpha_G V - G)$ 表示汽车企业群体中有 x 占比的企业选择创新行为且消费者群体中有 y 占比的消费者选择购买新能源汽车行为,在此条件下,政府实施购置税减免政策所获得的收益为 $xy(g_{NEV} + \alpha_G V - G)$;$x(1-y)(g_{NEV})$ 表示汽车企业群体中有 x 占比的企业选择创新行为且消费者群体中有 $1-y$ 占比的消费者选择不购买新能源汽车行为,在此条件下,政府实施购置税减免政策所获得的收益为 $x(1-y)(g_{NEV})$。$(1-x)y(g_{NEV})$ 表示汽车企业群体中有 $1-x$ 占比的企业选择不创新行为且消费者群体中有 y 占比的消费者选择购买新能源汽车行为,在此条件下,政府实施购置税减免政策所获得的收益为 $(1-x)y(g_{NEV})$;$(1-x)(1-y)(g_{NEV})$ 表示汽车企业群体中有 $1-x$ 占比的企业选择创新行为且消费者群体中有 $1-y$ 占比的消费者选择不购买新能源汽车行为,在此条件下,政府实施购置税减免政策所获得的收益为 $(1-x)y(g_{NEV})$。

假设政府选择不实施购置税减免政策的期望收益为 $E\vartheta_{G2}$,由第 3.5.2 节中的模型可得:

$$E\vartheta_{G2} = xy(g_{FV} + \alpha_G V) + x(1-y)(g_{FV})$$
$$+ (1-x)y(g_{FV}) + (1-x)(1-y)(g_{FV}) \qquad (3-40)$$

式中，$xy(g_{FV}+\alpha_G V)$ 表示汽车企业群体中有 x 占比的企业选择创新行为且消费者群体中有 y 占比的消费者选择购买新能源汽车行为，在此条件下，政府不实施购置税减免政策所获得的收益为 $xy(g_{FV}+\alpha_G V)$；$x(1-y)(g_{NEV})$ 表示汽车企业群体中有 x 占比的企业选择创新行为且消费者群体中有 $1-y$ 占比的消费者选择不购买新能源汽车行为，在此条件下，政府不实施购置税减免政策所获得的收益为 $xy(g_{FV}+\alpha_G V)$；$(1-x)y(g_{NEV})$ 表示汽车企业群体中有 $1-x$ 占比的企业选择不创新行为且消费者群体中有 y 占比的消费者选择购买新能源汽车行为，在此条件下，政府不实施购置税减免政策所获得的收益为 $(1-x)y(g_{NEV})$；$(1-x)(1-y)(g_{NEV})$ 表示汽车企业群体中有 $1-x$ 占比的企业选择创新行为且消费者群体中有 $1-y$ 占比的消费者不会选择购买新能源汽车行为，在此条件下，政府不实施购置税减免政策所获得的收益为 $(1-x)(1-y)(g_{NEV})$。

由公式(3-39)(3-40)可得消费者的平均期望收益为：

$$E\vartheta_G = z \cdot E\vartheta_{G1} + (1-z) \cdot E\vartheta_{G2} \qquad (3-41)$$

由复制动态方程：

$$F(z) = \frac{d(z)}{dt} = z(E\vartheta_{G1} - E\vartheta_G) \qquad (3-42)$$

将公式(3-41)代入公式(3-42)可得政府的复制动态方程为：

$$F(z) = \frac{d(z)}{dt} = z(1-z)(E\vartheta_{G1} - E\vartheta_{G2}) \qquad (3-43)$$

由公式(3-39)(3-40)可得：

$$E\vartheta_{G1} - E\vartheta_{G2} = xy(g_{NEV} - g_{FV} - G) + x(1-y)(g_{NEV} - g_{FV})$$
$$+ (1-x)y(g_{NEV} - g_{FV}) + (1-x)(1-y)(g_{NEV} - g_{FV})$$

$$E\vartheta_{G1} - E\vartheta_{G2} = (g_{NEV} - g_{FV} - xyG) \qquad (3-44)$$

由公式(3-43)(3-44)联立，可得政府的复制动态方程为：

$$F(z) = \frac{\mathrm{d}(z)}{\mathrm{d}t} = z(1-z)(g_{NEV} - g_{FV} - xyG) \quad (3-45)$$

联立公式(3-31)(3-38)(3-45),可得车企、消费者以及政府三方群体的复制动态方程系统:

$$\begin{cases} F(x) = \dfrac{\mathrm{d}(x)}{\mathrm{d}t} = x(1-x)[\alpha_M V + y(PS_{NEV} - PS_{FV}) + yzS_1] \\ F(y) = \dfrac{\mathrm{d}(y)}{\mathrm{d}t} = y(1-y)[x\alpha_C V + x(CS_{NEV} - CS_{FV}) + xzS_2] \\ F(z) = \dfrac{\mathrm{d}(z)}{\mathrm{d}t} = z(1-z)(g_{NEV} - g_{FV} - xyG) \end{cases}$$

$$(3-46)$$

通过分析演化方程系统,对 $F(x)$ 求偏导数可得:

$$\frac{\mathrm{d}F(x)}{\mathrm{d}s} = x(1-x)yz \frac{(q^*_{NEV} + q^{**}_{NEV})}{2} \cdot \frac{1}{2} > 0 \quad (3-47)$$

$$\frac{\mathrm{d}F(x)}{\mathrm{d}y} = x(1-x)zS_1 > 0 \quad (3-48)$$

$$\frac{\mathrm{d}F(x)}{\mathrm{d}z} = x(1-x)yS_1 > 0 \quad (3-49)$$

由此可得:

结论1:假设其他条件均不变,当政府对新能源汽车车辆的补贴额度 S 上升时,或当政府实施购置税优惠政策的意愿上升或当消费者对新能源汽车的购买意愿上升时,促使新能源汽车企业的创新意愿上升。

三方演化博弈的复制动态系统中的纯策略纳什均衡包括了渐进稳定状态和演化稳定策略组合(ESS)。令 $F(x) = F(y) = F(z) = 0$,可以得8个局部稳定均衡点,即 $E_1(0,0,0)$、$E_2(0,0,1)$、$E_3(0,1,0)$、$E_4(1,0,0)$、$E_5(1,1,0)$、$E_6(1,0,1)$、$E_7(0,1,1)$、$E_8(1,1,1)$。根据李雅普诺夫间接法,在雅可比矩阵中,当所有特征值(λ)为负,即 $\lambda < 0$ 时,此时的均衡点为演化稳定点,此稳定点为三方群体的演化稳定策略组合;当 $\lambda > 0$ 时,均衡点为不稳定点;当特征值为正数的个数为一个或两个时,此均衡点为鞍点。系统的雅可比矩阵为:

$$J = \begin{pmatrix} \dfrac{\partial F_x}{\partial x} & \dfrac{\partial F_x}{\partial y} & \dfrac{\partial F_x}{\partial z} \\ \dfrac{\partial F_y}{\partial x} & \dfrac{\partial F_y}{\partial y} & \dfrac{\partial F_y}{\partial z} \\ \dfrac{\partial F_z}{\partial x} & \dfrac{\partial F_z}{\partial y} & \dfrac{\partial F_z}{\partial z} \end{pmatrix}$$

$$= \begin{pmatrix} (1-2x)[\alpha_M V + y(PS_{NEV} - PS_{FV}) + yzS_1] & x(1-x)[(PS_{NEV} - PS_{FV}) + zS_1] & x(1-x)yS_1 \\ y(1-y)(\alpha_C V + CS_{NEV} - CS_{FV} + zS_2) & (1-2y)[x\alpha_C V + x(CS_{NEV} - CS_{FV}) + xzS_2] & y(1-y)xS_2 \\ -z(1-z)yG & -z(1-z)xG & (1-2z)(g_{NEV} - g_{FV} - xyG) \end{pmatrix}$$

(3-50)

根据雅可比矩阵,我们可以求出 8 个均衡点的特征值,具体见表 3-3。

表 3-3 均衡点的特征值

均衡点	特征值 λ_1	特征值 λ_2	特征值 λ_3
$E_1(0, 0, 0)$	$\alpha_M V$	0	$g_{NEV} - g_{FV}$
$E_2(0, 0, 1)$	$\alpha_M V$	0	$-(g_{NEV} - g_{FV})$
$E_3(0, 1, 0)$	$\alpha_M V + PS_{NEV} - PS_{FV}$	0	$g_{NEV} - g_{FV}$
$E_4(1, 0, 0)$	$-\alpha_M V$	$CS_{NEV} + \alpha_C V - CS_{FV}$	$g_{NEV} - g_{FV}$
$E_5(1, 1, 0)$	$-(\alpha_M V + PS_{NEV} - PS_{FV})$	$-(CS_{NEV} + \alpha_C V - CS_{FV})$	$g_{NEV} - g_{FV} - G$
$E_6(1, 0, 1)$	$-\alpha_M V$	$CS_{NEV} + \alpha_C V - CS_{FV} + S_2$	$-(g_{NEV} - g_{FV})$
$E_7(0, 1, 1)$	$\alpha_M V + PS_{NEV} - PS_{FV} + S_1$	0	$-(g_{NEV} - g_{FV})$
$E_8(1, 1, 1)$	$-(\alpha_M V + PS_{NEV} - PS_{FV} + S_1)$	$-(CS_{NEV} + \alpha_C V - CS_{FV} + S_2)$	$-(g_{NEV} - g_{FV} - G)$

根据特征值和李雅普诺夫间接法,我们只需讨论均衡点 E_4、E_5、E_6、E_8 的渐进稳定性,结合前文的基本假设:$g_{NEV} > g_{FV}$,排除 E_4 的可能性。通过分析

均衡点的特征值,可得:

结论 2: 对于均衡点 $E_5(1,1,0)$,当 $\alpha_M V + PS_{NEV} - PS_{FV} > 0, CS_{NEV} + \alpha_C - CS_{FV} + S_2 > 0, g_{NEV} - g_{FV} - G < 0$ 时,即企业和消费者都能够在创新和购买新能源汽车的过程中获得正向收益,但政府从新能源汽车的创新行为中获益较少,难以覆盖政府实施新能源购置税减免政策的成本。此时均衡点 $E_5(1,1,0)$ 是系统最终的演化稳定策略组合(ESS), $E_6(1,0,1)$、$E_8(1,1,1)$ 为鞍点。在这种情况下企业和消费者会自发选择创新和购买行为,但政府没有足够的动力去实施购置税减免政策,我们可以将此阶段看做新能源汽车市场的成熟期。

对于均衡点 $E_6(1,0,1)$,当 $\alpha_M V > 0, CS_{NEV} + \alpha_C V - CS_{FV} + S_2 < 0$ 时,即企业能够在创新行为中获得正收益,但是消费者在政府实施购置税减免政策的情况下购买新能源汽车的消费者剩余,仍然小于购买传统燃油车带来的收益。$E_6(1,0,1)$ 是复制动态系统最终的演化稳定策略组合(ESS),$E_5(1,1,0)$、$E_8(1,1,1)$ 是鞍点。在这种情况下,企业和政府会主动选择创新行为和实施补贴政策,但消费者对新能源汽车的概念接受程度不高,对新能源汽车的技术、应用和售后等环节的认识不够清晰,导致消费者在购买和使用过程中面临的成本过高,从而主动选择购买传统燃油车。此时政府需要加大补贴力度等相关政策,才能改变消费者的购买行为。这一阶段对应的是新能源汽车市场发展的初级阶段。

对于均衡点 $E_8(1,1,1)$,当 $\alpha_M V + PS_{NEV} - PS_{FV} + S_1 > 0, CS_{NEV} + \alpha_C V - CS_{FV} + S_2 > 0, g_{NEV} - g_{FV} - G > 0$ 时,即新能源汽车企业选择研发创新时的收益加上政府的补贴大于企业选择不研发的收益,消费者购买新能源汽车获得的收益和补贴大于购买传统燃油车的收益,政府在实施购置税减免政策后的收益仍然为正,此时系统的 ESS 均衡点是 $E_8(1,1,1)$。$E_5(1,1,0)$、$E_6(1,0,1)$ 是鞍点。在这种情况下,新能源汽车市场前景明朗,企业基于市场和政策因素,选择自主研发,消费者会放弃购买传统燃油车,选择新能源汽车,政府也会选择实施购置税减免政策,因为政府在实施购置税减免政策时仍然获得正收益。这一阶段的新能源汽车市场处于发展阶段。

本节建立了局部均衡状态下三方演化博弈模型,讨论关于购置税减免政策对新能源汽车企业行为以及消费者行为的影响,在第 3.5.1 节中,我们从消费者的效用函数出发,逐步建立了消费者、企业、政府三者在均衡条件下的收益模型。

在此基础上,我们在第 3.5.2 节中,将三者的收益模型引入三方演化博弈模型,建立了均衡条件下的支付矩阵,得到三方群体的复制动态方程,通过对复制动态方程的分析,本研究得出结论 1,即政府对新能源车购置税的补贴上升,或政府实施该项政策的意愿上升或消费者对新能源汽车的购买意愿上升,会提升新能源汽车企业的创新意愿。以复制动态方程为基础,本研究在第 3.5.3 节求出了三方演化博弈模型的稳定策略均衡解,通过对均衡点的分析,得出结论 2,即新能源汽车产业在不同发展阶段的三种均衡情况。

3.6 购置税减免政策对新能源汽车企业技术创新的仿真分析

为了更好地反应我国政府实施购置税减免政策对消费者行为以及新能源汽车企业行为的影响,本节首先确立了上一节理论模型中的参数合理的数值,其次进一步讨论各个参数在指定范围内变化对三方演化博弈行为的影响。

3.6.1 创新对消费者影响的参数估计

对于企业和消费者从企业创新中获益系数的确定,现有的大部分文献并未对此做深入研究。为了更好地反应消费者因新能源汽车企业创新的受益系数,本小节采取问卷调查法对 α_C 的确定提供依据。基于郝俊峰(2011)、石高林(2017)、Stock 和 Zacharias(2013)学者的分类方式,本小节把企业的创新行为分为研发相关的创新行为和非研发相关的创新行为。其中,产品创新、技术创新、服务创新归属于研发相关的创新行为;非研发相关的创新行为分为企业创新的文化和消费者对企业创新的感知风险。企业通过创新行为直接或间接地影响了消费者的感知价值、感知风险等因素,最终影响消费者的购买行为。研发相关的创新行为中,产品创新和技术创新能够给消费者带来更多元化的产品选择和更先进的技术体验,服务创新是新能源汽车产业不同于传统燃油车的地方之一,新能源汽车的行业特性决定了其优良的售前、售中、售后服务能够给购买者带来较大的价值满足,提升消费者的感知价值,降低其感知风险,对消费者选择新能源汽车带来重要影响。因此,本小节选取研发相关的创新行为中的三个维度:产品创新、技术创新、服务创新,以这三个维度来衡量消费者在企业创新中的受益系数。通过问卷调查的方式,使用 STATA 15.0 对收集整理的数据进行回归分析,形成对产品创新、技术创新、服务创新的合理评估,为 α_C 的赋值提供现实依据。

3.6.2 创新对消费者影响的问卷编制与数据收集

1. 问卷编制

为了研究消费者从企业创新过程中的获益系数,本小节将从新能源汽车企业的产品创新、服务创新、技术创新、企业的创新文化、消费者对风险的感知,五个角度编制调查问卷,研究消费者的购买意愿受这五种因素的影响。

为了测量企业的创新行为,本小节将创新分为新能源汽车产品创新(Production Innovation of NEV,NPI)、服务创新(Service Innovation of NEV,NSI)、技术创新(Technological Innovation of NEV,NTI)。具体见表 3-4 所示。

表 3-4 创新行为测量

变量	问项编号	问项内容
产品创新 (NPI)	NPI_1 NPI_2 NPI_3	该企业推出新款汽车的速度快于同行,且能引领行业发展 该车企在汽车硬件上有很大创新 该车企在汽车软件上有很大创新
服务创新 (NSI)	NSI_1 NSI_2 NSI_3	该车企在售前服务上有创新体现 该车企在售中服务上有创新体现 该车企在售后服务上有创新体现
技术创新 (NTI)	NTI_1 NTI_2 NTI_3	该车企在技术研发上投入较多 该车企的专利数量相对同行较多 该车企的核心技术在行业是领先的

新能源汽车企业推出新品的速度、硬件系统创新和软件系统创新三方面属于产品创新(NPI)。服务创新包括三个题项,新能源汽车企业在售前、售中、售后三个环节上的创新服务属于服务创新(NSI)。技术创新包括三个题项,分别是新能汽车源企业的研发支出、专利数量、技术在行业的领先地位。

企业创新中受益越多,购买意愿越大。本小节基于陈姝(2015)、Chen 和 Kim(2013)的研究思路,将消费者购买新能源车意愿(Consumer Purchase Intention of NEV,NCP)的测量设计为表 3-5 所示。

表 3-5 购买意愿测量

变量	问项编号	问项内容
购买意愿 （NCP）	NCP_1 NCP_2 NCP_3 NCP_3	以后购买汽车时我仍会优先考虑此品牌 我会推荐我的朋友购买此品牌车 如果该款新能源车涨价，我仍会购买 即使有人推荐其他品牌我也仍然购买该品牌的车

问卷采用里克特 5 级量表，数字 1 到数字 5，分别代表了对问项内容的不同认可程度，1 表示最不赞同，5 表示最赞同。问卷包含两个部分。第一部分为消费者购买意向，包括消费者购买新能源汽车的品牌以及与之相关的各个题项，包括消费者对企业创新行为的感受等。第二部分是基本信息，涉及性别、年龄、年收入、受教育程度等。

2. 问卷收集

调查问卷的发放渠道为网络渠道和线下渠道。以网络渠道为主，调查问卷指定对象是新能源车主，笔者通过认识的朋友帮忙散发到新能源车主手上。问卷的制作是较为常用的在线调研网站"问卷星"，进行制作并生成链接。到数据收集的截止日，网络渠道共收集问卷 350 份，无效问卷 36 份，无效原因为选项答案完全相同，最后共产生 314 份有效的调查问卷，有效率为 89.7%。线下渠道共发放了 50 份纸质问卷，回收问卷的份数为 45 份，无效问卷 4 份，无效原因为答案完全相同或答案残缺不全，有效问卷的数量为 41 份，有效率为 91.1%。具体情况见表 3-6。

表 3-6 问卷发放及回收统计

发放途径	网络	线下	合计
发放数（份）	350	50	400
回收数（份）	350	45	395
有效数（份）	314	41	355
有效率（%）	89.7	91.1	89.9

注：问卷合计共 400 份，回收 395 份，有效数 355 份，整体有效率 89.9%，满足本次问卷调查法的数据量要求。

3.6.3 创新对消费者影响的基本统计分析

本小节利用SPSS25.0对调查问卷收集的数据进行人口特征统计、描述性统计分析、信度分析和效度分析,检验数据的有效性与可靠性。便于更好地研究被调查群体,检验研究假设。

1. 人口统计特征概况

本次调查的人口特征分为:性别、年龄、受教育程度、年收入。具体见表3-7。

表3-7 有效样本人口特征

样本统计特征	类 型	频次(人)	百分比(%)
性 别	男	193	54.4
	女	162	45.6
	合 计	355	100
年 龄	30岁及以下	144	40.6
	31—40岁	122	34.4
	40岁以上	89	25.0
学 历	高中及以下	59	16.6
	大 专	118	33.2
	本 科	131	36.9
	硕士及以上	47	13.3
年收入	10万元以下	28	7.9
	10—20万元	103	29.0
	20—30万元	123	34.6
	30—50万元	61	17.2
	50万元以上	40	11.3

由表 3-7 可以看出：第一，样本数据中的男性占比略高，数据为 54.4%，女性占比 45.6%，男女比例整体上比较接近；第二，各个年龄段的人数相对比较均衡各占约 30%；第三，受教育程度占比相对集中，本科学历占比为 36.9%，位列第一，大专学历占比为 33.2%，位列第二，硕士及以上和高中及以下的占比不大，分别为 13.3% 和 16.6%。可以看出大专及以上学历群体占比为 80% 以上，调研对象整体的受教育程度较高；第四，从年收入上来看，年收入在 10—30 万元范围内的消费者占比最多，年收入在 30—50 万元及 50 万元以上的消费者也占了将近 30%。

综上所述，本次调研样本的统计特征明显，样本分布相对均匀，因此该样本具有较强的研究价值。

2. 描述性统计分析

通过描述性统计分析，本小节对调查问卷搜集到的信息进行了初步探索，了解了调查问卷中消费者的基本信息和对题项的偏好。问卷中的大部分问项都是采用的里克特 5 级量表来测量，经过电脑处理后对样本的均值、标准差进行计算，从而了解到受访者对该问项的意见。一般而言，均值越大表明该问项的认可程度越高，标准差则表明新能源汽车消费者之间的差异性大小。通过本小节的分析，我们将初步了解消费者对企业创新能力的感知情况。表 3-8 是消费者对企业创新能力的感知数据。

表 3-8 消费者对企业创新能力的感知数据

	N	最小值	最大值	均值	标准偏差	平均均值
该车企推出新品的速度快于同行，且能引领行业发展	355	1	5	3.78	1.259	3.76
该车企在汽车硬件上有很大创新	355	1	5	3.75	1.182	
该车企在汽车软件上有很大创新	355	1	5	3.76	1.307	
该车企在售前服务上具有创新体现	355	1	5	3.75	1.280	3.78
该车企在售中服务上具有创新体现	355	1	5	3.81	1.286	
该车企在售后服务上具有创新体现	355	1	5	3.78	1.285	

续 表

	N	最小值	最大值	均值	标准偏差	平均均值
该车企在技术研发上投入了很多	355	1	5	3.74	1.297	
该车企的专利数量相对同行而言是较多的	355	1	5	3.81	1.263	3.8
该车企的核心技术在行业是领先的	355	1	5	3.81	1.297	
使用该产品让我感觉良好并心情愉快	355	1	5	3.85	1.203	
该产品价格合理物有所值	355	1	5	3.79	1.289	3.796
使用该产品让他人对我有好印象	355	1	5	3.75	1.291	
我担心购买后不久,产品就降价	355	1	5	2.19	1.198	
我担心该产品的性能与质量得不到保障	355	1	5	2.24	1.279	
我担心会因质量等各种问题使我产生负面情绪	355	1	5	2.26	1.190	2.23
我担心此品牌的车会影响我在朋友同事中的形象	355	1	5	2.24	1.233	
以后购买汽车时我仍会优先考虑此品牌	355	1	5	3.76	1.238	
我会将此品牌的车推荐给我的朋友	355	1	5	3.80	1.227	
如果该产品涨价,我仍会购买	355	1	5	3.84	1.256	3.785
即使有人推荐其他品牌我也仍然购买该品牌的产品	355	1	5	3.74	1.274	
该车企在促销活动上具有创新体现	355	1	5	3.82	1.256	
该车企在公关宣传上具有创新体现	355	1	5	3.82	1.260	3.793
该车企在广告上具有创新体现	355	1	5	3.74	1.259	
该车企拥有很强的创新文化	355	1	5	3.74	1.304	
该车企注重对创新文化的培育	355	1	5	3.73	1.251	3.76
该车企积极宣传自己的创新文化	355	1	5	3.81	1.288	
有效个案数(成列)	355	—	—	—	—	—

由表 3-8 可知,消费者对企业创新能力感知中,平均数最高的为技术创新,表明在新能源汽车企业中,企业的技术创新能力是消费者选择此品牌的关键因素之一,企业的服务创新和促销创新也非常容易被消费者感知,服务和促销手段直接和消费者接触,消费者更容易对此产生印象。说明在新能源汽车企业中,突出的售前、售中、售后服务能够让消费者产生更大的满足感和安全感。随后是企业的创新文化和产品创新,创新文化对于一家新能源汽车公司而言至关重要,新能源汽车涉及汽车产业的技术性变革,一家拥有创新文化的公司不仅意味着更为丰厚的利润和更强的竞争力,而且对消费者而言,拥有创新文化的企业也更容易获得消费者的认可。值得注意的是,产品创新的平均值相对排名并不高,这说明消费者对于汽车这种产品而言,并不会刻意追求新款,这也能解释为何理想汽车仅凭一款车就能拥有不错的销量。而对新能源汽车产品的质量、降价、品牌形象等问题的担忧则提高了消费者的感知风险。

为了检测问卷数据的可靠性、有效性、正确性等特性,需要使用 SPSS25.0 对数据做进一步的信度分析和效度分析。本小节使用的信度分析方法是系数信度法(Cronbach,1951),效度分析则使用 KMO 值、Bartlett 球形检验、累积解释方差综合判断。经检测发现,收集到的数据信度可靠、效度较好,满足研究要求。

3. 消费者购买意愿的回归分析

在信度分析和效度分析的基础上,本小节对原始数据做如下处理,将企业的创新行为对消费者的影响分为五个因素,分别是产品创新、服务创新、技术创新、企业的创新文化和企业的创新行为。从这五个不同维度对消费者的购买意愿形成一定的影响。包括消费者意愿在内的每一维度中分别有 3 个或 4 个不同的问项,本小节对每一个维度中不同问项求均值,用以衡量消费者对这个维度的客观评价,然后使用 STATA15.0 软件将得到的数据对消费者的购买意愿进行 OLS 回归,结果见表 3-9。

表 3-9 企业创新行为对消费者的购买意愿的回归分析

PCI	Coef.	St.Err.	t-value	p-value	Sig
PI	0.144	0.049	2.94	0.003	***
SI	0.143	0.045	3.18	0.002	***

续 表

PCI	Coef.	St.Err.	t-value	p-value	Sig
TI	0.172	0.05	3.44	0.001	***
CI	0.194	0.05	3.88	0	***
IMP	−0.295	0.054	−5.48	0	***
Constant	1.982	0.318	6.24	0	***
Mean dependent var	3.784		SD dependent var		1.083
R-squared	0.866		Number of obs		355.000
F-test	451.248		Prob>F		0.000
Akaike crit.（AIC）	361.233		Bayesian crit.（BIC）		384.466

注：*** $p<0.01$，** $p<0.05$，* $p<0.1$。

产品创新、服务创新、技术创新和公司创新文化四个角度的创新行为，都能对消费者的购买意愿造成显著的正向影响；而对消费者的购买意向造成显著的负向影响的是消费者的风险感知。本小节研究的是企业的研发创新行为带给消费者的好处，而企业的研发行为表现在产品创新、技术创新、服务创新三个方面，因此，本小节选取产品创新系数、技术创新系数、服务创新系数三者之和表示消费者因企业研发的受益系数，作为 α_C 的赋值依据，即 $\alpha_C=0.45$。

3.6.4 三方演化博弈的参数赋值

为了进一步对于演化博弈的模型进行仿真实验，本小节对演化博弈模型中的参数赋值。使用MATLAB对新能源汽车企业、消费者和政府三方在不同行为占比情况下的博弈过程进行仿真分析。选取与研发行为相关的三种创新作为衡量消费者在企业研发创新中的受益因素，即产品创新、技术创新、服务创新对消费者购买意愿影响的回归系数。因此 $\alpha_C=0.45$。根据徐建中（2020）的研究，创新收益系数通常大于0.5的情况下，企业才有创新的动力，因此令 $\alpha_M=0.55$。

为了保证模型中的企业总收益大于零,假设 $A \geqslant 2f$,$D \in [0,1]$,根据 Chisik 和 Onder(2017),令 $A=3$,$D=0.5$。对于供给函数 $q_{NEV}^s = P_{NEV} - f$,当 $q_{NEV}^s > 0$,可得 $P_{NEV} > f$,所以令 $f=0.75$。将 $A=3$,$D=0.5$,$f=0.75$ 代入可知 $G > 1$,因此,由 $g_{NEV} - g_{FV} - G > 0$ 和 $V > g_{NEV} - g_{FV} > 0$,令 $g_{FV} = 3$,则 $g_{NEV} = 4.5$,企业的创新收益 $V=2$。我国对燃油车的购置税政策为价格的 10%,部分小排量燃油车有约 5% 的优惠政策,根据 $A=3$,$D=0.5$,$f=0.75$ 我们可以求出新能源的汽车价格 $P_{NEV} = 2.4$,因此,按照 10% 的优惠比例计算 $S=0.24$,考虑到购买新能源汽车的消费者亦可能选择小排量燃油车这一因素,故假设 $S=0.2$,S 的大小对整个模型的具体影响,我们将在下文进行深入的讨论。综上所述,参数如表 3-10 所示:

表 3-10 参数的赋值

参 数	参 数 意 义	赋 值
α_M	新能源汽车企业创新收益系数	0.55
α_C	消费者因企业创新的受益系数	0.45
g_{NEV}	政府选择实施购置税减免政策的收益	4.5
g_{FV}	政府选择不实施购置税减免政策的收益	3
V	企业创新产生的收益	2
S	政府对单个车辆的购置税减免额度	0.2
A	阻塞价格	3
D	新能源汽车和传统燃油车的替代率	0.5
f	生产一辆新能源车的固定成本	0.75

3.6.5 企业、消费者、政府三方演化博弈的仿真分析

1. 企业创新收益系数变化对新能源汽车企业和消费者的仿真模拟

基于以上分析,本小节重点通过改变创新收益系数的大小探讨其对新能源汽车企业、消费者和政府的影响,帮助判断相关政策扶持的必要性。企业创新收

益系数决定了企业的创新行为带来的创新收益,进而影响了新能源汽车企业的创新行为,传统燃油车属于市场主导驱动创新,而新能源汽车产业则由于技术路线、关键零部件、配套设施等多种因素的不确定性,更多的靠政策驱动创新,因此本小节将讨论不同创新收益系数之下的企业创新行为。

图3-2是企业创新收益系数比较小的仿真模拟情况,点状线代表企业的演化行为,虚线代表消费者的演化行为,实线代表政府的演化行为,具体情况如下:

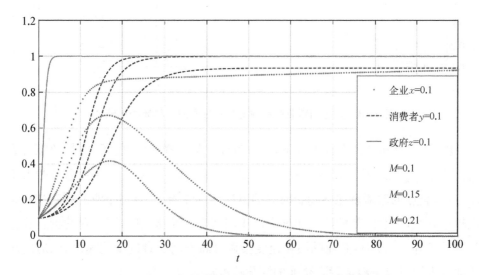

图3-2 企业创新收益系数变化对三方演化群体的影响①

图3-2是在其他条件不变下,三方群体中的选择研发、购买、实施政策行为的占比为0.1的情况下,α_M分别取值0.1、0.15、0.21,当企业创新收益系数小于等于0.21时,企业的创新意愿会随着时间的推移而逐渐减小,而部分消费者也会因为企业的创新意愿不足而选择放弃购买新能源汽车的行为。这种情况常见于新能源汽车产业的起步阶段,企业出于创新风险较高,行业前景不明等原因,放弃创新行为。此时需要强有力的政府补贴政策对企业行为进行引导。

图3-3是企业的创新收益系数进一步变大时的情况,点状线代表企业的演化行为,虚线代表消费者的演化行为,实线代表政府的演化行为,具体情况如下:

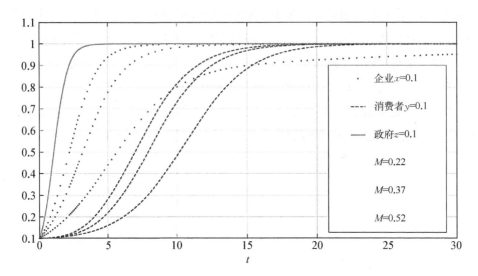

图3-3 企业创新收益系数变化对三方演化群体的影响②

图3-3是在其他条件不变下,三方群体中的选择研发、购买、支持政策行为的占比为0.1的情况下,$α_M$分别取值0.22、0.37、0.52,当企业创新收益系数大于0.21时,企业的创新意愿会随着时间的推移而逐渐增大,且当企业的创新收益系数较小时候,企业创新的演化速度会慢于消费者的演化速度,当企业创新收益系数大于等于0.3时,企业的演化速度会显著高于消费者的演化速度,政府的演化速度则始终快于消费者和企业的演化速度。

仿真结果表明,对企业而言,只要创新的收益系数大于等于0.3时,企业就有较强的创新意愿,甚至创新收益系数小于消费者的受益系数,企业的创新意愿仍然存在,这说明现阶段新能源汽车行业的市场前景相对明朗,企业认为现有的投资能够给将来带来更大的收益。现有的相关文献认为创新收益系数要大于等于0.5企业才有创新的动力,本小节的结论为0.3,这从侧面说明了当前市场环境下,新能源汽车企业选择创新行为的意愿较强烈,对创新风险的承受能力相较以往大幅提升。因此,在当前的市场环境下,政府实施补贴退坡政策的行为是合理的。

2. 汽车企业、消费者和政府的参与意愿对创新的仿真模拟

本小节通过改变汽车企业、消费者、政府三个群体中的参与意愿进一步探讨了三方群体的博弈行为,首先我们从整体上观察了三方群体不同参与意愿组合

情况下的演化博弈结果,其次分别讨论了当三方群体的参与意愿都很低时以及其中一方群体的参与意愿更高时的三方演化博弈行为。三方演化博弈模型中的三个群体存在动态的调整过程,群体内成员会互相学习并修正自己的行为,模仿成功的策略从而获得满意的收益。此外,在演化的过程中,时间也是非常重要的影响因素,演化主体在修正自身行为、选择新的成功策略的过程中,需要较长的时间去调整,并且时间的不可逆性也会导致过去和现在状态的差异。与此同时,不同群体之间的行为也存在互相影响的过程。

三方群体不同参与意愿组合情况下的演化博弈结果见图3-4。

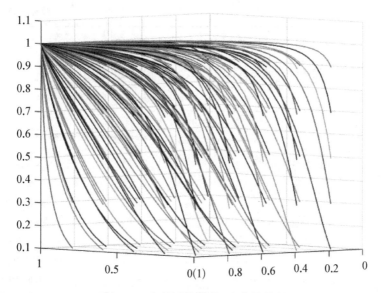

图3-4　参与群体演化75次的结果

图3-4是汽车企业、消费者、政府三个群体中选择创新、购买、实施购置税减免政策行为的占比在变化时的演化结果。其中,每个群体的选择相应行为的占比分别为0.1、0.3、0.5、0.7、0.9,三个群体共有75种不同初始状态组合情况,最终的演化结果都是$E_8(1,1,1)$。由此可以得出,在汽车企业、消费者、政府三个群体中,无论最初选择相应行为的群体占比是多少,最终的演化结果都会趋于均衡点$E_8(1,1,1)$,即政府选择实施新能源汽车购置税减免政策行为、汽车企业选择研发创新行为、消费者选择购买新能源汽车行为。

三方群体的参与意愿同时变化时的影响见图3-5和图3-6。

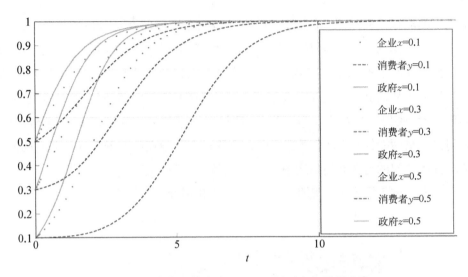

图3-5 参与群体占比 x、y、z 同时变化的影响①

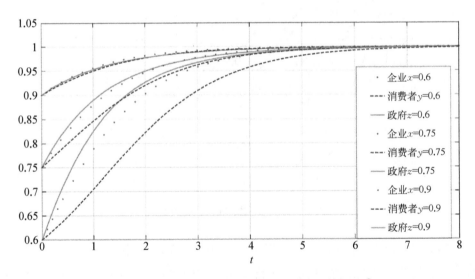

图3-6 参与群体占比 x、y、z 同时变化的影响②

图3-5是新能源汽车企业、消费者、政府三方群体中的参与群体占比同时变化的影响。从图3-6中可得,新能源汽车企业、消费者、政府三方群体中的参与群体占比同时变化的影响,当三者参与群体在0.5及以下时,企业选择创新行为的群体演化过程趋于1的速度始终快于消费者群体,以对消费者的补贴意愿的演化速度始终大于企业和消费者群体。

从图3-7中可得,当三者意愿都在0.6及以上时,消费者群体中选择购买行为的群体演化速度逐渐接近企业的演化速度,且政府补贴的意愿趋近于1的演化速度开始慢于企业和消费者群体。

仿真结果表明:在三方群体中参与意愿群体占比不高时,政府会率先实施积极的购置税优惠政策,鼓励消费者购买新能源汽车以及汽车企业创新,以此引导新能源汽车市场的发展。当新能源汽车企业群体参与创新占比和消费者群体的购买占比均变高时,企业和消费者群体会有更高的意识自主选择参与创新和购买新能源汽车,政府只要付出较少的激励成本,就能使自己、企业和消费者获得相关创新收益。

图3-7和图3-8是讨论企业群体参与创新占比 x 变化时对企业、消费者、政府三方演化博弈系统的影响。

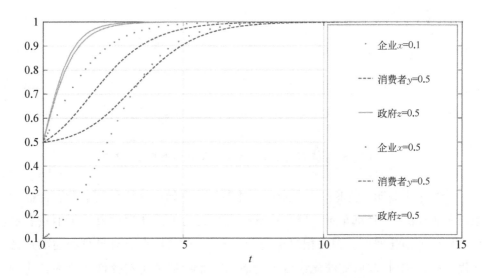

图3-7 参与群体占比 x 变化对演化结果的影响①

图3-7是在其他条件不变的情况下,新能源汽车企业参与创新的群体占比 x 的变化对演化系统的影响,从图3-7中我们会发现,在汽车企业参与创新占比不高时,消费者前期的演化速度要快于汽车企业。

图3-8是在其他条件不变的情况下,新能源汽车企业参与创新的群体占比 x 的变化对演化系统的影响,我们会发现,随着时间的推移,当企业中参与

创新群体更高时,汽车企业的演化速度会反超消费者群体,从图3-8和图3-9中可以看出,代表企业的点状线逐渐超过代表消费者的虚线。这说明消费者群体和政府的初始值会对企业群体的演化速度产生正向的影响。因为在市场需求明确的前提下,新能源汽车企业出于自身利益的考虑,会迅速调整更优的策略,提高自身的研发创新能力,满足消费者需求。与此同时,政府参与意愿的演化速度,会随着 x 的增大而逐渐下降。

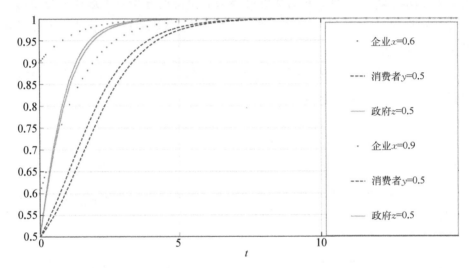

图3-8 参与群体占比 x 变化对演化结果的影响②

仿真结果表明:新能源汽车企业群体参与创新的占比会受到消费者群体和政府的正向影响,且汽车企业群体中选择创新行为的演化速度要快于消费者群体和政府的演化速度。因为相对于消费者和政府而言,企业对自身利益的重视程度更强。同时,政府的演化速度会随着汽车企业群体中选择创新行为占比的增加而下降。

图3-9和图3-10是消费者参与意愿 y 的变化对三方演化博弈系统的影响仿真情况。

图3-9是在其他条件不变的情况下,消费者群体中参与购买群体的占比 y 的变化对演化系统的影响。当消费者群体中选择购买行为的占比不高时,新能源汽车企业群体和政府中参与行为占比的演化速度是快于消费者群体的。

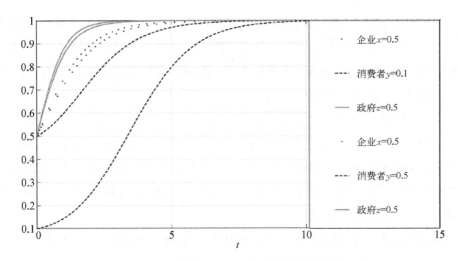

图 3-9　参与群体占比 y 变化对演化结果的影响①

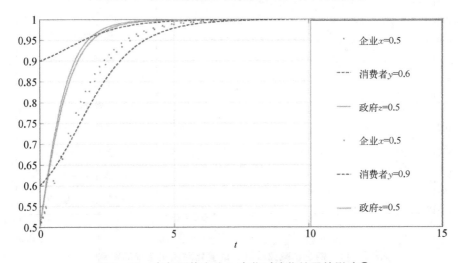

图 3-10　参与群体占比 y 变化对演化结果的影响②

图 3-10 是在其他条件不变的情况下，消费者群体中参与购买群体的占比 y 的变化对演化系统的影响。从图 3-10 可以看出，企业和政府的演化速度始终快于消费者群体的演化速度。同时，政府的演化速度会随着 y 的增大而逐渐下降。值得注意的是，消费者的演化速度会受到企业和政府初始值的正向影响，企业群体和政府中选择对应行为的占比越高，消费者群体的演化速度会越快，其趋向于 1 的速度更快。因为对消费者而言，政府和企业的积极行为除了能够降低其购车成本之外，也会传递市场健康发展的信号，这将对消费者的购车行为产生积极影响。

63

仿真结果表明：消费者群体的演化速率总是小于新能源汽车企业的演化速率，且消费者购买新能源汽车的行为会受到新能源汽车企业创新行为和政府实施购置税优惠政策行为的正向影响。同时，政府的参与意愿会随着消费者群体中参与购买行为群体比例的上升而下降。

3. 政府激励成本变化对新能源汽车企业和消费者的仿真模拟

政府实施购置税减免政策能够降低消费者的购车成本，扩大新能源汽车的市场需求，对新能源汽车的推广与应用具有积极影响，购置税减免的比例不同，效果也会不同，本小节通过调节购置税 S 的大小，讨论其对新能源汽车企业、消费者、政府三方演化系统的影响。

购置税减免政策的变化对三方演化结果的影响情况见图 3-11 和图 3-12。

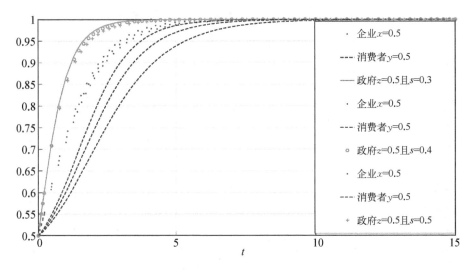

图 3-11　购置税减免政策 S 的变化对演化结果的影响①

图 3-11 是在其他条件不变下，三方群体中的选择研发、购买、支持政策行为的占比为 0.5 的情况下，S 分别取值 0.3、0.4、0.5，可以很明显地观察到，在图 3-11 中，随着购置税减免政策的成本越来越大，政府的演化速度逐渐降低，在 $S \in [0, 0.5]$ 的范围内，政府的演化速度始终高于汽车企业和消费者的演化速度。而且，随着政府补贴额度的逐渐增大，企业和消费者群体的演化速度会逐渐加快。因为随着政府对消费者的补贴额 S 的增大，S_1 和 S_2 也会随之增大。企业和消费者的总收益随之上升。

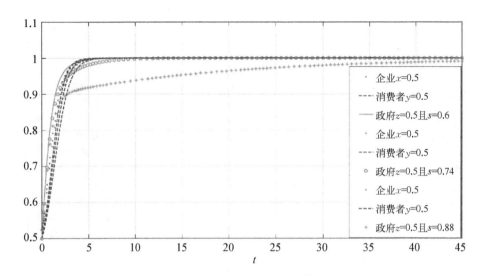

图 3-12 购置税减免政策 S 的变化对演化结果的影响②

图 3-12 是在其他条件不变下,三方群体中的选择研发、购买、支持政策行为的占比为 0.5 的情况下,S 分别取值 0.6、0.74、0.88,可以很明显地观察到,在图 3-12 中,随着购置税减免政策的成本越来越大,政府的演化速度逐渐降低,在 $S \in [0.6, 0.9]$ 的范围内,政府的演化速度起初快于企业和消费者群体,但随着三方群体中的参与相应行为的比例逐渐增大,政府的演化速度逐渐慢于汽车企业和消费者的演化速度。同样,随着政府补贴额度 S 的逐渐增大,S_1 和 S_2 也会随之增大,企业和消费者的总收益随之上升,企业和消费者群体的演化速度会逐渐加快。

图 3-13 和图 3-14 分别为购置税补贴过大和购置税补贴过小时的三方群体演化情况。图 3-13 是在其他条件不变下,三方群体中的选择研发、购买、支持政策行为的占比为 0.5 的情况下,S 分别取值 0.9、1.0、1.1,可以看出,在图 3-13 中,随着购置税减免政策的成本越来越大,政府的演化速度逐渐降低,在 $S=0.9$ 时,政府的演化速度起初快于企业和消费者,但因过高的补贴刺激,会很快被消费者和企业的演化速度反超,随着政府参与意愿的增大,比如政府参与意愿在 0.9 到 1 的区间时,政府的演化速度非常缓慢,但仍然有动力趋近于 1。然而,在购置税减免政策成本 $S > 0.9$ 时,政府则会因为补贴成本过大而放弃购置税减免政策。

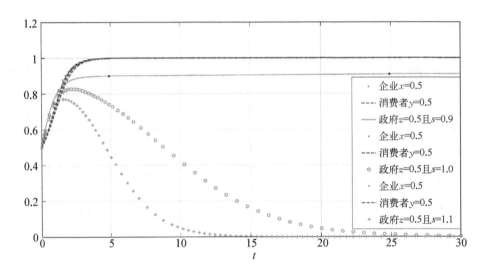

图 3-13 购置税减免政策 S 的变化对演化结果的影响③

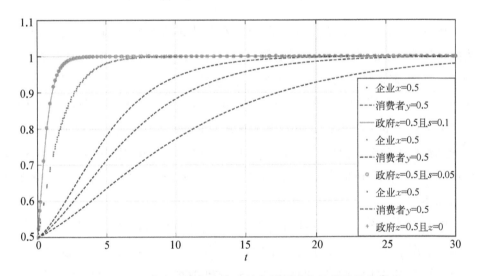

图 3-14 购置税减免政策 S 的变化对演化结果的影响④

图 3-14 是在其他条件不变下,三方群体中的选择研发、购买、支持政策行为的占比为 0.5 的情况下,S 分别取值 0.1、0.05、0.01,可以看出,在图 3-14 中,随着购置税减免政策的成本越来越小,政府的演化速度逐渐提高,政府的演化速度始终高于汽车企业和消费者的演化速度。值得注意的是,虽然最终政府近乎取消了对消费者的补贴,但是企业和消费者群体的群体演化结果不变,企业群体

在三种不同补贴值下的演化速度相对变化不大（改变企业创新收益系数的大小得到的结论不变），这是因为相对而言，企业更加看重的是创新收益和新能源汽车市场整体的利益，而非在购置税优惠政策下增加的这部分生产者剩余。但消费者的演化速度受到了很大的影响，演化速度大幅降低，体现为消费者对新能源汽车的接受程度在不受政府政策影响的前提下，虽然会逐渐增加，但是增速缓慢。

仿真结果表明，政府实施新能源汽车购置税减免政策的成本大小会影响自身的参与意愿，政策成本过高会迫使政府放弃这项政策行为。随着政府补贴额度的逐渐增大，企业和消费者群体的演化速度会逐渐加快，消费者受到该项政策的影响更大。其中，$0 < S \leqslant 0.5$ 时，政府的演化速度始终高于汽车企业和消费者的演化速度，此时消费者群体的演化速度将大幅减慢。$0.5 < S \leqslant 0.9$ 时，随着购置税补贴额度 S 的逐渐增大，政府因成本的升高，选择实施购置税减免政策的动机有所减弱，政府的演化速度起初快于企业和消费者群体，但随着三方群体中的参与相应行为的比例逐渐增大，政府的演化速度逐渐慢于汽车企业和消费者的演化速度。$S > 0.9$ 时，政府则会因为补贴成本过大而放弃购置税减免政策，模型中新能源汽车的价格 $P_{NEV} = 2.4$，也就是说当单个车辆的补贴额度占新能源汽车价格的 36% 及以上时，政府才会放弃该项政策，这表明政府具有较高的政策实施空间。

3.6.6 三方演化博弈仿真分析小结

上小节通过仿真分析，分别从企业创新收益系数变化、三方群体参与意愿变化、政府激励成本变化三个角度，展示了政府、新能源汽车企业和政府三方之间的拟合结果。企业的创新收益系数拟合结果表明，当企业的创新收益系数大于 0.3 时，企业就会有较强的创新意愿，表明在当前阶段，企业出于良好的市场预期，拥有更强的创新意识和风险承受能力，因此，政府可以适当减少激励成本从而提高效益。三方群体参与意愿变化的拟合结果表明，企业对自己的利益重视程度最强，消费者在三方群体中的参与意愿始终最弱。因此，政府在实施产业政策时，可以更多地关注消费者的需求，从需求端发力。政府激励成本的拟合结果表明，政府仍然具有较高的政策实施空间，因此，现阶段政府应该进一步完善购置税减免政策，而不应该考虑取消该项政策。

3.7 结论与建议

本节对本章的研究工作做出总结与回顾,提出主要的结论,并针对结论给出相应的政策建议。最后,指出不足之处,并在研究局限性的基础上,针对需要进一步研究的问题做出展望。

3.7.1 结论

本章首先介绍了新能源汽车产业发展的概况及存在的问题,结合新能源汽车的产业政策趋势提出了本章的研究方向——政府实施新能源汽车购置税减免政策对新能源汽车企业研发创新的影响。在此基础上,梳理了绿色技术创新、新能源汽车产业技术创新、演化博弈论相关的研究文献。结合当前文献的研究思路,提出本章的研究方法和创新点。建立了局部均衡的三方演化博弈模型,对模型中的参数进行合理赋值,减少了赋值参数的数量,边际改善了三方演化博弈模型中参数赋值的合理性。

最后,通过对理论模型的分析及数值拟合,得出以下五个结论:

结论 1：政府、新能源汽车企业、消费者三方选择相应行为意愿的增长速度不一样,随着新能源汽车企业和消费者两个群体的参与意愿逐渐提高,政府群体选择实施免税政策行为的演化速度会变慢。

结论 2：新能源汽车企业群体选择创新行为的群体占比,明显高于消费者群体选择购买行为的占比,说明现阶段新能源汽车企业对创新行为带来收益的重视程度更高。

结论 3：新能源汽车企业的创新收益系数大于 0.3 时,新能源汽车企业会选择创新行为,且创新意愿的演化速度显著高于消费者的演化速度。说明在当前的市场环境下,新能源汽车企业对于研发带来的潜在风险具有更高的承受能力,企业创新意愿较以往更加强烈。

结论 4：假设其他条件均不变,当政府对新能源汽车车辆的补贴额度 S 上升时,或当政府实施购置税优惠政策的意愿上升或当消费者对新能源汽车的购买意愿上升时,会使得新能源汽车企业的创新意愿上升。

结论 5：政府实施购置税减免政策的成本大小会影响政府的参与意愿，较小的购置税减免额会削弱消费者和新能源汽车企业的参与意愿，较大的税收减免额度则会使政府放弃该项政策。此外，政府实施购置税减免政策给政府的成本相对较小，仍然拥有较大的政策空间。

3.7.2 政策建议

为了进一步促进新能源汽车产业健康发展，根据结论，提出如下四个对策：

1. 政府应该持续完善新能源汽车购置税减免政策

首先，购置税减免政策能够显著提高消费者对新能源汽车的购买意愿，从上文的结论 4 可以得出，消费者购买意愿的提高能够促进新能源汽车企业的创新，而取消该项优惠政策会对消费者群体的演化速度产生较大影响，阻碍新能源汽车产业的发展。其次，上文的结论 5 表明政府在政策实施方面仍然有较大的空间。因此，在当前阶段，应该灵活运用购置税减免政策，动态更新免购置税目录名单，严格依照相应技术标准对新能源车辆进行更替。同时，可以针对不同价位的新能源汽车设置不同的免税梯度，促进新能源汽车产业健康发展。

2. 政府应该合理实施新能源补贴退坡政策

现阶段新能源汽车企业的创新意愿更加强烈，风险承受能力大于上一阶段，上文结论 3 的创新收益系数只需大于 0.3，新能源汽车企业就愿意进行相关研发创新行为，这一结论进一步支撑了补贴退坡政策的合理性。政府应该区分不同的创新阶段，制定不同的创新支持政策，政府的财政补贴政策在新能源汽车产业的起步阶段促进了企业的技术创新和产业发展。但在当前这一阶段，购置税减免政策已经能够刺激企业创新行为，政府可以逐步减少激励成本。因此，政府应该合理实施补贴退坡政策，减少政府干预，让新能源汽车市场逐渐进入市场竞争阶段。

3. 政府应该提高消费者选择购买新能源汽车的意愿

从仿真模拟的过程来看，在当前阶段，消费者购买意愿的演化速度始终落后于企业和政府。说明我国消费者对新能源汽车的接受程度仍然处于模棱两可之间，政府政策应加大在消费端的发力，不仅仅局限于购置税补贴政策。进一步落实相关配套产业政策，如充电桩布局、车牌优惠、免过路费等。让消费者更加直观地感受到购买新能源汽车的优势，提升消费者的购买意愿。

4. 企业应加大研发创新力度提高创新水平

仿真结果表明,随着新能源汽车企业群体中的参与创新比例越来越高,新能源汽车企业的研发意愿将逐渐超过政府。这说明市场竞争逐渐激烈的情况下,企业看到了研发创新的重要性,开始进行主动创新。随着我国改革开放的力度逐渐加大,新能源汽车产业对外开放程度提高,届时企业将面临更加激烈的竞争环境。因此,企业应该珍惜时间窗口,提高研发人员比例,加大研发支出,提高研发创新能力,积极主动创新、合作创新,增强自身竞争力。

第4章
机制设计在跨领域国际贸易中的应用

伴随着经济全球化的逐渐推进,各个国家之间的联系与沟通的需求日益加深,为了增近相互了解,从其他国家的市场经济中获益,获得更多的经济利益,促进自身的经济发展,他们开始采用各种方法与其他国家进行贸易合作。然而,随着各国国际贸易活动逐渐频繁,为实现本国利益的最大化,贸易摩擦也逐渐增多。近年来,除了传统的由关税及其他非关税措施引起的贸易摩擦以外,另一种由其他领域,如知识产权保护等措施引起的贸易摩擦逐渐增多,这种贸易摩擦称为现代的贸易摩擦。本章将基于中美知识产权相关的贸易为切入点,运用机制设计的理论,根据传统经济模型构建经济福利理论模型,构建跨领域贸易模型,并探究其相关最优机制。

4.1 研究背景

4.1.1 各国经济关系连接紧密,国际贸易增加

近年来,随着全球经济一体化进程的深入,国际经济贸易的全球化逐渐成为主流。随着全球经济形势的变化,原来以国家比较优势为基础的对外经贸合作思路也发生了变化,各行业不再单纯依靠单一的发展要素进行国际贸易,而是采取更适合新的贸易环境、符合自身经济发展趋势的贸易策略,两个或多个国家之间的贸易不断增加,相关领域不断扩大。

21世纪以来,许多国家开始寻求经济转型,区域集团合作经济发展迅速,很快成了国际贸易的主流方式,为国际经济贸易的发展做出了巨大贡献。目前,无

论是发达国家还是发展中国家大部分都加入了相关的区域经济合作组织,为区域经济发展提供了有力支撑(杨明泽,2023)。虽然新冠肺炎疫情对全球经济产生了很大影响,贸易保护主义和单边主义逐渐抬头,但国际贸易的总体趋势依然以合作共赢为主流。在后疫情时代全球经济逐步复苏,世界贸易组织(以下简称"WTO")成员之间的贸易活动越来越频繁,区域经济呈现出更加积极的发展态势。

此外,作为WTO和APEC等经济组织的成员,中国在世界贸易舞台上占据了重要地位,中国的外贸发展取得了长足进步,与其他国家的经贸往来更加频繁,成功带动了周边国家对外经济水平的发展,增加了中国的就业机会,"一带一路"倡议的提出也为提升周边国家的经济实力、实现合作共赢做出了贡献。

4.1.2　知识产权保护逐渐成为国际贸易的一环

自20世纪末以来,知识产权的国际保护与全球贸易问题之间的关系变得越来越密切,商品和服务贸易已经与知识产权密不可分。1996年,随着世界产权组织与WTO签订合作协定,知识产权的重要性被进一步验证,其在全球化贸易中的作用也进一步扩大。与此同时,由于各国在知识产权的保护范围、保护水平、保护期限、保护措施和程序等方面存在很大差异,原有的知识产权国际保护体系,如《巴黎公约》等国际协定虽然对各国的知识产权提供了保护,但仍具有一定的局限性。

因此,为了在国际贸易中保护自己的知识产权,部分国家希望能够将贸易与知识产权保护更紧密地联系起来,重新建立一套更加完善,更符合自身利益的知识产权保护体系,可以增强知识产权保护,减少国际贸易中的障碍,并在世界知识产权组织的框架内以多边方式加强对知识产权侵权行为的反制能力,以弥补目前国际知识产权保护体系的不足。但仍有部分国家担心与贸易有关的知识产权协议会增加贸易壁垒,导致贸易逆全球化。最终,在"乌拉圭回合"谈判中通过了《与贸易有关的知识产权协定》(TRIPs),正式将国际知识产权保护与贸易挂钩。

4.1.3　中美国际贸易合作加深,贸易摩擦增多

自2001年加入WTO以来,中国本着和平发展的思想,积极与其他国家开

展经济合作和互惠互利。现在,中国作为 WTO 的重要和积极成员,是世界贸易的主要参与者,与美国等主要经济大国的双边贸易也在快速发展。然而,随着双边贸易量的增长,贸易不平衡也在加剧。

在中国刚加入 WTO 的过渡期,由于中美两国之间的贸易逆差不断扩大,双方贸易失衡,美国对华政策的首要关注点是敦促中国与全球贸易体系结合,履行中国加入世贸时签订的协议,如修改知识产权保护法,要求人民币升值等。而在特朗普和拜登时期,中美贸易关系进入新的阶段。面对近年来美国的低经济增长率和在制造业中的高失业率,美国政府将其归咎于美国的贸易逆差,并认为导致其贸易逆差的主要原因是由于美国知识产权密集型产品出口贸易被中国公司侵权所致。

那么,侵犯知识产权是否可以作为美国发动贸易摩擦的理由呢?数据显示,中美贸易摩擦至今,不仅中国的经济受到影响,美国的农业、制造业、科技业等也受到了巨大冲击。中国作为最大的发展中国家,近年来综合国力和经济实力不断增强,与广大发达国家和发展中国家的贸易往来日益频繁,国际争端不可避免,因此,如何合理应对与美国的贸易摩擦,维护自身经济和政治安全也成为重要任务。

4.2 研究方法的介绍

文献研究法。本章总结和梳理了有关贸易摩擦与知识产权争端的国内外文献,分析了中美知识产权争端中的摩擦解决机制,为后续的模型构建奠定了基础。

理论分析法。基于文献研究的结果,本章采用联动机制理论,跨领域贸易摩擦一般均衡模型等,为实证分析做铺垫。

实证研究法。本章基于 2001—2020 年的中美两国的宏观经济数据,以中国出口总额作为被解释变量估计经济情况,以美国对华加征关税和 337 调查次数为解释变量,通过 STATA 研究了跨领域摩擦对中国经济的影响,此外,本章基于理论模型,进一步对中美两国发起贸易摩擦后两国的经济福利进行了虚拟仿真分析。

4.3 国内外研究综述

4.3.1 关于中美贸易问题的研究

从研究方向的角度来看,目前关于中美贸易摩擦的文献主要集中在探讨是什么导致了中美贸易争端上,大致可以分为四类:第一,两国国内政策和国内经济结构特征的差异导致了两国贸易争端的发生。例如,闫坤、鄢晓发(2009)认为中美两国储蓄率的差异是导致双边贸易摩擦的主要原因之一。冯伟业、卫平(2017)以中美贸易中的知识产权为研究对象,发现贸易摩擦频繁发生的原因之一在于两国的制度差异;第二,两国外交政策的差异导致两国贸易不平衡,引起贸易摩擦。例如,黄晓凤、廖雄飞(2011)认为美国对中国高科技产品的出口限制是中美贸易不平衡的主要原因之一,Marquez、Schindler(2007)认为人民币汇率在中美贸易不平衡中起重要作用;第三,有文献从国际政治经济学角度出发,通过政治经济学分析中美贸易摩擦的动因。例如,梁军(2005)等人认为,来自国内利益集团的压力、美国政府的政治要求以及美国的整体大国战略是中美贸易摩擦加剧的重要原因;第四,还有一些学者从心理学、价值链、反倾销等其他角度提出并总结了中美贸易摩擦的原因。赵瑾(2004)定性地总结了改革开放以来,特别是中国加入WTO以来中美贸易摩擦的焦点和主要问题的新变化。李春顶(2007)从心理、制度、政治等多个角度对中美贸易摩擦进行了新的解释,而万光彩和刘莉(2007)、王孝松等(2017)则从反倾销调查统计水平的差异等角度分析了中美贸易摩擦的原因。

随着两国贸易摩擦的加剧,一些研究也对中美贸易摩擦可能产生的影响进行了分析和探讨。从研究方法上看,这些研究大致可以分为两类:第一类研究是应用定性分析方法的研究,主要集中在数据的图形分析和使用传统模型的实证分析层面。例如,余振等(2018)采用OLS方法,从各国在相对价值链中的不同位置出发,对中美贸易摩擦的发生频率、持续时间和趋势进行了新的分析和解释,并分析了2018年中美贸易摩擦的影响。Chong、Li(2019)通过比较日本和美国的贸易摩擦,从经济和政治角度研究中美贸易摩擦的影响。Amity等

(2019)从消费者价格指数角度实证研究了关税增加对一国的国内产品价格和福利水平的影响。他们发现,2018年底中美之间的贸易摩擦导致美国消费者的福利水平大幅下降;第二类研究主要是在可计算的一般均衡模型下使用定量分析来评估这些中美贸易摩擦的影响和可能的对策。有代表性的文献主要包括Li等(2018)利用可计算一般均衡数值模型系统,建立可计算一般均衡模型,量化本轮中美贸易摩擦的影响,并评估中国六项反制措施的政策效果。他们发现,贸易摩擦对中美两国都是有害的,中国的福利受损程度会相对高于美国,同时,通过人民币汇率贬值、开放中美合作等措施,可以有效地对冲贸易摩擦的负面影响。在上述研究的基础上,Li等人(2018)在中美贸易摩擦的多国一般均衡模型框架下,考虑了关税和非关税措施对两国和世界的福利水平的影响。研究发现,中国的福利水平相对受损较大,非关税贸易摩擦的引入进一步加剧了两国福利水平的恶化。这类研究可以评估福利效应以外的各方面影响,因为在计算中可以利用开发的GTAP模型,评估各种贸易措施和政策冲击的影响。但是,由于模型本身的局限性,在具体实施中很多参数无法准确估计,而且由于相对缺乏坚实的微观基础,估计结果的有效性较低。

4.3.2 关于贸易与其他领域相结合的研究

将国际货物贸易与其他领域相结合的国内和国际文献相对较少,大多数研究集中在领域间的摩擦。这一领域的理论文献始于Bernheim和Winston(1990),他们表明,当参与者或合同之间存在不对称性时,将国际贸易与惩罚联系起来可以加强合作(产业组织应用中的公司和市场)。Abbott(2009)对国际法院为什么允许知识产权交叉报复进行了详细的法律审查。Subramanian和Watal(2000)和Abbott(2009)还考虑了在知识产权协议中报复是实际和有效的情况。关于交叉报复的实际应用,Whiteman(2020)讨论了知识产权协议背景下的交叉报复,通过对三个经典案例的分析,确定了当前TRIPs协定下的报复。Abbott(2010)讨论了历史背景、国家间经济实力的差异以及其他因素,并解释了发展中国家应该怎么做。Brewster(2015)讨论了发展中国家应该如何选择跨部门报复的领域,简要讨论了仲裁员如何确定报复等问题,并指出了发展中国家实施跨部门报复可以获得的利益及其重要性。

国内学者官松(2013)和孟琪(2017)分析了美国棉案中交叉报复的原则和效

果,论证了交叉报复在 WTO 中的实用性,关松指出了美棉案对报复制度的不利影响和补充作用。Liu 等人分析了发展中国家面临交叉报复的困境,并提出解决方案。Fuxingguo(2009)讨论了交叉报复。他们提到了实际应用中的政治和法律限制。

4.3.3 关于知识产权问题的研究

关于知识产权的文章主要分为知识产权对经济的影响和对创新的影响。其中,关于知识产权对经济的影响的文章中大多认为其对经济有促进作用,主要是通过激励创新和推动技术进步实现的(Kanwar et al.,2003),但也有一些学者认为两者存在不确定性和非线性,所以知识产权保护也会对经济产生负面影响。知识产权对创新影响的研究更为广泛,一般为会激励创业,激发企业增加创新方面的投入,激励产业发展以及区域的整体创新。

知识产权保护对经济有促进作用,但由于两者之间关系的不确定性这种促进作用也与国家和地区的实际情况有关,在 Kim 等(2012)和李静晶等(2017)的文章中都提到了不同情况下知识产权对经济作用的影响不同。合理的知识产权保护政策可以激励创新,促进经济增长,但过度的知识产权保护会为经济增长带来负面影响。许春明等(2009)提出知识产权制度功能具有有限性,应当对知识产权加以限制,防止滥用才能促进经济稳定发展。扭曲的知识产权延伸会带来的相关垄断,不利于经济发展(Boldrin et al.,2002)。单春霞等(2023)选取1998—2020 年我国制造行业数据的实证分析,发现知识产权保护对制造业高质量发展有显著的正向影响,并提出政府应制定恰当的政策推动高质量发展的建议。对于不同国家的发展状况不同,进一步扩展知识产权对经济增长影响的实证分析后,Kim 等(2012)在重点研究了专利和实用新型两种类型保护的相对作用时发现在发达国家这种影响更明显,在发展中国家的影响并不明显。这种差异不仅表现在国家之间,在我国的不同省份和区域知识产权对经济的促进作用也有不同。李静晶等(2017)通过使用省级数据进行动态回归分析,发现知识产权保护在我国经济发达地区的作用更明显,并且这些地区的知识产权保护和创新能力也优于其他地区,在欠发达和中等发达地区作用不显著,短期反而会抑制技术创新。

普遍的观点认为知识产权可以带来创新激励,Papageorgiadis 等(2016)使用了一个涉及知识产权指数的创新模型解释创新与知识产权制度之间关系中的潜在非线性。一方面，知识产权保护可以促进技术创新。史宇鹏等（2013）的文章在理论模型的基础上，通过对国有企业数据分析证实知识产权对创新的促进作用，并且知识产权保护状况对于不同企业的影响存在显著差异：相对于国有企业来说，非国有企业创新投入受知识产权保护的影响更大。同样，魏浩等（2018）从理论上分析知识产权对创新影响机制为：技术溢出效应和市场规模效应，又通过实证得出知识产权保护水平提高，会显著促进创新型领军企业创新的结论。另一方面，知识产权可以促进区域创新效率。知识产权保护对区域创业活跃度有显著的正向影响，这一作用机制是非线性的（姜男等，2021）。进一步来讲，韦东明等（2023）通过渐进型双重差分模型考察知识产权治理的政策效应，发现知识产权治理显著提升了区域创新效率。但加强知识产权保护可能并不总是可以刺激创新，在 Gangopadhyay 等（2012）使用标准的内生增长模型发现，知识产权保护可能会阻碍科学知识从创新中自由流动。

随着国际贸易的发展，知识产权也逐渐成为国际贸易的一环，而大部分学者认为知识产权纠纷会抑制国际贸易的发展。Grossman 和 Helpman（1990）运用增长理论模型，提出知识产权保护会抑制贸易。Helpman（1993）建立发达国家和欠发达国家动态均衡理论模型。Markus 和 Penubarti（1995）从公司层面，运用 Helpman-Krugman 一般均衡模型。Grossman 和 Lai（2004）运用持续创新两国模型，进一步支持了该观点。随着近年来，《与贸易有关的知识产权协定》（TRIPs）和各区域贸易协议（PTAs）中对于知识产权部分条款的设立，许多学者开始研究知识产权和国际贸易协议的关系，部分学者对这些协议呈支持态度，认为可以加强对知识产权的保护［Mercurio（2006）、Horn（2010）］。但是，Delgado等（2013）使用引力模型，Kim 等（2012）使用效用模型，指出将贸易协议与知识产权相联系会抑制贸易，尤其会抑制发达国家的出口。Markus 和 Ridley（2016）使用两阶段 GMM 回归法，分析了不同贸易协议中知识产权条例对进出口的影响，是知识产权相关的实证研究中最具有建设性的一环。在此基础上，Campi 和 Deunas（2019）分析了从 1995—2013 年，110 个国家签署的知识产权类贸易协议对双边贸易的影响，进一步证实引入知识产权保护会抑制贸易。

国内学者对于知识产权与贸易的理论研究主要集中于知识产权对我国进出口贸易的影响[李浩(2005)、徐元(2011)、任靓(2017)]和对我国外商直接投资的影响[朱东平(2004)、杨全发和韩樱(2006)]。而国内对于知识产权的实证研究起步较晚,直到2019年,代中强(2019)才基于贸易引力模型,指出知识产权调查会抑制中国对美出口贸易。

4.3.4 文献评述

通过梳理跨领域摩擦与知识产权纠纷方面的相关研究发现:

第一,在中美贸易摩擦的相关研究中,学术界对两国贸易摩擦的动机和影响都进行了多角度研究,但对于贸易摩擦的解决方案给出的建议较少,同时很少与WTO中的争端解决机制相联系,在中美因知识产权争端而导致互相加征关税的跨领域摩擦中难以发挥作用。

第二,在国际贸易与其他领域的相关研究中,理论研究主要集中于跨领域摩擦的作用条件与制度内容上,很少将其对国家贸易的影响进行定性定量的分析;而在实证研究方面,学术界的主要关注点集中在原有的三个经典案例,缺少更普适性的模型。此外,国内学者对跨领域摩擦的研究起步较晚,研究内容较浅,与国际基本水平相比仍存在一定差距。

第三,在知识产权纠纷问题的相关研究中,学术界的理论研究对象涵盖了TRIPs、PTAs等多个知识产权协定,并使用了各类模型来论证知识产权与国际贸易之间的关系,学术体系较为成熟。但由于与知识产权相关的实证研究需阅读大量法律文件,大部分知识产权类型贸易协议始于20世纪90年代,所以国际贸易与知识产权问题的实证研究相对较难也较少展开。

4.4 概念界定与现状分析

4.4.1 贸易摩擦概述

1. 贸易摩擦的定义

贸易摩擦是指在国际贸易中,各国在进行贸易往来时由于贸易不平衡或者贸易导致本国利益遭受损失时产生的摩擦。贸易摩擦涉及了国家贸易中的多个领域,既存在于货物贸易领域,也存在于服务贸易领域。由于世界各国在制定贸易政策时都会倾向于维护本国的利益以实现利润最大化,贸易摩擦有可能发生在任何两个进行国际贸易合作的国家中。贸易摩擦贯穿整个国际贸易发展史,只要两国之间开展贸易,贸易摩擦就不可避免,随着两国贸易往来密切或者贸易差额不断扩大,贸易摩擦出现的概率也随之增加。

贸易摩擦出现的原因是贸易国开始争夺生存空间和发展机会,以实现自身利润最大化。部分研究学者将贸易冲突分为两种类型:一种是由关税和其他非关税措施引起的贸易摩擦,这种类型的贸易摩擦称为传统贸易摩擦;另一种是由技术规范、知识产权制度、劳动者权益、生态环境保护、反倾销、反补贴和贸易保障措施等非经济手段引起的现代贸易摩擦。近十几年来,由关税和其他非关税措施(如配额限制)引起的传统贸易摩擦明显减少,而现代贸易摩擦却在增加。

贸易摩擦还可以进一步细分为因为意识形态标准导致的摩擦和因为经济利益导致的摩擦。一般情况下,根据意识形态本位的贸易摩擦,是指贸易国根据自身的政治经济利益,对意识形态对立的贸易伙伴实施贸易制裁,以限制对方的经济发展。而经济利益标准下的贸易摩擦,是指进口国在国内经济不景气时,为使本国产业免受进口商品冲击而采取了贸易保护措施,从而致使双方发生贸易摩擦。

最后,贸易摩擦还有显性和隐性的区别(王孝松和陈燕,2023)。其中显性摩擦是指由反倾销、反补贴等贸易保护主义导致的,对国际贸易已经造成了影响的贸易摩擦;而潜在暂未发生,只是有概率对国际贸易产生影响的是隐性摩擦。

2. 贸易摩擦的争端解决机制

"乌拉圭回合"谈判历时八年,其中最重要的两个贡献是:第一,建立了争端解决机构(DSB),并将争端解决纳入法律框架;第二,根据发展现实,将调整范围从货物贸易扩大到服务贸易和与货物有关的知识产权贸易。DSU 第 22 条的重点是贸易摩擦的反制制度。DSU 第 22.3 条规定了三种类型的反制:同领域、跨领域和跨协议。与 1947 年《关税及贸易总协定》下的应对措施相比,现行 WTO 制度下的贸易摩擦应对在目标、条件、程序和方式上都有了很大的改进,具体来说：第一，除非败诉方完全遵守裁决，且双方就此达成了补偿方案，否则就可以启动贸易反制；第二，授权采用"反向协商一致"而非"协商一致"的原则，这意味着除非各方一致反对，否则可以授权采取应对措施，这大大提高了授权结果的可能性；第三，引入了跨领域摩擦机制，允许在货物贸易、服务贸易和与货物相关的知识产权领域对贸易摩擦进行有选择的回应，在提高反制效果的同时，也给了起诉方更多的选择权；第四，明确了对该条款适用的限制，并引入了终止贸易摩擦的条件，从而使贸易摩擦的解决机制基本形成。

DSU 第 22.3 条规定了跨领域摩擦的细节。"跨协议"是指"如果发现中止同一协议下其他部门的特许权或其他义务是不切实际或无效的，并且足够严重，起诉方可以要求中止其他适用协议下的特许权或其他义务"。由于跨领域摩擦的特殊性和"一般效果"，起诉方只有在"情节足够严重"的情况下才可以诉诸协议间报复。该规定还规定了起诉方在向 WTO 申请回应贸易摩擦时应遵循的规则和程序：

第一，反制手段应当首先在发生贸易摩擦的领域进行；如果不可行或不有效，可以申请跨领域的反制手段。

第二，起诉方可以自由选择是否以及如何向世界贸易组织提出申诉。

第三，起诉方可以逐案决定对采用两种或三种形式寻求授权，但一旦获得授权，他们必须按照上述顺序对贸易摩擦做出回应：如果在同领域或跨领域手段实施后尚未达到裁定的水平，起诉方可以在授权的剩余额度范围内使用跨协议的反制手段。

4.4.2 中美知识产权相关贸易政策回顾

1. 中国加入 WTO 之前中美的知识产权摩擦

中国的知识产权保护体系起步较晚，但一直积极地维护各方的合理知识产权权益。自 1982 年来，中国相继出台了《商标法》《专利法》和《版权法》，保护水平与我国的经济水平相称。

1991 年出台了《计算机软件保护条例》。此后不仅延长了专利保护期限，而且扩大了专利保护的对象和范围。1992 年出台的《药品行政保护条例》保证了对药品专利持有人的行政保护。同年，《农业化学物质产品行政保护条例》通过，除了对调味品、饮料等专利和生产方法的保护外，对农业化学专利持有人提供了更好的保护。强制许可计划的应用也受到了更严格的限制。

1993年1月,中美两国成功签署《中美政府关于保护知识产权的谅解备忘录》,中国对于美国在知识产权保护上的要求做出了回应。在1994年的贸易摩擦中,中美两国进行了七轮谈判,于1995年结束,双方就有效保护和实施知识产权交换了行动方案。据此,国务院成立了知识产权办公室,指示地方执法部门开展为期九个月的专项执法行动,清理盗版图书、计算机软件和音像制品,大规模销毁商标侵权产品,并在1995年颁布了《中华人民共和国知识产权海关保护条例》,对海关执法作出了明确规定。

1997年,第三份知识产权协议以协商一致的方式签署,中国进一步完善了知识产权的法规。中国履行了自己的承诺,由知识产权局带头,特别是加强边境执法,加大海关管理力度,打击视听产品和盗版计算机软件的走私和侵权行为,并向美国开放其视听产品和计算机软件市场。

2. 中国加入WTO之后中美的知识产权相关贸易摩擦政策

自中国加入WTO以来,由于WTO争端解决机制的限制,中美之间重大知识产权摩擦的频率有所下降,但在2017年,美国发布的年度"特别301条款"报告中认为中国的电子商务市场上仍然存在着部分盗版和假冒行为,并对中国的知识产权保护进行了第六次贸易调查。

2018年7月,美国以中国侵犯其知识产权为由,分别对从中国进口的涉及500亿美元、2 000亿美元和3 000亿美元(仅部分生效)的产品加征进口税。中国对美国加征的关税实施了从"同等规模反制"到"同等比例反制"的政策,分别对来自美国的500亿美元、600亿美元和750亿美元(仅部分生效)的进口商品加征反制关税。

2020年1月15日,中美共同签署的《中美第一阶段经贸协议》,包括中国承诺加强知识产权保护,包括保护商业秘密,打击电子商务平台上的侵权商品,延长专利期限和药品专利的特殊保护期,以及应用补充证据制度。

2019年12月13日,中美就第一阶段经贸协议文本达成一致,双方同意停止加征新的关税。

2021年3月,美国拜登政府在《2021年度贸易政策议程》中再次提到了中美知识产权保护问题。

2022年3月,美国贸易代表办公室(以下简称"USTR")宣布针对以"301条款"对中国加征的关税中,已恢复部分中国进口商品的关税豁免,涉及549项待定产品中的352项。

2022年9月,USTR发表公告称受益于关税行动的美国国内产业代表已要求继续征收关税,美方不会削减对中方的关税。

4.4.3　美国知识产权相关贸易政策

1. 政府层面

"301条款"是美国关于知识产权保护的贸易法条款,由《1974年贸易法》第301条演变而来,主要存在三种形式:"一般301条款""特别301条款"和"超级301条款"。"一般301条款"是基本条款,而"特别301条款"和"超级301条款"各有其独特的重点。"超级301条款"侧重于自由贸易,而"特别301条款"侧重于一个贸易伙伴在知识产权保护方面是否处于不利地位。

"301条款"要求USTR在每年1月发布通告,收集关于贸易伙伴知识产权制度的缺陷或需要改进的领域(按国家划分)、可能损害公平的贸易制度以及存在不合理的进口门槛或贸易壁垒的信息,以编制国家贸易评估报告。每年2月中旬,"301条款"委员会审查信息,建立一个初步的观察名单,被指定观察的国家政府可以通过其大使馆与贸易代表协商。到3月底,USTR根据国家贸易评估报告和每个贸易伙伴的知识产权保护状况,确定一份"观察国家""重点观察国家"和"优先观察国家"的名单。该名单将在4月中旬左右提交给总统批准,一旦批准,将在当年的"301条款"特别报告中公布,在其发布的30天内,USTR对被指定为"优先观察国家"进行为期六个月的"301条款调查",在特殊情况下可延长三个月。除了位于"优先观察国家"名单中的国家,USTR也可以主动或应相关权利人的要求启动"301条款调查",并决定对未被列为"优先观察国家"的国家进行谈判。因此,"301条款"特别规定的运作没有固定的条件或限制,USTR可以根据年度国家贸易评估报告在任何时候对任何贸易伙伴启动"301条款调查"。

此外,1997年,USTR创建了"306条款"观察名单,作为"301条款"特别报告的一部分,该名单允许USTR在任何时候对任何贸易伙伴发起"301条款调查",如果它确定双边知识产权协议的"执行情况不令人满意",该国很可能会被列入"301条款"观察名单。

"301条款"的特别制裁措施包括：① 对被调查国实施进口限制和单方面征收高额关税，以迫使被调查国政府为依赖知识产权的行业制定"公平"的准入标准；② 寻求与被调查国达成协议，改变或结束其"不合理"和"歧视性"做法；③ 消除被调查国"不合理"和"歧视性"政策和法规的影响或提供一些经济补偿。最常见的方法是列出报复性措施，对来自被调查国的商品征收高额关税。

2. 市场层面

美国"337条款"与"特别301条款"一样具有政治性和保护性，但与"特别301条款"不同的是，它主要针对流通市场。"337条款"因其迅速、高效和制裁的严厉性而成为美国有效的贸易保护工具。一般来说，"337条款"分为两类调查：第一类是在国内流通的进口产品被发现可能侵犯知识产权；第二类是产品的进口方式破坏了贸易公平。就针对中国发起的"337调查"而言，第一类即知识产权侵权，占据了大多数。

虽然举证责任在调查方，即美国制造商或知识产权持有人，但举证标准相对较低，因为申请人必须证明不公平贸易行为涉及向美国进口商品。因此，专利持有者或非执业实体可以成为"337条款调查"的发起者。一个典型的"337条款调查"案件只需要12—15个月，即使是复杂的案件也会在18个月内作出裁决。一旦国内制造商提出"337条款"申请，美国国际贸易委员会（以下简称"ITC"）有30天时间决定是否启动调查。一旦决定立案，ITC就会将专利所有人的申请和调查通知发送给被申请人，并在联邦公报和其官方网站上公布。如果国内进口商未能及时对投诉作出回应，ITC可以发出默认判决，这可能导致对该公司产品的排除或禁令。在发现问题后，各方准备他们的简报，并参加初步听证会，之后行政法法官会发布初步裁定。在初步决定的10天内，任何一方可以提出复议。最终决定提交给总统审查，如果总统拒绝或未能在60天内作出回应，则决定生效，并可向联邦巡回上诉法院提出上诉。如果总统在时限内发布决定，则该决定成为最终决定，没有上诉或其他补救措施。

"337条款"的制裁措施包括：① 如果ITC确定存在国内进口的侵权行为，委员会有权根据其调查结果，命令海关和边境保护局将侵权物品和侵权物品的所有子产品排除在美国境外。进口禁令的效果不仅可以延伸到被告，还可以延伸到被告的整个供应链；② ITC还可以发布命令，控制已经进口到美国的产品,通常是通过扣押和没收;③ ITC 可以对违反禁令的侵权公司处以巨额罚款。

4.4.4 中国对美国与知识产权相关的贸易政策的应对政策

1. 企业

首先,中国公司对知识产权保护的意识正在增强。2018 年 12 月 5 日,世界知识产权组织发布的《世界知识产权指标》,2017 年中国在专利、商标和工业品外观设计等方面的知识产权申请数量位居世界第一,其中发明专利申请量为 138.2 万件。面对出口国的知识产权保护措施,我国出口企业一方面要在出口前合理制定海外知识产权生产战略,积极在全球目标市场申请专利,重视核心技术保护;另一方面要加强国际知识产权侵权预警机制,搜索和分析目标市场的知识产权状况,提前做好侵权风险分析和评估。

其次,中国企业可以积极应对美国的知识产权调查。近年来,随着公司法律意识的增强,许多公司在面对"337 调查"时开始积极应诉,并在此过程中出现了许多成功案例。

2. 政府

中国政府一直在积极回应美国提出的意见,努力完善知识产权相关制度,不断完善知识产权相关法律体系。例如,2017 年 10 月,国家食品药品监督管理总局就《中华人民共和国药品管理法修正案(草案征求意见稿)》公开征求意见,增加了一条,作为第五条:"国家实行药品上市许可持有人制度,药品上市许可持有人对药品安全、有效和质量可控承担法律责任。"同年 11 月提交的《中华人民共和国电子商务法(草案)》二次审议稿,进一步强化了平台经营者保护知识产权的责任,加重了电商企业和卖家的责任;2018 年 1 月 1 日,《中华人民共和国反不正当竞争法》正式实施,增加和修改了与知识产权相关的不正当竞争犯罪类型。

此外,中国也在积极与美国磋商谈判,并利用多边机制解决争端。例如,中国已正式要求就美国的征税举动向 WTO 争端解决机制进行磋商,通过启动 WTO 争端解决机制来保护贸易自由化。

对于美国依据"301 调查"对中国实施加征关税措施的局面,中国在积极寻求谈判解决的同时,也采取了对等的反制措施。

4.5 基于知识产权的中美贸易理论模型构建

4.5.1 中美贸易理论模型

为了构建一般商品所收取的关税与知识产权保护之间的局部均衡模型,以此来描述跨领域摩擦对两国贸易的影响,本小节首先构建了一个与贸易摩擦相关的经济理论模型。由于美国与中国之间巨大的贸易逆差,美国特朗普政府多次以知识产权保护为理由,对中国加征关税,美国拜登政府上台后虽然暂时与中国达成了协议,但依然没有完全取消对华加征的关税。在这一情况下,本小节通过消费者剩余、生产者剩余与关税福利计算出国家在商品领域的经济福利以及因为知识产权保护协定被破坏损失的经济福利,来计算贸易摩擦对两国经济的影响。

本小节的研究在以下环境中分析两国贸易情况:假设有两个国家,本国(无 $*$)和外国($*$),定义国际贸易中的两个领域为 a 和 b,其中领域 a 中有一般商品 x_a 和 y_a,领域 b 代表知识产权部门,有商品 x_b 和 y_b。时间是无限且离散的,即 $t=0,1,2,\cdots$。

1. 关税福利函数

(1) 消费者剩余函数

假设在领域 a 中,即一般商品领域中,消费者效用为:

$$u_{at}(q^d_{x_a t}, q^d_{y_a t}) = A(q^d_{x_a t} + q^d_{y_a t}) - \frac{1}{2}(q^d_{x_a t})^2 - \frac{1}{2}(q^d_{y_a t})^2 - q^d_{x_a t} q^d_{y_a t} \tag{4-1}$$

式中,$q^d_{x_a t}$ 和 $q^d_{y_a t}$ 为本国对于商品 x_a 和 y_a 在 t 时间的需求,且假设参数 $A>0$,$D\in(0,1)$。外国消费者效用 $u^*_{at}(\cdot)$ 可以用相同的公式表达。通过对上式求消费者效用最大化问题,可得:

$$q^d_{x_a} = A - p_{x_a}; \quad q^{d*}_{x_a} = A - p^*_{x_a} \tag{4-2}$$

$$q^d_{y_a} = A - p_{y_a}; \quad q^{d*}_{y_a} = A - p^*_{y_a} \tag{4-3}$$

式中，$q_{x_a}^d$，$q_{x_a}^{d*}$，$q_{y_a}^d$，$q_{y_a}^{d*}$ 分别表示商品 x_a 和 y_a 在本国和外国的需求量，p_{x_a}，$p_{x_a}^*$，p_{y_a}，$p_{y_a}^*$ 分别表示国内外商品 x 和 y 的均衡价格。

此时，对于商品 x_a 的本国消费者剩余函数为：

$$CS = \frac{1}{2}(A - p_{x_a})^2 \tag{4-4}$$

同理，对于商品 y_a 的本国消费者剩余函数、对于商品 x_a 和 y_a 国外消费者剩余的函数与公式(4-1)—(4-4)类似。

(2) 生产者剩余函数

假设劳动力是商品 x 唯一的生产要素且假定其足够多，此时国内外商品 x 的生产数量均大于零，即不存在一方的商品 x 完全依靠进口。此时，商品 x_a 的成本函数如下：

$$C_x(q_{x_a}^s) = \frac{(q_x^s)^2}{2} ; \quad C_x^*(q_{x_a}^{s*}) = f q_{x_a}^{s*} + \frac{(q_{x_a}^{s*})^2}{2} \tag{4-5}$$

式中，$q_{x_a}^s$ 表示商品 x_a 在本国的供给量，$q_{x_a}^{s*}$ 表示商品 x_a 在外国的供给量，f 为外部参数($f \geq 1$)。由上式可得，$C_{x_a}(q_{x_a}^s) < C_{x_a}^*(q_{x_a}^{s*})$，国内在商品 x_a 上具有比较优势，是商品 x_a 的天然出口商。

由此可知，求解生产者利益最大化函数可得国内外供给函数为：

$$q_{x_a}^s = p_{x_a} ; \quad q_{x_a}^{s*} = p_{x_a}^* - f \tag{4-6}$$

此时，对于商品 x_a 的国内外生产者剩余函数为：

$$PS = \frac{(p_{x_a})^2}{2} ; \quad PS^* = (p_{x_a}^* - f)\left(p_{x_a}^* - f - \frac{1}{2}\right) \tag{4-7}$$

同理，对于商品 y_a 的国外生产者剩余函数与公式(4-7)类似。

(3) 经济福利函数

由于本国为商品 x_a 的天然出口国，故本国可对商品 x_a 设置单位关税 τ_a，由于国外政府为商品 y_a 的天然出口国，故国外政府可对商品 x_a 设置单位关税 τ_a^*。由此可得，两国商品价格之间的关系为：$p_{x_a} = p_{x_a}^* + \tau_a$；$p_{y_a}^* = p_{y_a} + \tau_a^*$。当两国贸易达到均衡，即 $q_{x_a}^s - q_{x_a}^d = q_{x_a}^{d*} - q_{x_a}^{s*}$ 时，结合公式(4-1)—(4-7)的需求函数及供给函数，推导可得国内外在领域 a 的经济福利函数分别为：

$$\vartheta_a(\tau_a, \tau_a^*) = \frac{1}{8}(4A^2 - 4Af + 3f^2 - 2f\tau_a^* + 2\tau_a^{*2} + 2f\tau_a - 6\tau_a^2) \tag{4-8}$$

$$\vartheta_a^*(\tau_a, \tau_a^*) = \frac{1}{8}(4A^2 - 4Af + 3f^2 - 2f\tau_a + 2\tau_a^2 + 2f\tau_a^* - 6\tau_a^{*2}) \tag{4-9}$$

2. 知识产权福利函数

接下来，本小节将讨论知识产权对跨国贸易的影响。

Osgood 和 Feng(2018)指出了知识产权条款对于美国对外贸易的支持作用；而 Chen(2023)研究了侵权行为对经济的影响，实验证明知识产权侵害的发生会导致专利的数量和引用量显著下降，同时会降低该国的研发投资。据此，本小节的研究基于 Maskus 和 Penubarti(1995)构建了知识产权福利函数如下：

$$\vartheta_b(E^*) = w - D = w - \gamma(E^*)^2 \tag{4-10}$$

式中，ϑ_b 为本国的知识产权福利函数，w 为本国知识产权保护协定带来的收益，D 为本国知识产权协议被打破后导致的经济损失，E^* 外国违反知识产权协议的程度，参数 $\gamma(>0)$ 表示外国违反知识产权的程度对本国福利的影响。同样的，可以得到外国知识产权福利函数为：

$$\vartheta_b^*(E) = w^* - D^* = w^* - \gamma E^2 \tag{4-11}$$

式中，ϑ_b^* 为本国的知识产权福利函数，w^* 为国外知识产权保护协定带来的收益，D^* 为国外知识产权协议被打破后导致的经济损失，E 为本国违反知识产权协议的程度。结合公式(4-8)—(4-11)，当两国均遵守知识产权保护协定时，本国及外国在领域 a、b 中获得的总福利函数分别为：

$$V(\tau_a, \tau_a^*, E^*) = \frac{1}{8}(4A^2 - 4Af + 3f^2 - 2f\tau_a^* + 2\tau_a^{*2} + 2f\tau_a - 6\tau_a^2)$$
$$+ w - \gamma(E^*)^2 \tag{4-12}$$

$$V^*(\tau_a, \tau_a^*, E) = \frac{1}{8}(4A^2 - 4Af + 3f^2 - 2f\tau_a + 2\tau_a^2 + 2f\tau_a^* - 6\tau_a^{*2})$$
$$+ w^* - \gamma E^2 \tag{4-13}$$

4.5.2 与知识产权挂钩贸易政策机制分析

本小节的研究以中美两国之间发生的知识产权争端为例,探究美国是否应当以侵犯知识产权为由,向中国发起贸易摩擦。本小节首先讨论了在未有任何摩擦发生的情况下的最优社会福利,其次讨论了当产生知识产权争端时,若发起贸易摩擦是否会降低两国的社会福利。

若无任何贸易及知识产权摩擦,最优的社会福利解 τ_a^E, τ_a^{E*}, E_b^E, E_b^{E*} 应当满足:

$$\max_{\tau_a, \tau_a^*, E_b, E_b^*} \Omega_a(\tau_a, \tau_a^*) + \Omega_b(E_b, E_b^*)$$
$$= \max_{\tau_a, \tau_a^*} \vartheta_a(\tau_a, \tau_a^*) + \vartheta_a^*(\tau_a, \tau_a^*) + \vartheta_b(E^*) + \vartheta_b^*(E) \quad (4-14)$$

通过计算上面的社会福利最大化问题可以得到:

结论 1:当两国需求函数满足公式(4-2)(4-3),生产函数满足公式(4-6),知识产权函数满足公式(4-10)(4-11),且社会福利函数满足公式(4-12)(4-13)时,最优的社会福利解为:

$$\tau_a^E = \tau_a^{*E} = E_b^E = E_b^{E*} = 0$$

证明:由于商品领域和知识产权领域无相关性,故公式(4-14)的最大化问题可以化简为:

$$\max_{\tau_a, \tau_a^*} \Omega_a(\tau_a, \tau_a^*) = \max_{\tau_a, \tau_a^*} \vartheta_a(\tau_a, \tau_a^*) + \vartheta_a^*(\tau_a, \tau_a^*)$$
$$\max_{E_b, E_b^*} \Omega_b(E_b, E_b^*) = \max_{E_b, E_b^*} \vartheta_b(E_b, E_b^*) + \vartheta_b^*(E_b, E_b^*)$$

将公式(4-12)(4-13)代入,并对上式求一阶倒数可得,最优解 τ_a^E, τ_a^{E*}, E_b^E, E_b^{E*} 应满足:

$$\frac{\partial \vartheta_a(\tau_a, \tau_a^*, \theta)}{\partial \tau_a} + \frac{\partial \vartheta_a^*(\tau_a, \tau_a^*)}{\partial \tau_a} = \frac{1}{2}\tau_a^{E*} - \tau_a^E = 0$$

$$\frac{\partial \vartheta_a(\tau_a, \tau_a^*, \theta)}{\partial \tau_a^*} + \frac{\partial \vartheta_a^*(\tau_a, \tau_a^*)}{\partial \tau_a^*} = \frac{1}{2}\tau_a^E - \tau_a^{E*} = 0$$

$$\frac{\partial \vartheta_b^*(E_b)}{\partial E_b} = -2\gamma E_b^E = 0$$

$$\frac{\partial \vartheta_b(E_b^*)}{\partial E_b^*} = -2\gamma E_b^{E*} = 0$$

解上式可得：

$$\tau_a^E = \tau_a^{*E} = E_b^E = E_b^{E*} = 0$$

得证。

当两国均采取零关税时，则两国的福利函数分别为：

$$V_1 = \frac{1}{8}(4A^2 - 4Af + 3f^2) + w \qquad (4-15)$$

$$V_1^* = \frac{1}{8}(4A^2 - 4Af + 3f^2) + w^* \qquad (4-16)$$

4.5.3 跨领域贸易政策模型构建

如果外国认为本国破坏了知识产权协定，由于其商品领域并没有发生变化，其收到的影响只来自知识产权领域，所以其新的经济福利为：

$$V_2^* = \frac{1}{8}(4A^2 - 4Af + 3f^2) + w^* - \gamma E^2 \qquad (4-17)$$

式中，E 指本国违反知识产权协定的程度。

根据公式(4-16)(4-17)，美国经济福利的变化为：

$$\Delta V^* = V_2^* - V_1^* = -\gamma E^2 \qquad (4-18)$$

在没有发生贸易摩擦时，假定美国正常对中国的商品 x 收取的关税为 $\tau_{aL}^* = 0$，中国亦对美国收取零关税，即 $\tau_{aL} = 0$，当美国认为中国破坏了知识产权协定时，美国政府可以选择在另一经济领域 a 提高关税来弥补自己损失的经济福利，即 τ_{aH}^*，且满足：

$$\Delta V^* = \vartheta_a^*(\tau_{aL}, \tau_{aH}^*) - \vartheta_a^*(\tau_{aL}, \tau_{aL}^*) - \gamma E^2 = 0$$

将 $\tau_{aL}^* = \tau_{aL} = 0$ 以及福利函数公式(4-13)代入可得：

$$\frac{1}{8}(2f\tau_{aH}^* - 6\tau_{aH}^{*2}) - \gamma E^2 = 0$$

故

$$\tau_{aH}^{*}=\frac{f+\sqrt{f^2-48\gamma E^2}}{6} \text{ 且 } f^2-48\gamma E^2>0 \quad (4-19)$$

由公式(4-19),我们发现:

结论 2:当外国生产的固定成本 f,本国知识产权摩擦程度 E,知识产权对福利的影响系数 γ 满足 $f^2-48\gamma E^2>0$ 时,外国的最优贸易摩擦程度与知识产权摩擦程度呈反比。

此时,国内外总福利函数为:

$$V_3=\frac{1}{72}(36A^2-36Af+25f^2-24\gamma E^2-2f\sqrt{f^2-48\gamma E^2})+w \quad (4-20)$$

$$V_3^{*}=\frac{1}{8}(4A^2-4Af+3f^2)+w^{*} \quad (4-21)$$

故当产生知识产权摩擦时,且一国发起贸易摩擦时,两国的福利变化为:

$$\Delta V=\frac{1}{36}(-f^2-12\gamma E^2-f\sqrt{f^2-48\gamma E^2})<0;\ \Delta V^{*}=0 \quad (4-22)$$

由此可得:

结论 3:当本国对外国知识产权领域施加了程度为 E 的影响时,本国经济福利无变化,外国经济福利减少;若外国通过跨领域摩擦对本国加征关税以弥补自身的经济损失时,中国经济福利降低,外国经济福利恢复到原有的水平。

然而,当外国增加关税时,本国亦会采取一定的反制措施,本研究假设反制措施为同等数量的关税反制措施,即:

$$p_{x_a}^{*}(\tau_{aL}^{*})[M_{x_a}^{*}(\tau_{aH},\tau_{aH}^{*})-M_{x_a}^{*}(\tau_{aL},\tau_{aL}^{*})]$$
$$=p_{y_a}(\tau_{aL})[M_{y_a}(\tau_{aH},\tau_{aH}^{*})-M_{y_a}(\tau_{aL},\tau_{aL}^{*})] \quad (4-23)$$

式中,$M_{y_a}=q_{y_a}^{d}-q_{y_a}^{s}$,$M_{x_a}^{*}=q_{x_a}^{d*}-q_{y_a}^{s*}$。将公式(4-2)(4-3)(4-6)代入公式(4-23)可得:

$$\tau_{aH}^{*}=\tau_{aH}$$

故可以得到,当本国采取反制措施时,外国相比较于不发起贸易领域的摩擦,其政治福利改变量为:

$$\Delta V^*_{new} = \delta V^*(\tau_{aH}, \tau^*_{aH}, E) - V^*_2$$
$$= \frac{1}{8}\left(-(1-\delta)(4A^2 + 3f - 4Af) - 8\gamma E^2 - \frac{1}{9}(f + \sqrt{f^2 - 4\gamma E^2})^2\right)$$

式中,$\delta \in [0,1]$ 为贴现率。由于 $4A^2 + 3f - 4Af > 0, 1 - \delta > 0, \gamma E > 0$ 故 $\Delta V^*_{new} < 0$。

当本国发起反制措施时,其政治福利的改变量为:

$$\Delta V_{new} = \delta V(\tau_{aH}, \tau^*_{aH}, 0) - V(\tau_{aL}, \tau^*_{aL}, 0)$$
$$= -\frac{1}{8}(1-\delta)(4A^2 - 4Af + 3f^2) - \frac{1}{72}(f + \sqrt{f^2 - 4\gamma E^2})^2 < 0$$

由此可得如下结论:

结论 4:当本国对外国知识产权领域施加了程度为 E 的影响,国通过跨领域摩擦对本国加征关税以弥补自身的经济损失,本国采取反制措施后,两国的社会福利均下降。

4.6 跨领域贸易政策对中美经济影响的实证及仿真分析

4.6.1 研究设计

1. 样本选择与数据来源

加入 WTO 是我国对外贸易的重要节点,为避免误差,本小节选取了 2001—2020 年的相关数据,主要基于以下数据库进行分析:第一部分数据来源于国家统计局,本小节基于此数据库获取了 2001—2020 年的中国出口总额、人民币汇率、中国在美直接投资和中国产业结构;第二部分数据来源于快易理财网,本小节基于该数据库得到了中美两国 2001—2020 年的国民生产总值;第三部分数据是美国对中国加征关税的比例和对中国发起"337 调查"的次数,原始数据来自世界银行和中国贸易救济信息网,本小节基于次分析中美贸易摩擦的剧烈程度。

2. 变量选取与测度

(1) 被解释变量

中国出口总额(E_x):出口贸易与经济增长相辅相成(马章良,2019),同时受贸易摩擦的影响较大,因此,为探究跨领域摩擦对中国经济的影响,本小节选择中国历年的出口总额作为被解释变量。

(2) 解释变量

美国对华加征的关税比率(T_{ari}):美国对华加征关税的比率,由上一年征收的关税比当年征收的关税得到。关税是一个国家对通过其关境的货物征收的税收,在一定程度上反映了贸易摩擦的程度。中美贸易摩擦产生时,首要表现就是对中国的各种产品征收关税,中国产品进入美国受到关税壁垒的抑制,有可能减少或阻止中国产品进入美国市场;另一方面,根据关税传导理论,美国大规模关税的提高会反映在中国产品在美国的价格上涨中,也可能对中国产品的出口起到激励作用。

中美知识产权争端(I_{pd}):此处用一年内美国对中国发起"337调查"的次数来估计中美知识产权争端的激烈程度。"337调查"是美国的一种进口贸易补救措施,会向美国认为侵犯了自身知识产权的进口商品发起制裁,因此可以看作中美知识产权争端的一个指数。其对中国出口最直接的影响有以下两点:① 高额的经济损失。律师费、败诉后应支付的赔偿金、专利许可费,以及为了达成和解企业花费的时间和精力,将使许多中国企业不愿应诉;② 出口风险。当一个企业被起诉时,无论是被迫无法应诉还是败诉,其产品都有可能因此被禁止加入美国市场。这对于主要业务是向美国出口的公司以及涉及的分包商来说,都将影响其出口总额。

(3) 控制变量

中国国内生产总值(C_{gdp}):中国的GDP越高,中国的生产效率、质量和技术越强,对中国的出口有积极影响。

美国国内生产总值(U_{gdp}):美国的GDP越高,美国居民的生活水平越高,企业的进口能力越强,购买力增加,美国居民、企业和政府购买中国商品的机会也越多,对中国出口同样有积极影响。

人民币汇率(E_{xr}):汇率是指一国货币与另一国货币的比率,即用一国货币兑换另一国货币的价格。汇率和货币价值之间的关系表明,汇率升值,即一个国家的货币相对于外部世界的升值,具有限制出口和促进进口的作用,而汇率贬值,即一个国家的货币相对于外部世界的贬值,具有限制进口和促进出口的作用。

中国在美直接投资总额(O_{fdi}):对外直接投资,指中国向外国输送资金或商品从而获得经济利益的一种经济行为。根据技术地方化理论,中国企业可以直接使用当地资源、购买原材料,同时其产品贴近市场、追随当地顾客,又能保护出口市场。这些优势使得中国企业在外国降低了采购和生产成本,同时促进了商品在当地市场本土化的发展,由此促进了出口。

中国产业结构升级(I_{nd}):中国产业结构升级指的是第三产业与第二产业的比值。第三产业主要包括服务业和高新技术产业等,与工业相比具有投资小、效益好、易出口的特点。钟昌标(2000)通过对江苏省苏州市的对外贸易和产业结构进行了定量研究,得出进出口总额与第三产业在三次产业中的占比具有正向协同关系,成正比;第二产业在三次产业中占比与出口额成正相关关系,与进口额成负相关关系。因此,产业结构升级同样有利于中国出口额的提高。

本小节涉及的主要变量和控制变量如表4-1所示。

表4-1 贸易摩擦变量对中国经济的影响的数据选取

变量类型	变量名称	变量表示	数据来源
被解释变量	中国出口总额	E_x	国家统计局
解释变量	美国对华加征关税的比率	T_{ari}	世界银行
	美国对中国发起"337调查"的数量	I_{pd}	中国贸易救济网
控制变量	中国国内生产总值	C_{gdp}	快易理财网
	美国国内生产总值	U_{gdp}	快易理财网
	人民币汇率	E_{xr}	国家统计局
	中国在美直接投资	O_{fdi}	国家统计局
	中国产业结构升级	I_{du}	国家统计局

4.6.2 实证分析

1. 模型构建

Tinbergen(1962)提出的贸易引力模型在宏观经济学中常被运用于研究国际贸易,并得出结论:两国的经济规模越大,则双边贸易额就越大;而两国的距离越大,则双边贸易额就越小。贸易引力模型的原公式如下:

$$F = G \frac{Y_i^\alpha Y_j^\beta}{D_{ij}^\theta} \tag{4-24}$$

式中,F 代表中国总出口额,Y_i^α 和 Y_j^β 和分别表示 i 国和 j 国的国内生产总值,表示 i 国和 j 国之间的空间距离,G 为常数项,α,β,θ 分别表示经济规模和空间距离的影响参数。为了处理数据结果的方便,可对公式(4-24)的方程进行对数处理,将原本的指数转变成变量之间线性加减的形式,原式可转变为:

$$\ln F = G + \alpha \ln Y_i + \beta \ln Y_j - \theta \ln D_{ij}$$

根据本章的研究内容对贸易引力模型进行改进,得到:

$$\ln Ex = \beta_0 + \beta_1 \ln Tari + \beta_2 \ln Ipd + \beta_3 \ln Cgdp + \beta_4 \ln Ugdp \\ + \beta_5 \ln Exr + \beta_6 \ln Ofdi + \beta_7 \ln Idu + \mu + \varepsilon$$

式中,被解释变量 Ex 表示中国出口总额;解释变量表示 $Tari$ 和 Ipd 表示跨领域摩擦的大小;$Cgdp$,$Ugdp$,Exr,$Ofdi$ 和 Idu 为一系列控制变量;β_0 表示模型的截距项;β_1、β_2 表示核心解释变量的估计系数,$\beta_i(i=3,4,5,6,7)$ 表示控制变量的估计系数,ε 为残差。

2. 基准回归结果

基于上述得到的贸易引力模型公式,本小节使用 STATA14.0 对数据进行分析。结果如表 4-2 所示。表 4-2 中,列(1)代表了只加入贸易摩擦相关的核心变量得到的模型,列(2)代表了加入控制变量后的贸易引力模型。

表 4-2 基准回归结果

	(1) $\ln Ex$	(2) $\ln Ex$
$\ln Tari$	-3.501*** (-6.12)	-0.671*** (-4.92)
$\ln Ipd$	0.189 (0.88)	-0.100*** (-3.51)
$\ln Cgdp$	—	0.404** (2.74)
$\ln Ugdp$	—	1.714** (3.01)
$\ln Exr$	—	-1.526*** (-3.85)
$\ln Ofdi$	—	-0.249* (-2.16)
$\ln Ind$	—	-1.263*** (-5.67)
Constant	17.69*** (11.24)	-9.473 (-1.71)
N	20	20
R^2	0.719	0.998
F	21.74	796.0

注：* $p<0.1$，** $p<0.05$，*** $p<0.01$

根据列(1)可以看出，在没有加入控制变量的情况下，美国对华关税对中国出口贸易的影响在1%的置信水平下显著，且回归系数为-3.501，说明对出口有很高的负面效应。而知识产权争端对中国出口贸易的影响不显著，可能的原因在于本章采用的估计中美知识产权争端的方法比较简单，仅采用了美国对中国发起"337调查"的案件数量，未对其进行更进一步的细分和量化，而实际情况下,中美知识产权争端涉及的领域更加多样和复杂,因此该变量在第一次回归时表现为不显著。

根据列(2)可以看出,对于本小节选取的七个指标,在进行贸易引力模型回归后,整体可以看出所选指标对中国出口总额的影响较为紧密,体现了指标的合理性与科学性。美国对华关税和中美知识产权争端对中国出口总额的影响在1%的置信水平下显著,且呈负相关;中美GDP对中国出口总额的影响在5%的置信水平下显著,且呈正相关;人民币汇率对中国出口总额的影响在1%的置信水平下显著,且呈负相关,均符合设置变量时的预期。

4.6.3 反事实模拟

1. 参数构建

本小节基于Chisik and Fang(2023),在仿真分析中设定中美两国需求端的阻塞价格设定为3,生产中的固定成本为2.5,将贴现率设为0.8,即$A=3$,$f=2.5$,$\delta=0.8$。此外,为保证τ_{aH}^*解的存在性,需满足$\Delta=f^2-48\gamma E^2>0$,即$\gamma E^2<f^2/48$。仿真分析基本参数的初始值如表4-3所示。

表4-3 仿真分析的参数初始值

符号	定义	初始值
A	阻塞价格	3
δ	贴现率	0.8
E	违反知识产权协议的程度	0
γ	违反知识产权协议的影响系数	0

2. 福利分析

由上文的分析可知,在贸易摩擦发起国发起贸易摩擦时,即外国发起贸易摩擦时,当被动接受贸易摩擦的国家即本国,未采取反制措施时,相比较于最优合作状态,外国的社会福利为0,即$\Delta V^*=0$。然而,当被动接受贸易摩擦的国家(本国)开始发起对等的反制措施时,则贸易摩擦的发起国的社会福利改变量为:

$$\Delta V_{new}^* = \frac{1}{8}\Big[-(1-\delta)(4A^2+3f-4Af)-8\gamma E^2-\frac{1}{9}(f+\sqrt{f^2-4\gamma E^2})^2\Big]$$

将 $A=3$，$f=2.5$，$\delta=0.8$ 代入上式，通过改变 $\gamma \in [0,2]$，$E \in [0,2]$，对于外国的福利变化进行仿真分析可得图 4-1。

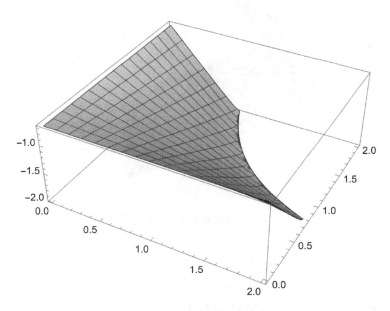

图 4-1 外国福利变化仿真

由图 4-1 可以看出，随着知识产权影响的增大以及知识产权摩擦的上升，贸易摩擦发起国的社会福利的下降的改变也随之增加，且改变速度不断上升。

3. 贸易摩擦对贸易受损国的福利影响

同样，由上文的分析可知，在贸易摩擦发起国发起贸易摩擦时，即外国发起贸易摩擦时，当被动接受贸易摩擦的国家即本国，未采取反制措施时，相比较于最优合作状态，本国的社会福利的改变量为：

$$\Delta V = \frac{1}{36}(-f^2-12\gamma E^2-f\sqrt{f^2-48\gamma E^2})$$

将 $f=2.5$，$\delta=0.8$ 代入，通过改变 $\gamma \in [0,2]$，$E \in [0,2]$，本国未采取反制措施时，对本国的福利变化进行仿真分析可得如图 4-2。

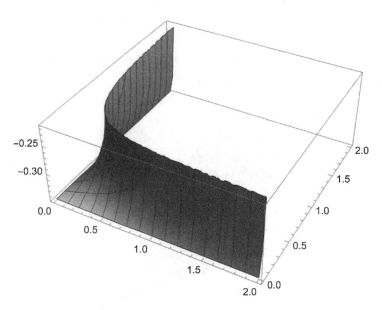

图 4-2　反制措施前本国福利变化仿真

由图 4-2 可以看出,随着知识产权的影响的增大以及知识产权摩擦的上升,贸易摩擦被动接受国的社会福利的下降也随之增加,且无知识产权摩擦时,贸易摩擦被动接受过的社会福利下降最小。

当被动接受贸易摩擦的国家(本国)开始发起对等的反制措施时,则贸易摩擦对本国的社会福利改变量为:

$$\Delta V_{new} = -\frac{1}{8}(1-\delta)(4A^2 - 4Af + 3f^2) - \frac{1}{72}(f + \sqrt{f^2 - 4\gamma E^2})^2$$

将 $A=3$,$f=2.5$,$\delta=0.8$ 带入,通过改变 $\gamma \in [0,2]$,$E \in [0,2]$,本国采取反制措施时,对本国的福利变化进行仿真分析可得图 4-3。

由图 4-3 可知,当本国采取反制措施时,知识产权侵犯他国的影响越大,反而越能减少本国的经济福利的损失。这是因为,当他国发现侵犯知识产权的程度越高,则会进一步地发起强度更高的贸易摩擦,而当本国采取对等的贸易反制措施时,反而可以增加该国的社会福利,从而减少本国的经济福利的损失。

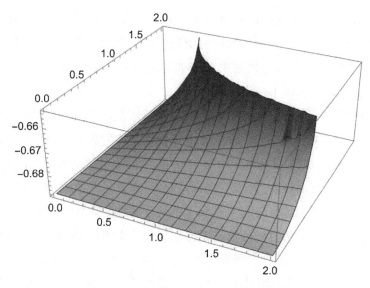

图 4-3 反制措施后本国福利变化仿真

4.7 结论与建议

4.7.1 研究结论

本章研究的主要结论为：跨领域贸易摩擦对中国经济具有负面作用，具体为以下三点：

第一，由于知识产权争端，引发的两国贸易摩擦会对两国经济均产生负面影响。

第二，知识产权争端波及的范围越大，其对贸易摩擦发起国的负面影响越大，而对发起对等贸易反制国的影响越小。

第三，中美贸易摩擦对中国出口总额有着显著的影响，反映了中美贸易摩擦的程度，抑制中国产品出口美国市场。

4.7.2 政策建议

随着中美贸易关系的日益紧密和贸易顺差的日益增大，双边贸易摩擦的滋长是中美双边贸易关系发展的必然趋势。从长远来看,中国和美国是相互依存的贸易合作伙伴,而美国对中国采取的贸易保护主义的一系列措施,不利于中美双边贸易合作的良好发展。面对中国该如何应对贸易摩擦这个问题,根据本章的研究结论,可以得出以下三点建议:

第一,中国政府要坚定推进中美经贸关系健康发展,坚持用谈判解决双方现在存在的问题,中美双方应当促进两国继续稳定健康发展,中国和美国在国际贸易上是相互依存的,在技术和市场上也因分工异质性而互相弥补,由此更应当强强联合,中国获得贸易顺差,美国获得利益顺差,重新实现双赢的局面。

第二,中国政府要重点发展自身科学技术,大力支持自主研发产品,推进中国制造 2025 发展计划和目标的执行工作。2018 年的中兴事件以及 2019—2020 年的华为事件充分证实了自主研发和产业链的重要性。发展科技应从两部分入手:对于科技人员,注重对科技人员的人才培养机制,完善对科研人员的经费激励体系,同时也注重对科研人员本身的知识产权保护等;对于科技方向,应当围绕着 5G、人工智能、云计算等重要科技发展方向作为着力点,推进并加速中国制造 2025 的计划实施,以应对未来风险,强化核心技术,鼓励自主研发。

第三,推进"一带一路"发展建设。中国要坚定促进与其他发达国家和广大发展中国家的互利共赢合作,扩大合作范围和领域,以应对与美国的交涉失败带来的风险,坚持稳健出口。

第 5 章
机制设计在外卖 O2O 平台中的应用

自 20 世纪末互联网获准进入以来,中国见证了由互联网引导的一场信息技术革命。"互联网+"这一概念持续升温,也已成为各行各业的发展新趋势。互联网的发展也为企业家们带来了新的灵感,以生产制造业为代表的传统企业借助互联网一步步转型升级,发展商业新态势。随着商品交付形式和企业经营模式的创新,实体经济不再拘泥于"实体",传统企业也源源不断地焕发出了新的经济活力。在众多经历变革与转型的传统行业中,餐饮业体量巨大,且与民生紧密相关,因此无疑是最受人关注的产业之一。在互联网引起的信息革命中,餐饮企业经营者们也开始积极思考网络在供应链上下游的应用机会,"互联网+餐饮"这一概念应运而生。其中,最具代表性就是外卖行业。而外卖给消费者带来便利的同时,也催生出了外卖商家、平台和外卖配送员违法违规的多方面问题。为了解决食品安全问题这一重大隐患,食品安全监管尤为重要。为了解决这一问题,本章利用三方演化博弈模型对外卖 O2O 平台、食品生产商家、公众三个主要利益主体行为进行分析,研究结论如下:系统中共存在三个演化稳定点,分别为平台监管,商家依法生产,公众不参与反馈;平台监管,商家违法生产,公众参与反馈;平台监管,商家依法生产,公众参与反馈。其中三方共同履行职责时的稳定点为理想稳定点。当平台对食品安全问题的治理力度加大,或公众积极参与对于食品卫生状况的反馈时,外卖商家更有可能会选择依法进行食品生产和加工。为使商家依法生产的策略达到稳定,需要控制平台监管成本,提高对于违法商家的处罚以及降低商家违法生产所得收益。因此,外卖 O2O 平台食品安全问题的监管应当借助互联网实现信息公开、资源共享,由政府主导精准查处,营造良好经营氛围。同时,公众和新媒体也应积极参与社会共治,增强外卖行业食品安全问题监管的力度和效率。

5.1 研究背景

民以食为天,一直是自古以来老百姓最关心的问题。作为消费领域重要组成部分的餐饮业,其市场规模在我国已达数万亿元。图 5-1 中,2019 年中国餐饮业消费规模为 4.67 万亿元,2020 年,受新冠肺炎疫情的严重打击,餐饮业消费规模仅为 3.95 万亿元。然而,疫情在影响传统餐饮行业的同时,也为基于网络的外卖服务带来了新的机遇。由于外卖依托于互联网产生,而具有快捷性、便利性、服务性与可追踪性的特点,外卖行业成功在疫情期间实现了逆势增长,截至 2020 年底,我国外卖用户规模达到 4 亿人,同比增长 15%。外卖行业打破了时间和地域对于实体餐饮业的束缚,使得人们无论何时何地都有丰富的就餐选择,同样也带动了餐饮业的转型和发展。

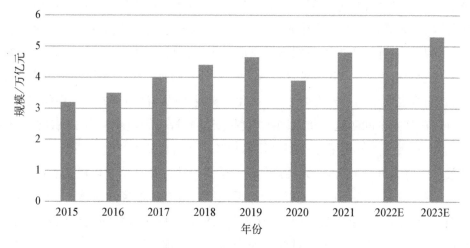

图 5-1 中国餐饮业消费规模

资料来源:国家统计局,东兴证券研究所

与此同时,外卖行业也继承了互联网的虚拟性、跨区域性、信息不对称性,导致近年来外卖食品安全问题频发。2016 年的消费者权益日首次爆出了外卖平台上商家地址和照片均为虚构,无证经营的黑作坊大量入驻平台。有的小店甚至没有堂食店面,只有脏乱差的后厨和开放给外卖骑手的取餐窗口。更有甚者,商家为了节省成本,采用不正规料理包加热出餐,有的食材过了保质期仍旧继续使用,腐烂的菜叶和发芽的土豆只要去除发霉发芽的部分,剩下的经过加工后被端上消费者的餐桌。这些问题无一不时时刻刻危害着消费者的身体健康,外卖平台上的食品安全监管面临着巨大挑战。

5.2 文献综述

5.2.1 食品安全监管研究

食品安全的监管问题从 20 世纪 90 年代开始受到国内外学者的关注。Weiss(1995)使用委托代理理论研究了食品市场,指出食品市场下生产者的动力会被削弱,因此政府作为委托人需要使用监管手段激励生产者并提高经济效率。Antle(1995)也指出当政府干预能够正向影响食品行业的盈利情况时,监管手段就是必要的。Crissman 等(1998)更是持激进观点,他认为没有任何一个食品市场是完全良性的,不需要政府监管的,食品安全监管必须由政府主导。Maldonado(2005)探究了墨西哥食品市场的监管成本和收益,指出政府在食品安全监管问题上的投入越大,获得的治理效果也越佳。但也有学者认为,政府参与食品安全监管是出于政治考虑,而非解决消费者的问题(Henson 和 Caswell,1999)。Yapp 和 Fairman(2005)探究了食品安全问题频发和监管失效背后的原因,他们通过实证研究中小企业遵守食品安全法规的情况,发现企业对监管人员缺乏信任、缺乏遵守法规的动力以及缺乏认知阻碍了食品安全的监管。对此,很多学者也研究了如何改进食品安全的监管措施。

基于监管参与者的角度,Wilcock 等(2004)研究了消费者的态度、消费者掌握食品安全知识程度和其行为间的关系,指出消费者的认知和态度会影响其购买行为,因此食品安全监管需要消费者共同参与。Garcia 等人(2007)则指出了政府和私营部门制定相关标准时存在局限性,并提出了一种公私营部门共同管理的模式,且在理论上该模式在食品安全治理问题上具有较高有效性。Mensah 和 Julien(2011)进一步提出可以使企业参与共同治理,且企业自愿管理实际上对食品安全的提升作用较政府监管更大(Olinger 和 Moore,2010)。Guchait

(2016)也表示,餐饮业管理者可以通过强调食品安全来规范企业员工的行为,从而在一定程度上避免由员工行为不端造成的食源性疾病传播。Spock(2008)认为,媒体也可以通过披露违反法律法规企业的方式,有效阻止食品安全问题发生,协助监管食品市场。

基于监管机制和体系的角度,苏云婷(2012)指出政府在经济增长的利益上容易与企业达成合作,导致监管失效,因此政府需要优化监管目标并完善问责机制。李莹(2014)通过研究食品安全监管的现状、成因以及问题,建议政府加强监管的系统性。王玉辉和肖冰(2016)研究了日本食品安全的监管体系,同样认为需要建立完善的食品安全追溯体系。Crandall(2017)通过研究调查表明,全球食品安全倡议(GFSI)能够有效解决食品安全监管问题。

5.2.2 网络食品安全研究

国内外学者关于网络食品安全的研究也基本集中于探讨如何更高效治理该问题。Eko(2001)研究了市场交易过程,发现互联网自行监管尽管取得一些国际组织认可,但实际实施效果并不理想,网络只能起到中介的作用。对此,Draper和Green(2003)指出网络食品安全需要完善的监管体系,即电子商务结合相关法律法规共同监管,做到各部门责任划分明确、管理明确,才能最大程度上减少食品在流通时各环节中产生的不稳定因素。Marsden(2008)则认为以政府部门、社会中介机构以及第三方机构为中心的综合治理模式能更有效地监管网络食品安全问题。同样,Weiser(2009)也持有该观点,即第三方机构需要参与进网络市场监管,公共机构与第三方机构共同治理是监管的最佳方式。Krewinkel 等(2016)认为随着网络购物的普及,通过网络销售食品的情况也会逐渐增多,政府应当主动规范食品生产者的行为以保障消费者权益,并在文中设计出一款软件来保证网络食品安全。在对于网络餐饮业的研究中,赵静和李宁宁(2017)针对研究网络食品生产中的违法现象,得出网络食品安全问题主要存在三种情况:相关法律法规缺失、生产经营者不知法不懂法、生产经营者为利益最大化而知法犯法。徐艳萍(2016)同样分析了导致网络订餐食品安全问题的宏观与微观因素,并指出了互联网监管需要明确平台的责任,提供消费者维权平台并加大公众参与。在监管措施方面,李乐(2016)对网络餐饮的经营模式和相关法律进行了研究,提出平台需要验证商家经营资格并落实负责人。程信和和董晓佳(2017)也指出目前主要负责食品监管的部门很难有多余资源投入网络餐饮的监管中,因此需要平台协助。林俐(2017)具体研究了国内浙江省某市网络订餐食品安全如何监管,提出政府和公众可以信息共享。刘鹏和李文韬(2018)基于网络餐饮的特性,进一步提出对于网络餐饮的监管既要有力度也要有温度。

5.2.3 博弈论在食品安全领域的应用研究

除了传统经济模型和实证研究,博弈论也因能够反映市场上各方之间的社会关系和行为模式,而被广泛运用于研究食品安全问题的监管。Shapiro(1983)使用无限重复博弈模型,指出如果生产质量良好的食品能够给企业带来较高收益,则企业将不会做出有损声誉的行为。Henson和Caswell(1999)指出政府对于食品安全监管的政策、实施效果都基于食品生产过程中参与的利益相关者之间的博弈。Cavas(2012)强调了政府监管在食品安全监管中的重要作用:政府的中立态度会带来餐饮企业方的利益最大化,对消费者则反之,而对于O2O平台的影响暂不明确。而针对政府应如何规范企业行为,也有学者持有不同的看法。如Zhou和Qin(2012)研究了公众参与下企业和政府之间的博弈,指出政府应引入激励措施,鼓励公众举报和投诉违规企业。Wang和Xu(2016)在此基础上将激励和惩罚因素引入不完全信息博弈模型,得出均衡仅发生在政府对违法企业的惩罚力度足够大时,且需要增加相关部门的监管积极性。周早弘(2009)也通过博弈模型分析之指出公众是否举报企业依赖于企业销售问题食品获得的额外利润以及政府对不合规企业的惩罚力度。晁云霞(2016)从完全信息和不完全信息的角度分析了政府和企业的行为,提出政府对于企业违规进行处罚比奖励合规企业更加有效。

进一步地,随着研究使用的博弈模型不断完善,演化博弈模型因其参与人不理性假设获得了各学者的青睐。Zhang和Liu(2018)从演化博弈策略的角度研究了网络食品安全问题中监管部门、第三方网络平台以及食品生产商家之间的博弈关系,指出第三方平台在监管过程中的重要性。Li(2010)运用合作博弈,研究了政府、市场和第三方监管部门在食品安全监管问题中的作用,指出三方需合作参与食品安全社会共治。Shen和Wei(2020)更是在演化博弈的基础上,构建了两个阶段的网络食品安全质量模型,包括平台单一治理模式和平台政府共同治理模式。结果表明单一治理模式效果不理想,而共同治理模式仅在政府和平台对违规企业的处罚大于企业销售带食品安全风险的食品获得的额外利益时效果良好。而熊寿遥等(2017)更关注新闻媒体对于食品安全监管问题的影响,运用演化博弈模型研究新闻媒体对于企业和政府行为的影响,得到了媒体能够有力监管并约束企业的掺假行为的结论。

5.2.4 文献述评

国内外学者对于食品安全和监管问题的研究各有侧重点。关于食品安全,国外学者更偏向于研究食品安全问题的成因、是否需要政府监管以及政府监管的有效性;国内学者则更偏向于对于现有的监管体系以及法律法规提出修改建议。但国内外均有学者提到了第三方监管和社会共治的问题,即食品安全治理是需要多方共同参与的,是需要参与方互相监督的。更深入提及网络餐饮方面的研究,国外鲜有学者具体研究该方面内容。虽然国外该行业起步较国内更早,但国内由于移动支付和快递行业的兴起,在网络餐饮的发展早已远超国外。因此对于该类问题的研究集中于国内学者,且集中于强调平台在监管中的重要作用以及政府对平台的监管。此外,采用博弈论作为研究方法的也是国内的文献更多。最近学者更倾向于使用演化博弈进行分析,参与博弈的对象大多数为平台上的商家之间,或者是政府参与下的商家与平台之间的双方博弈。

总体来说,大多数定性和定量分析都是基于食品安全监管的问题发生,针对外卖O2O平台上发生的食品安全问题研究较少。且使用博弈论的文献中,参与博弈的对象选择大部分都是商家、平台和政府中的双方,较少有文献会直接采用三方演化博弈,且采用三方演化博弈模型的文献在假设和数据验证方面仍有可以改进的空间。

5.3 研究方法

1. 文献研究法

文献研究法是指根据确定的研究主题及研究对象,对现有的相关文献进行查阅和研读,了解该主题的研究意义和现状,通过积累大量的文献研究经验,对文献进行分析归纳,吸取现有文献中的精华内容,在此基础上确定更为有效的研究方法展开对于课题的深入研究。本章采用查阅文献资料库等途径,收集了有关食品安全问题的文献资料以及博弈论与演化博弈论在该领域运用的文献资料,梳理了该领域研究的历史和发展方向,进而得出本章的切入点。

2. 三方演化博弈分析法

演化博弈论是一种将博弈论与动态演化过程相结合的理论。博弈论通常假设参与人是完全理性的且完全掌握其他参与者的信息,如静态博弈和完全信息博弈。与之不同的是,演化博弈则考虑到现实中并不存在完全理性的参与人,因此更注重的是不要求参与人完全理性的动态均衡,具有极大的现实意义。本章建立参与者为外卖O2O平台、食品生产商家以及公众的三方演化博弈模型,并通过复制动态方程求解,分析三方的稳定策略。随后运用MATLAB对该模型进行数值仿真以验证结论是否合理,并进一步探讨模型中重要参数改变对模型演化结果的影响,由此得出商家依法生产的条件,对我国外卖行业食品安全问题提出监管建议。

5.4 相关概念及理论基础

5.4.1 相关概念界定

1. 食品安全

《中华人民共和国食品安全法》将食物定义为普通民众日常消费品。食品安全是民众的基本权利,充足的营养食品可以被视为基本中的基本。根据食品安全相关定义,它衡量了个人获取营养丰富且数量充足的食物的能力,其重要性可见一斑。

广义上食品安全的概念可分为四个主要组成部分,又被称为食品安全的"四大支柱"。

(1) 存在性:存在性仅指特定地区内食物的存在,当缺乏必要的资源(例如灌溉用水)或用于粮食生产的土地遭到破坏或退化时,存在性可能会成为一个较大的食品安全问题。

(2) 可得性:如果某地区的群体难以获取食物,那么即便该地区拥有足够的食物也将毫无意义。真正的食品安全意味着个人拥有获得足够质量的营养食品所需的资源。

（3）利用性：为确保食品安全，人们不仅需要筛选食物，确保每日摄入的食物是营养丰富的、健康的，且足以提供日常活动所需的能量；还需要掌握正确的知识和工具来合理"利用"他们可获取的食物，包括使用合适的程序来选择、准备和存储食物等。

（4）稳定性：又称可持续性。良好的食物稳定性意味着从食物的获取、供应到利用都能够保持长时间的相对稳定。政府有保障稳定性的职能，且应当尽量避免威胁食品安全的因素产生，包括自然灾害、气候变化、冲突和价格波动等。

狭义上，食物安全问题是指因食用有毒、有害的食物导致人体健康受到损害而引起的一系列公共卫生问题。根据2018年修订版《中华人民共和国食品安全法》中规定："食品安全是指食品无毒无害，符合国家规定的营养标准，且不会对人体造成急性、亚急性、慢性的危害。"食品从种植到消费之间的所有活动均应当按照有关规定和要求，不得含有任何对人体健康产生危害，进而导致消费者罹患疾病乃至影响消费者后代健康的物质。该定义中涉及食品的"生产安全、经营安全、结果安全、过程安全、现实安全和将来安全"。

本小节对食品安全问题的定义选用狭义定义：食物不会对消费者造成任何的急性或慢性损害即是食品安全。衡量食物安全则应依据国内标准，认为在目前的社会、经济、技术条件下，满足国家食品品质标准的食物即是安全可靠的。

2. O2O平台

O2O(Online-To-Offline)是一种从线上渠道吸引潜在客户到线下实体店购物的商业模式，具体包括允许客户在线购买商品，并线下收货，或允许客户在线下实体店在线购买，极大优化消费端与供给端的沟通方式。得益于移动设备和网络的普及，O2O平台在人们的衣食住行和休闲活动中也扮演着愈发重要的角色。区别于传统平台，O2O平台交付与交货允许线上和线下双线进行，主要包括以下四个环节：第一，将潜在顾客吸引至线上平台；第二，促成平台使用者到消费者的转化，使其完成消费；第三，根据商品特性对客户进行反馈和交付商品或服务，而服务的提供也是区别O2O平台与电商的重要判断依据；第四，与传统交付流程相似，O2O平台也需要尽可能地进行用户留存。O2O平台借助网络能够完成信息的高效传递，极大优化了客户的消费体验。

3. 外卖订餐

随着互联网的发展,外卖或称网络订餐,作为一种新生餐饮服务,逐渐为消费者所青睐。我国对于网络订餐的最早定义来自2016年上海市食品药品监督管理局发布的《上海市网络餐饮服务监督管理办法》。该办法指出"餐饮服务的提供者通过网络平台接受并配送膳食的经营活动,以及包括第三方交易平台为餐饮服务交易双方提供的网络服务"。网络订餐的产品可以是即食食品,也可以是未经专门准备用于定向消费的食品。随着外卖行业的发展,传统线下食品供应商已转向"幽灵厨房",也称为"云厨房",以满足商家对低成本厨房空间的需求。一个"云厨房"站点可以专门用于交付,并具有单独的炉灶、冷藏和存储空间区域,以容纳一家至几家不同餐厅的食品加工和订单需求;还可以创建虚拟餐厅品牌——仅存在于网上的食品供应商,即没有线下消费实体店的存在(Albrecht, 2018)。这类餐厅在外卖平台数量众多,因为没有堂食的选项,消费者无法亲自到达现场查看这类餐厅食品加工生产的过程是否有不符合规定的操作,因此这类餐厅也是外卖食品安全问题频发的"重点户"。

综合以上定义,本章中的外卖指:消费者通过手机、网站或其他应用程序订购食品以进行送货或取货的过程,主要分为以下三种商业模式:

(1) 消费者通过美团、饿了么等第三方平台进行订餐的并由与平台签约的或众包的外卖骑手进行配送。第三方平台不提供食品生产和加工,仅在交易过程中为交易双方提供交易必需的相关信息,并从中获利。

(2) 消费者通过类似麦当劳等餐饮企业自建的网络平台进行订餐,而后由餐饮企业的骑手进行配送,但只能购买该餐厅的食品,通常速度更快但价格也更高。自建网络平台的用户较为固定。

(3) 消费者通过QQ、微信等其他媒介直接与食品供应商经营者取得联系并进行的订餐,这种消费模式由于管理不便较为少见。

目前市场上主流模式为外卖O2O平台订餐,相比另外两类订餐方式有着选择多、性价比高的特点。另外,随着支付宝、网上银行、微信等互联网支付技术的成熟,网上订餐平台的发展也从中获益,消费者的购买和支付环境安全都能得到保障。

4. 外卖食品安全监管

外卖食品安全监管是指外卖食品安全能够通过政府、订餐平台和社会各方使用正规法律途径得到保障。在提供外卖食品配送服务时,食品供应商、零售商和配送公司必须遵守当地和国家食品法规和法律,以保护其员工和客户的健康(GlobalData,2021)。除去交易直接参与方,政府、新闻媒体、社会公众等其他各间接参与方也必须持续关注食品安全问题,发挥监督、监管的作用,以共同维护外卖食品的安全。根据相关规定,目前常见的平台监管措施有:

(1) 备案:通过自己的系统开展在线食品交易的外卖平台和餐饮企业必须在获得建立在线销售系统批准后的 30 个工作日内向中国食品药品监督管理局提交备案文件。

(2) 技术支持:外卖平台必须保证足够的技术支持,包括数据备份和恢复技术,以确保交易数据的安全。

(3) 管理系统:平台必须建立各种程序,包括餐饮企业的注册、餐饮企业经营自查和信息披露、非法活动的预防和报告、严重违规或受到食品安全调查的餐饮企业的终止服务,以及消费者对于食品安全的投诉。

(4) 营业执照审核:平台必须审核在平台注册的餐饮企业的食品生产经营许可证,并要求餐饮企业将其食品生产经营许可证在平台可见位置公开给消费者。

(5) 档案:外卖平台必须为注册的餐饮企业建立档案,以记录企业真实联系信息和管理团队信息,且定期更新。

(6) 交付:外卖平台和通过自有在线系统运营的餐饮企业均应采取措施,确保在线交易食品的安全储存和运输。

此外,这些措施还集中并加强了对非法在线食品交易活动的调查和执法。因此,本章将外卖食品安全监管定义为政府、外卖平台等多个参与主体合作,结合配套的法律法规,统一治理目标、共同承担治理责任,以提升食品安全治理水平,保障民众身心健康的行为。

5.4.2 理论基础

1. 经典博弈论

博弈论,亦称为对策论,是一个理论框架,用于设想竞争参与者之间的社会情况,也是战略环境下独立和竞争的参与者的最佳决策。约翰·冯·诺依曼与奥斯卡·摩根斯特恩早在 20 世纪 40 年代就提出了博弈论的概念,并撰写了《博弈论与经济行为》系列文献,该系列文献也成了现代博弈论发展的基石。

博弈论中,所有参与者的行为和选择均会影响其他参与者的行为和结果,且所有参与者均希望最大化他们的收益。博弈最终达到的稳定状态被称为纳什均衡,即在其他参与者不改变策略的情况下,任何参与者均无法单方面通过改变自身策略而获得更多收益。一般情况下,博弈论根据条件的不同可以分为:

(1) 完全信息博弈与不完全信息博弈。此时参与者对于博弈中其他参与者的已知程度不同,完全信息博弈中参与者完全了解其他参与者的信息和行为模式,而不完全信息博弈中参与者无法准确了解其他参与者的情况。

(2) 静态博弈论和动态博弈论。此时参与者做出决策的时间不同,静态博弈中所有参与者可以被认为是同时做出决策,而动态博弈中参与者可以根据其他参与者行为的改变而改变自身策略。

(3) 合作博弈与非合作博弈,也是最常见的博弈情况。合作博弈中参与者采取合作的策略,通过协议约束彼此行为并形成参与者联盟,追求联盟整体利益最大化,而非合作博弈多用于分析参与者之间的交易行为以达成参与者自身利益的最大化。

在博弈论中通常使用以下要素来量化博弈的过程和结果:

(1) 博弈:博弈参与者的行为情况,决定了博弈的结果。

(2) 策略:参与者一系列完整的行动计划,能够反应参与者对于博弈中可能出现情况的考量。

(3) 支付:参与者在达到博弈特定结果时获得的收益,可以使用任何形式量化,包括效用。

(4) 均衡点:所有参与者均作出决定后达成某个结果,所有参与者的策略合集即为该情况下的均衡点。

当前,博弈论在心理学、进化生物学、政治、经济和商业等领域均有广泛的运用场景。尽管博弈论取得了许多进步,但它仍然是一门年轻且正在发展的科学。

2. 演化稳定策略

演化稳定策略(ESS)是行为生态学、进化心理学、博弈论和经济学中的一个重要概念。最初想法由 Fisher 和 Dariwin 提出,并由 Smith 和 Price 在 20 世纪 70 年代定义。ESS 是纳什均衡的一种策略改进,即一旦该策略被种群选择,则自然选择条件下很难产生其他竞争性替代策略以达到更优解。纳什均衡和 ESS 之间的区别在于纳什均衡有时可能存在,因为假设理性的预见会阻止参与者在没有短期成本的情况下采取替代策略,但最终会被第三种策略击败。ESS 被定义为排除这种均衡,并假设自然选择是唯一选择反对使用回报较低的策略的力量。

根据 Smith 和 Price 的定义,假设博弈的参与者在其他参与者策略为 I 时选择策略 J,收益为 $E(J, I)$,如果对于任何 J,$E(I, I)$ 均大于 $E(J, I)$,则策略 I 为纳什均衡。该策略成为 ESS 的条件为：在任何 $I \neq J$ 的情况下,$E(I, I) > E(J, I)$；或 $E(I, I) = E(J, I)$ 且 $E(I, J) > E(J, J)$。

本小节主要对食品安全、外卖订餐、外卖食品安全监管概念作出了解释,明确了本文研究的食品安全问题是基于外卖 O2O 平台产生的社会公共卫生事件。并且对文中采用的理论作出了解释,便于下文更好地展开模型建立和推导。

5.5 我国外卖行业食品安全现状及监管问题

5.5.1 我国外卖行业发展历程

从外卖定义来看,我国的外卖行业早在 20 世纪 90 年代就已经萌芽,最早的外卖形式为餐厅打包以及电话订购。1997 年,第一个电话订餐平台诞生——丽华快餐。丽华快餐最早提出"送餐上门",也是现代 O2O 订餐平台的前身,即消费者通过电话订购餐食,餐厅通过外送将餐食交付给消费者。依托电话,丽华快餐在北京做到了"四环以内,一份起送"。但由于收款便捷性的缺乏及送餐时效的局限性,该模式并未被推广开。随着 21 世纪互联网的普及,外卖行业也由最早的电话订餐转变为网络订餐,自此外卖进入 2.0 时代。以"ABC 订餐网"为代表,ABC 订餐网是一个 B2C 电子餐饮服务平台,拥有自己的配餐物联网。该网站首创的"物联网配餐模式"为网络订餐开辟了新的道路：不只是餐食配送,ABC 订餐网还负责了食品原材料的追溯和监控,由营养师根据营养学进行科学配餐,实现每天每周餐食不重复且满足消费者的定制要求。其后直到 2012 年,智能手机开始出现,QQ 和微信等在线聊天平台兴起,外卖的载体也渐渐转移到了手机上,主要分为两类形式：一是集成在微信公众号上的订餐小程序,用户只需要使用该小程序即可完成线上订餐而无须下载或安装任意手机应用;二是通过O2O平台进行订餐,该类平台的载体通常是手机应用,且平台本身不提供食品加工服务,用户通过平台向不同的商家订购餐食而获取更多选择。

当下最令人熟知的O2O平台莫过于以美团、饿了么为首的外卖平台,此类平台的发展可以大致分为三个时期,见图5-2。

图5-2 中国餐饮外卖行业发展历程

资料来源:头豹研究院

1. 萌芽期

第一批O2O外卖平台约在2008年左右成立。最早的饿了么由两名在校大学生为解决高校学生用餐问题而开发,主营在线订餐、新零售等业务。之后由于其便捷性、多选择性等特点,获得众多高校学生的好评,并迅速在上海各高校之间流行和发展,成了第一个真正意义上的外卖O2O平台,并推动餐饮行业的进一步数字化和智能化。之后,外卖行业由于其极大的发展潜力而被众多资本家抬高地位,美团外卖、百度外卖等平台供应商相继出现,外卖行业也进入了第二个时期。

2. 快速发展期

第二个时期的外卖平台数量已突破30家,市场竞争极其激烈。这个时期各平台的首要目标皆是尽可能多地抢占外卖市场,也就引发了知名的"补贴大战":各平台投入大量资金给予消费者补贴,以激励消费者在自家平台订购餐食。随着竞争越发激烈,各平台倒贴的份额也越来越大,直到资本较小的平台退出外卖市场,第一轮"补贴大战"才到此结束。

图5-3中,市场中幸存的平台成为寡头,以饿了么、美团为首的几家平台仍在继续压低外卖价格,最甚者提供的补贴能使消费者仅花寥寥数元即可享受到原本定价20元乃至30元的食品;百度外卖虽在这轮大战中获得优势,但其将目

标用户定位在以白领为主的高端市场,导致后续与价格战的初衷相悖,而被饿了么合并。末位淘汰速度增长,饿了么和美团几乎完全抢占外卖行业全部的市场份额,外卖行业也进入了两强争霸的阶段。

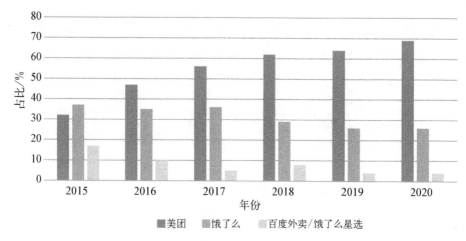

图 5-3　中国外卖市场份额占比

资料来源:头豹研究院

3. 成熟期

在外卖行业的基本格局确定之后,各平台的发展战略转变为扩大市场总额。近年来,随着人均消费水平的提高,人民对于方便用餐的需求逐渐增加,外卖成为消费者日常生活中难以割舍的"刚需"。

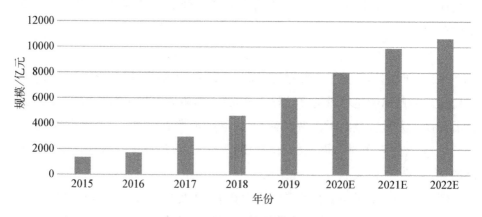

图 5-4　中国外卖行业市场规模

资料来源:头豹研究院

图 5-4 中,2015 年外卖行业的市场规模为 1 348 亿元,而 2019 年增长到了 6 035 亿元,年复合增长率超 40%。自此,美团和饿了么不再对消费者进行补贴,而是将重心放在数据运营和用户留存上,送餐效率和食品安全成为增强消费者黏性的关键点。

5.5.2 我国外卖行业食品安全问题

自外卖行业进入成熟期后,消费者越来越关注食品安全问题。由于 O2O 平台的性质导致所有平台提供的服务均存在严重的同质化问题,商业模式和目标人群画像缺乏显著差异(如饿了么和美团,青少年消费者在总消费者数量的占比均为 10% 左右),导致消费者对平台的偏好性和忠诚度较弱。对消费者而言,食品安全与送餐效率是重要参考因素:"补贴大战"使得大部分消费者对价格敏感度高,更偏向价格低的平台;再加上消费者跨平台消费的门槛较低,食品安全问题将极大地影响甚至主导消费者对于平台的看法,在两个平台消费成本接近的情况下,显而易见消费者会选择提供食品质量更高的平台。根据数据显示,尽管如此两者皆重要,但平台在食品安全方面做出的努力远不如提升送餐效率所花费的精力。目前主流 O2O 外卖平台在送餐效率上的成绩已经能够满足消费者对于餐食到桌时长的期待,但根据历年来央视 315 晚会曝光的食品安全事件,外卖行业的食品安全乱象仍然广泛存在,整改效果差强人意:如曼玲粥店曾被曝将吃剩排骨再下锅,被勒令关停,要求加强门店卫生、食品安全管理;又如三米粥铺也曾因后厨卫生不堪入目而发布致歉,全体店铺被彻查整改。

外卖订单跨线上与线下,其食品安全风险集成了实体店铺的生产风险以及销售和配送过程中的风险,主要有以下四点:

(1) 生产使用食物原材料质量不过关

低廉的价格能够吸引顾客,再加上平台的补贴激励实际由商家承担,使得商家不得不想方设法压低一份餐食的成本,其中最容易的方式即为使用劣质原材料加工食品。在重油重盐重辣的调味下,消费者难以仅从一份加工食品中判断原材料是否合格,因而让商家有机可乘。

(2) 生产过程消费者不可知

外卖食品由骑手配送至消费者手中,消费者的角色在整个食品的加工生产链中是缺失的:消费者不仅无法自行挑选食材,同样也无法得知商家的生产环境和生产过程。近年来,以加工便捷著称的料理包在各商家之中流行开来,其本质为预加工食品,商家只要在有订单时加热料理包,便能在短时间内产出口味、色泽均具有欺骗性的餐食。这类料理包往往含有大量防腐剂,且消费者无法判断商家使用的是否是"三无"料理包,食品安全的风险更上一层楼。

(3) 生产环境脏乱差

由于单笔订单利润压缩,众多外卖商家店面相较于主打堂食的餐馆更小,甚至有的外卖商家根本没有设置给消费者堂食的店面位置,只有后厨和给骑手取餐的窗口,且位置极为隐蔽,这就导致消费者难以观察到外卖商家的后厨环境是否合规。实际上,根据已被曝光的食品安全事件来看,生产环境卫生条件堪忧的外卖商家不在少数,包括但不限于随意存放食材导致食材腐败变质,仪器设备清洁不到位,员工不佩戴手套、口罩和帽子,加工不合规等,甚至置老鼠、蟑螂等于不顾。

(4) 骑手质量参差不齐

即便一份外卖生产过程安全合规,送至消费者手中之前仍还需骑手配送,其中也有影响食品安全的可能性,例如2022年某消费者在O2O平台上购买了三杯奶茶,但由于奶茶包装未密封而被骑手偷偷塞入牙签,导致消费者权益乃至人身安全受到威胁,而骑手偷吃外卖等情况也时常发生。对此平台推出过"食安封签"的措施,要求商家在准备好外卖餐食后需用订书机或胶带封条将包装密闭,以防骑手污染食品。由于封签开启后无法复原,一旦消费者发现封签不完整,便能快速划分责任。但实际推行的效果并不理想,增加了商家的包装成本和时间成本。

由此可见,我国外卖行业食品安全形势仍较为严峻,以O2O平台为载体的外卖市场新增的食品安全风险较大,食品安全问题频发且难以监管和治理,急需政府和O2O平台寻找到更加有效的应对措施。

5.5.3 我国外卖行业食品安全监管现状及问题

1. 监管措施

我国外卖行业起步较早,在2000年左右已经形成了雏形,但当时由于种种原因并未普及。2013年随着饿了么瞄准大学生市场且补贴量大而异军突起,外卖行业正式进入了以O2O平台为主导的发展阶段,然而此时我国关于外卖食品安全方面的法律或者监管策略领域几乎空白。随着不断被曝光的公共卫生事件越来越多,以及外卖市场的高速扩张,2015年4月,我国终于将网络食品包括外卖订餐部分内容,也纳入了食品安全监管的范围。在后来的几年内,关于外卖行业监管的相关法案也越来越完善,具体见表5-1。

表5-1 针对外卖行业监管相关法律法规

年份	相关法案	具体说明
2015	《中华人民共和国食品安全法》(2015年修订)	强调了外卖参与主体的责任划分以及食品安全社会共治
2015	《国务院关于积极推进"互联网+"行动的指导意见》	从互联网监管角度为外卖行业的监管增加了法律依据,并积极引导互联网的创新与经济社会各行业融合
2016	《网络食品安全违法行为查处办法》	首次明确定义了网络食品的涵盖范围,并对网络食品第三方平台销售自行生产食品的生产经营者进行法律约束
2017	《网络餐饮服务食品安全监督管理办法》	将法律监管的主体直接定义为网络餐饮服务业,提出了"线上线下一致"原则。另外也对骑手和送餐过程提出了明确的要求
2018	《餐饮服务食品安全操作规范》	对于餐饮行业的各中间环节分别立下标准以规范餐饮服务提供者的经营行为
2021	《关于落实网络餐饮平台责任切实维护外卖送餐员权益的指导意见》	主要针对外卖骑手的权益提出了保障劳动收入、劳动安全、食品安全、社会保障、从业环境等新要求,也提出平台不得依据"算法"损害骑手的基本权益
2021	《加快培育新型消费实施方案》	指出外卖等网络平台应合理优化中小企业商户和个人利用平台经营的抽成和佣金费用,成本降低应基于技术的改进和创新

由表5-1可知,一方面,近年来各监管部门不断完善外卖行业的基础法律法规,包括明确食品安全问题责任划分、对生产过程各环节提出标准、保障骑手的基本权益、优化外卖平台的成本收益结构等。另一方面,各地监管部门也出台了不少治理举措:如"明厨亮灶",要求平台的餐饮服务提供者在后厨设置监控摄像,向消费者实时公开后厨状况和卫生条件,以达到和传统餐饮业服务提供者相同的标准,该措施能够有效提升消费者对于商家基本信息的了解,在一定程度

上打破消费者和平台、商家之间的信息不对称;又如结合平台的公开点评功能,消费者能够联合起来,对于商家的卫生要求提供强有效的监管;还如上文中提到的"食安封签"措施,尝试使用封条以避免配送污染,保障食品安全等;此外,例如湖北省咸宁市等地区的监管部门自行研发了针对食品安全的大数据监管系统和监管平台,依托大数据信息共享和执法资源共享,利用智能违规判断,对通过商家进行精准排查,包括各类证件的公示、食品卫生条件以及是否涉及虚假宣传等,一户排查仅需要五秒不到,极大提升了监管排查效率,截至2021年底共排查了两万多家餐饮商家,发现300多条违规信息并勒令整改,全市外卖市场综合违规率下降了将近10%。

2. 监管问题

近年来我国对于兴起的外卖行业越发重视,也连续出台不少法律法规,明确外卖行业参与主体的责任,规范行业中的生产行为和经营行为,并保障了各参与主体,尤其是骑手和消费者等弱势群体的利益。但是这些法律法规出台后,在实施过程中遇到了不少问题,部分法规形同虚设。例如,依照规定,商家如若要在某O2O平台上向消费者提供餐饮服务,需提供相关领域的营业执照、生产经营许可证、精准定位及实体店铺图并上传至平台。事实上,打开任意一个外卖O2O平台,消费者都能发现大量信息不全乃至执照过期的商家,更有甚者,会"借用"亲朋好友名下餐饮商家的营业执照和生产经营许可证以冒充正规餐饮商家,或自行通过修图软件修改营业执照、生产经营许可证以及实体店铺图来掩人耳目。这表明O2O平台在该方面的监管极其不到位,且缺乏智能应对商家执照过期的系统。因此,平台必须定期抽查打击不符合经营规定的商家,不能仅以其为平台带来的流量和营业额提成为重,进而对这种严重危害消费者权益的行为视而不见。

此外,除了对商家资质审核不力,平台也往往忽略外卖骑手的从业资质。与生产经营者一样,外卖骑手同样需要严格的健康检查,以保证没有通过食品将传染病风险转嫁给消费者的可能性。《中华人民共和国食品安全法》中明确规定了直接入口食品工作相关的从业人员必须每年进行体检,并取得健康证明后才能上岗,且"一人一证"不可出借。但各O2O平台上仍有大量不符合健康规定的外卖骑手在进行配送,健康证造假、混用等乱象不在少数,直至2019年健康证造假的乱象被曝光,这才逐渐被消费者了解。据报道,外卖骑手仅需数十元就可购买到一张能够通过平台审核的假证,且在平台的隐蔽下,消费者没有正规渠道查询该骑手的健康状况,只能被迫承担隐患。尤其在当时新冠肺炎疫情肆虐的影响下,该风险系数成倍提升,在疫情较为严重的地区,消费者无法自行出门购买食材或成品,完全依靠骑手送货上门。根据实验显示,奥密克戎变种病毒常温情况下在物品上的平均存活时间可达 193.5 小时,如果外卖骑手感染病毒,则将会在几天之内连续感染大片范围内的消费者,危险性可见一斑。因此 O2O 平台必须提升审查所有骑手从业资质、健康状况的力度与频次,杜绝影响公共卫生安全的事件发生。

最后,消费者自身缺乏对食品安全的认识,再加上由于外卖餐食的特殊性,通常难以举证维权。也有报道指出部分消费者可能会自行往食品中放置头发、指甲等污染物来骗取高额赔偿金,这无疑增加了正常消费者的维权成本。另外,出于时间或金钱成本的考量,也有很大一部分消费者会选择默默承担安全问题,会在下一次订购时作出更合理的选择,一小部分消费者会选择给出差评或投诉,只有极小一部分的消费者会通过其他维权方式如 12315 消费者投诉热线等进行举报。在这种大环境下,消费者对于 O2O 平台以及商家的监管参与度很低,更无法行使消费者应有的公众舆论监督权利。

5.6 外卖 O2O 平台食品安全问题的演化博弈分析

5.6.1 三方演化博弈模型构建

本小节将构建以外卖 O2O 平台(以下简称为"平台")、商家和公众为博弈主体的三方演化博弈模型来详细说明和展示三个交易主体之间的关系。平台的监管策略会对在平台上提供餐饮服务的商家产生影响,商家会因为平台监管力度的强弱而选择对应的食品生产策略。而商家的选择同样反过来影响平台的经济收益。同样,公众作为食品的消费者,提供的反馈也能在一定程度上制约商家的违法行为,并且舆论同时也会影响到平台的未来收益。假设在模型的演化初期,三个参与人均未选择最优策略,并且非完全理性。三个交易主体的策略会在演化过程中不断改变,而收益较低的策略会被不断淘汰,各参与人均会偏向收益较高的策略,并通过不断的学习和改变直至达到最终均衡为止。

对于平台来说,可以选择大力监管平台下商家的食品卫生条件,概率为 $x(0<x<1)$,也可以选择对商家的违法行为视而不见,概率为 $1-x$,其策略空间为{监管,不监管}。平台选择监管会产生监管成本 C_p(Cost-platform),选择不监管则不会产生成本。食品生产商家也有两种选择:一是严格遵守相关规定,包括:使用仍在保存期内且未变质的原材料、定期清洁生产设备和生产环境、购买相关的检测设备、对生产人员进行相关的生产训练等,概率为 $y(0<y<1)$;二是违背食品安全生产要求进行违规生产,如滥用非法添加剂、使用劣质或变质的食品原料、员工不佩戴口罩和手套直接接触食品,其概率为 $1-y$。因此商家的策略空间为{依法生产食品,违规生产食品}。而商家依法进行生产活动会给平台带来良好的名声,进而获得经济收益 E_p(Earnings-platform),如果商家违法进行生产则会给平台产生负面影响,进而影响未来的经济收益,即舆论影响 S(Scandal)。商家依法进行生产会产生成本 C_{m1}(Cost-manufacturing),违规生产会产生成本 C_{m2},且 $\Delta C=C_{m1}-C_{m2}>0$,为商家违规产生的额外收益(仅当违法成本低且获得的收益更高时商家才会有理由铤而走险采取违法行为)。在违规生产被监管部门发现后会受到处罚 P(Punishment),且需赔偿公众的损失 C_o(Compensation)。同时,公众也有两种选择,一是积极参与反馈,鉴于食物安全问题与公众的利益息息相关,因此公众对于存在食品安全的潜在危害的商家,有充分的理由举报和投诉,其概率为 $z(0<z<1)$;二是不进行反馈,由于收集相关证据需要花费大量的时间成本和金钱成本,并且举报行为被商家和骑手得知后可能会被报复,公众也可能采取反馈策略,概率为 $1-z$,因此公众的策略空间为{反馈,不反馈}。而公众参与反馈需要的成本为 C_c(Cost-complaint),参与反馈获得的参与激励为 A(Award),遇到食品安全问题时受到的健康损失为 L(Loss)。参数的总结说明如表 5-2 所示。

表 5-2 博弈主体行为与参数说明

博弈主体	行为集合	参数	参 数 说 明
O2O 平台	监 管	C_p E_p	平台监管商家生产所需要的成本 商家依法生产对平台带来的经济收益
	不监管	S	商家违规生产被处罚后对平台的舆论影响

续表

博弈主体	行为集合	参数	参数说明
商家	依法生产食品	C_{m1} R	商家依法进行生产所需要的成本 商家正常的销售收益
商家	违规生产食品	C_{m2} P C_o	商家违规生产所需要的成本 商家违规生产被发现后的处罚 造成公众权益受损后需支付的赔偿
公众 （消费者）	参与反馈	C_c A	公众参与反馈需要的成本 平台对公众参与监管的激励
公众 （消费者）	不参与反馈	L	公众遇到食品安全问题时的健康损失

根据表 5-2 参数设定，并结合参与主体的策略和收益可得出博弈三方收益矩阵，如表 5-3 所示。

表 5-3 收益矩阵

平台		商家	公众	
			参与反馈 z	不参与反馈 $1-z$
监管 x		依法生产 y	$E_p - A - C_p$ $R - C_{m1}$ $A - C_c$	$E_p - C_p$ $R - C_{m1}$ 0
监管 x		违规生产 $1-y$	$E_p + P - A - C_p$ $R - P - C_o - C_{m2}$ $C_o + A - L - C_c$	$E_p + P - C_p$ $R - P - C_{m2}$ $-L$
不监管 $1-x$		依法生产 y	0 $R - C_{m1}$ $-C_c$	0 $R - C_{m1}$ 0
不监管 $1-x$		违规生产 $1-y$	$-S$ $R - C_{m2} - C_o$ $C_o - L - C_c$	$-S$ $R - C_{m2}$ $-L$

如表 5-3 所示，当平台参与监管，商家依法进行生产，公众积极参与反馈时，平台的收益为 $E_p - A - C_p$，商家的收益为 $R - C_{m1}$，公众的收益为 $A - C_c$；

当平台参与监管,商家依法进行生产,公众不参与反馈时,平台的收益为 $E_p - C_p$,商家的收益仍为 $R - C_{m1}$,公众无成本无损失,收益为 0;当平台参与监管,商家违法进行生产,公众积极参与反馈时,平台的收益为 $E_p + P - A - C_p$,商家的收益为 $R - P - C_o - C_{m2}$,公众的收益为 $C_o + A - L - C_c$;当平台参与监管,商家违法进行生产,公众不参与反馈时,平台的收益为 $E_p + P - C_p$,商家的收益为 $R - P - C_{m2}$,公众的收益为 $-L$。

当平台不参与监管,商家依法进行生产,公众参与反馈时,平台潜在的舆论收益为 0,商家的收益为 $R - C_{m1}$,公众的收益为 $-C_c$;当平台不参与监管,商家依法进行生产,公众不参与反馈时,平台收益为 0,商家的收益为 $R - C_{m1}$,公众的收益为 0;当平台不参与监管,商家违法进行生产,公众参与反馈时,平台的收益为 $-S$,商家的收益为 $R - C_{m2} - C_o$,公众的收益为 $C_o - L - C_c$;当平台不参与监管,商家违法进行生产,公众不参与反馈时,平台的收益为 $-S$,商家的收益为 $R - C_{m2}$,公众的收益为 $-L$。

5.6.2 模型求解及分析

1. 基于复制动态方程的演化稳定策略求解

假设平台的监管收益、不监管收益以及平均期望收益分别为 U_{p1}、U_{p2} 和 $\overline{U_p}$,综合表 5-3 中的收益矩阵,可得平台的监管收益 U_{p1} 为:

$$U_{p1} = yz(E_p - A - C_p) + y(1-z)(E_p - C_p) \\ + (1-y)z(E_p + P - A - C_p) \\ + (1-y)(1-z)(E_p + P - C_p) \tag{5-1}$$

式中,$yz(E_p - A - C_p)$ 为商家群体中有比例为 y 的商家选择依法生产食品,公众群体中有比例为 z 的消费者选择进行反馈,此时平台的收益为 $yz(E_p - A - C_p)$;$y(1-z)(E_p - C_p)$ 指商家群体中有比例为 y 的商家选择依法生产食品,公众群体中有比例为 $(1-z)$ 的消费者选择不进行反馈,在该条件下平台的收益为 $y(1-z)(E_p - C_p)$;$(1-y)z(E_p + P - A - C_p)$ 为商家群体中有 $(1-y)$ 比例的商家选择违规生产,公众群体中有比例为 z 的消费者会选择进行反馈,此时平台的收益为 $(1-y)z(E_p + P - A - C_p)$;$(1-y)(1-z)(E_p + P - C_p)$ 为商家群体中有比例为 $(1-y)$ 的商家选择违规生产,而公众群体有比例为 $(1-z)$

的消费者选择不进行反馈,此时的平台收益为 $(1-y)(1-z)(E_p+P-C_p)$。

将公式(5-1)化简,可得:

$$U_{p1} = E_p - C_p + P - zA - yP \tag{5-2}$$

同理可得,平台不监管时的收益为:

$$\begin{aligned}U_{p2} =& yz(E_p - A - C_p) + y(1-z)(E_p - C_p) \\&+ (1-y)z(E_p + P - A - C_p) \\&+ (1-y)(1-z)(E_p + P - C_p)\end{aligned} \tag{5-3}$$

化简可得:

$$U_{p2} = S - yS \tag{5-4}$$

平台的期望收益为:

$$\overline{U_p} = xU_{p1} + (1-x)U_{p2} \tag{5-5}$$

由公式(5-2)(5-4)(5-5)可得平台的复制动态方程为:

$$\begin{aligned}F(x) = \frac{\mathrm{d}(x)}{\mathrm{d}t} &= x(U_{p1} - \overline{U_P}) \\&= x(1-x)[E_p + P - C_p + S - y(P+S) - zA]\end{aligned} \tag{5-6}$$

假设商家依法生产的收益为 U_{m1},违规生产收益为 U_{m2},平均期望收益 $\overline{U_m}$,综合表 5-3 中的收益矩阵,可得:

$$\begin{aligned}U_{m1} =& xz(R - C_{m1}) + x(1-z)(R - C_{m1}) + z(1-x)(R - C_{m1}) \\&+ (1-x)(1-z)(R - C_{m1})\end{aligned} \tag{5-7}$$

化简得:

$$U_{m1} = R - C_{m1} \tag{5-8}$$

商家违规生产收益为:

$$\begin{aligned}U_{m2} =& xz(R - P - C_o - C_{m2}) + x(1-z)(R - P - C_{m2}) \\&+ z(1-x)(R - C_{m2} - C_o) \\&+ (1-x)(1-z)(R - C_{m2})\end{aligned} \tag{5-9}$$

化简得：

$$U_{m2} = R - C_{m2} - zC_o - xP \qquad (5-10)$$

商家的期望收益为：

$$\overline{U_m} = yU_{m1} + (1-y)U_{m2} \qquad (5-11)$$

同理，由公式(5-8)(5-10)(5-11)式可知商家的复制动态方程为：

$$F(y) = \frac{\mathrm{d}(y)}{\mathrm{d}t} = y(U_{m1} - \overline{U_m}) = y(1-y)(-\Delta C + xP + zC_o) \qquad (5-12)$$

假设公众参与反馈的收益为U_{c1}，不参与反馈的收益为U_{c2}，平均期望收益$\overline{U_c}$，综合表5-3中的收益矩阵，可得：

$$\begin{aligned}U_{c1} =\ & xy(A - C_c) + x(1-y)(C_o + A - L - C_c) + y(1-x)(-C_c) \\ & + (1-x)(1-y)(C_o - L - C_c)\end{aligned} \qquad (5-13)$$

化简得：

$$U_{c1} = C_o - C_c - L + A \cdot x - C_o \cdot y + L \cdot y \qquad (5-14)$$

公众不反馈的收益为：

$$U_{c2} = x(1-y)(-L) + (1-x)(1-y)(-L) \qquad (5-15)$$

化简得：

$$U_{c2} = -L + yL \qquad (5-16)$$

公众的期望收益为：

$$\overline{U_c} = zU_{c1} + (1-z)U_{c2} \qquad (5-17)$$

同理，由公式(5-14)(5-16)(5-17)可知公众的复制动态方程为：

$$F(z) = \frac{\mathrm{d}(z)}{\mathrm{d}t} = z(U_{c1} - \overline{U_c}) = z(1-z)(C_o - C_c + xA - yC_o) \qquad (5-18)$$

联立公式(5-6)(5-12)(5-18)，可构成平台、商家、公众动态演化的三维动力系统：

$$\begin{cases} F(x) = x(1-x)[E_p + P - C_p + S - y(P+S) - zA] \\ F(y) = y(1-y)(-\Delta C + xP + zC_o) \\ F(z) = z(1-z)(C_o - C_c + xA - yC_o) \end{cases} \quad (5-19)$$

对于 $F(y)$ 求偏导可得，

$$\frac{\partial F(y)}{\partial x} = -P \cdot y \cdot (y-1) > 0 \quad (5-20)$$

$$\frac{\partial F(y)}{\partial z} = -C_o \cdot y \cdot (y-1) > 0 \quad (5-21)$$

$F(y)$ 对于 x 和 z 的一阶偏导数均为正实数，因此 y 与 x、z 分别呈正相关，即 y 代表的商家依法生产概率和平台监管概率(x)、公众反馈概率(z)呈正相关。

结论 1：当平台监管的力度增加时，或公众对食品安全情况进行反馈的意愿增加时，商家依法生产的意愿也会更高。

平台监管力度增大时，商家的生产行为会受到平台的制约。假设平台要求商家公示合法有效的《食品生产经营卫生许可证》，且定期抽查是否存在造假行为，则商家不得不办理相关证件，一定程度上增加了商家依法生产的概率。如公众遇到食品安全问题时大力反馈，则违规生产的商家会受到来自监管部门的处罚，并需要给公众做出相应赔偿。此时商家选择违规生产策略的概率也会减少，因此平台和公众两者都能使得商家的依法生产意愿得到提高。

2. 演化稳定策略分析

由微分方程稳定性定理可知，如果策略最终为稳定状态，则平台、商家、公众策略的概率 x,y,z 需要满足以下条件：

$$F(x)=0, \frac{\partial F(x)}{\partial x}<0; F(y)=0, \frac{\partial F(y)}{\partial y}<0; F(z)=0, \frac{\partial F(z)}{\partial z}<0$$
$$(5-22)$$

令公式(5-22)中 $F(x)=0, F(y)=0, F(z)=0$，则可得，在三维空间中，存在着 8 个均衡点：$E_1(0,0,0)$；$E_2(1,0,0)$；$E_3(0,1,0)$；$E_4(0,0,1)$；$E_5(1,1,0)$；$E_6(1,0,1)$；$E_7(0,1,1)$；$E_8(1,1,1)$。由李雅普诺夫间接判别法可知，当雅可比矩阵所有特征值 λ 均为负数时，该均衡点可被认为是稳定

的,此时对应的演化策略组合为稳定策略组合(ESS)。若有 1 个或 2 个特征值 $\lambda > 0$ 时,此时的均衡点为鞍点。若所有特征值均满足 $\lambda > 0$,则该均衡点不稳定。

该系统的雅可比矩阵为:

$$J = \begin{pmatrix} \frac{\partial F(x)}{\partial x} & \frac{\partial F(x)}{\partial y} & \frac{\partial F(x)}{\partial z} \\ \frac{\partial F(y)}{\partial x} & \frac{\partial F(y)}{\partial y} & \frac{\partial F(y)}{\partial z} \\ \frac{\partial F(z)}{\partial x} & \frac{\partial F(z)}{\partial y} & \frac{\partial F(z)}{\partial z} \end{pmatrix} = \begin{pmatrix} f_{11} & f_{12} & f_{13} \\ f_{21} & f_{22} & f_{23} \\ f_{31} & f_{32} & f_{33} \end{pmatrix} \quad (5-23)$$

其中:

$$f_{11} = (1-2x)[E_p - C_p + P + S - y \cdot (S+P) - z \cdot A]$$
$$f_{12} = x(x-1) \cdot (P+S)$$
$$f_{13} = x(x-1) \cdot A$$
$$f_{21} = y(1-y) \cdot P$$
$$f_{22} = (1-2y)(C_{m2} - C_{m1} + x \cdot P + z \cdot C_o)$$
$$f_{23} = y(1-y) \cdot C_o$$
$$f_{31} = z(1-z) \cdot A$$
$$f_{32} = z(1-z) \cdot (-C_o)$$
$$f_{33} = (1-2z)(C_o - C_c + x \cdot A - y \cdot C_o)$$

将 8 个均衡点代入公式(5-23)可得各均衡点的特征值,详见表 5-4。

表 5-4 各均衡点特征值

均衡点	特征值 λ_1	特征值 λ_2	特征值 λ_3
$E_1(0,0,0)$	$E_p - C_p + P + S$	$C_{m2} - C_{m1}$	$C_o - C_c$
$E_2(1,0,0)$	$C_p - E_p - P - S$	$C_{m2} - C_{m1} + P$	$A + C_o - C_c$
$E_3(0,1,0)$	$E_p - C_p$	$C_{m1} - C_{m2}$	$-C_c$
$E_4(0,0,1)$	$E_p - C_p - A + P + S$	$C_{m2} - C_{m1} + C_o$	$C_c - C_o$

续 表

均衡点	特征值 λ_1	特征值 λ_2	特征值 λ_3
$E_5(1,1,0)$	C_p-E_p	$C_{m1}-C_{m2}-P$	$A-C_c$
$E_6(1,0,1)$	$A+C_p-E_p-P-S$	$C_{m2}-C_{m1}+C_o+P$	C_c-A-C_o
$E_7(0,1,1)$	E_p-C_p-A	$C_{m1}-C_{m2}-C_o$	C_c
$E_8(1,1,1)$	$A+C_p-E_p$	$C_{m1}-C_{m2}-C_o-P$	C_c-A

为探讨各均衡点是否稳定,需确定各均衡点对应特征值的正负情况,因此本文做出如下假设:$E_p>C_p$;$C_{m1}-C_{m2}>0$;$C_o>C_c$,并结合外卖行业实际情况做出如下补充:

情况1:$A+C_p-E_p-P-S<0$,$C_{m1}-C_{m2}<P$,$A<C_c$,即商家违规生产所得小于违规生产被查处后的处罚,且公众反馈的激励小于公众反馈的成本。

此时均衡点的稳定性,如表5-5所示。

表5-5 情况1均衡点稳定性

均衡点	λ_1	λ_2	λ_3	稳定性
$E_1(0,0,0)$	+	−	+	鞍点
$E_2(1,0,0)$	−	+	+	鞍点
$E_3(0,1,0)$	+	+	−	鞍点
$E_4(0,0,1)$	+	±	−	鞍点
$E_5(1,1,0)$	−	−	−	Ess
$E_6(1,0,1)$	−	+	−	鞍点
$E_7(0,1,1)$	+	±	+	未知
$E_8(1,1,1)$	−	+	−	鞍点

由此可知,此时点 $E_5(1,1,0)$ 为ESS(稳定点)。

情况 2: $A+C_p-E_p-P-S<0$, $C_{m1}-C_{m2}>C_o+P$

此时商家违规生产所得将多于平台对于商家的惩处与商家赔偿公众损失金额之和。结合先前的假设,可得稳定性,如表 5-6 所示。

表 5-6 情况 2 均衡点稳定性

均衡点	λ_1	λ_2	λ_3	稳定性
$E_1(0,0,0)$	+	−	+	鞍点
$E_2(1,0,0)$	−	−	+	鞍点
$E_3(0,1,0)$	+	+	−	鞍点
$E_4(0,0,1)$	+	−	−	鞍点
$E_5(1,1,0)$	−	+	−	鞍点
$E_6(1,0,1)$	−	−	−	ESS
$E_7(0,1,1)$	+	+	+	非稳定点
$E_8(1,1,1)$	−	+	−	鞍点

由此可知,此时点 $E_6(1,0,1)$ 为 ESS(稳定点)。

情况 3: $A+C_p-E_p<0$, $P<C_{m1}-C_{m2}<P+C_o$, $A>C_c$ 时,商家违规生产所得介于罚款金额和罚款金额+给公众赔偿金额之间,公众反馈激励大于反馈的成本。

此时稳定性情况如表 5-7 所示。

表 5-7 情况 3 均衡点稳定性

均衡点	λ_1	λ_2	λ_3	稳定性
$E_1(0,0,0)$	+	−	+	鞍点
$E_2(1,0,0)$	−	−	+	鞍点
$E_3(0,1,0)$	+	+	−	鞍点

续 表

均衡点	λ_1	λ_2	λ_3	稳定性
$E_4(0,0,1)$	+	±	−	鞍点
$E_5(1,1,0)$	−	+	−	鞍点
$E_6(1,0,1)$	−	+	−	鞍点
$E_7(0,1,1)$	+	±	+	未知
$E_8(1,1,1)$	−	−	−	ESS

同理可知,此时点 $E_8(1,1,1)$ 为 ESS(稳定点)。

通过对于以上三种情况下均衡点特征值的分析,可得:

结论 2:当 $A+C_p-E_p-P-S<0$,$C_{m1}-C_{m2}<P$,$A<C_c$ 时,平台的稳定策略为参与监管,商家的稳定策略为依法生产,公众的稳定策略为不参与反馈,即稳定点为 $E_5(1,1,0)$;当 $C_{m1}-C_{m2}>C_o+P$,$A+C_p-E_p-P-S<0$ 时,平台的稳定策略为参与监管,商家的稳定策略为违规生产,公众的稳定策略为参与反馈,即点 $E_6(1,0,1)$ 为稳定点;当 $A+C_p-E_p<0$,$P<C_{m1}-C_{m2}<P+C_o$,$A>C_c$ 时,平台的稳定策略为参与监管,商家的稳定策略为依法生产,公众的稳定策略为参与反馈,即点 $E_8(1,1,1)$ 稳定。

均衡点 $E_5(1,1,0)$ 在 $A+C_p-E_p-P-S<0$,$C_{m1}-C_{m2}<P$,$A<C_c$ 时对应的三个特征值均为负,为该情况下的演化稳定点。此时平台监管的成本 $(A+C_p)$ 小于不参与监管时潜在的损失 $[-(E_p-P-S)]$,因而选择监管;商家违规生产所得小于违规生产被发现后获得的处罚,会趋向于选择依法生产;公众参与反馈时获得的激励小于参与反馈时付出的成本,因此选择不参与反馈。其对应的演化策略为:平台参与监管,商家依法进行生产,公众不参与反馈。该情况对应了外卖行业发展的初期阶段(2010—2013 年),此时平台极其关注消费者对于平台的印象,因为这决定了平台能否抢占更多的市场份额。且该时段能够进入平台的商家基本为评价较好的实体餐饮服务供应商,几乎不会为了获得额外的收益砸了自己建立在老顾客心中的招牌,而公众同样也不会选择大力参与反馈,因为反馈需要时间成本,而此时并未有较大

收益。

均衡点 $E_6(1,0,1)$ 在 $C_{m1}-C_{m2}>C_o+P$，$A+C_p-E_p-P-S<0$ 时稳定。此时平台参与监管时付出的成本仍然在潜在的损失，因此平台会选择继续参与进对商家的监管中。商家违规进行生产时获得的收益极大，完全可以覆盖违规被发现后的处罚以及对消费者的赔偿，因此商家自然会选择违规进行生产。对于公众而言，反馈的成本小于反馈的收益，因此选择参与反馈。其对应的演化策略为：平台参与监管，商家违规进行生产，公众参与反馈。该情况对应了外卖行业发展的中期阶段（2013年至今），这个阶段由饿了么迅速扩张开始，到外卖行业的格局基本形成，饿了么与美团成为行业的寡头且互相抢占市场，因此平台仍然关注消费者的留存，因而有理由对商家继续做出监管行为。但此时有更多的商家涌入平台，包括一些上文中提及的"云厨房"，这些商家会采用价格战的方式，以和平台上更有声望的"老商家"进行竞争，甚至会不惜违法生产，也要压低一份餐食的生产成本并通过"表面上的薄利多销"来提升自身的曝光率。同期，公众开始大量参与进对于平台和商家的反馈，一方面出于平台或商家的好评返现激励，另一方面由于商家违法违规的现象变多，曝光率变高，且食品安全问题受到更多重视，公众会更有意识地去维护自身的权利。

均衡点 $E_8(1,1,1)$ 在 $A+C_p-E_p<0$，$P<C_{m1}-C_{m2}<P+C_o$，$A>C_c$ 时稳定。在这种情况下，平台参与监管付出的成本小于平台不参与监管时潜在的损失，因此平台的策略为参与监管；商家违规生产获得的额外收益小于被发现后对于公众的赔偿以及罚款之和，但大于罚款金额，商家选择依法生产；公众参与反馈时获得的激励大于参与反馈时付出的成本，公众选择参与反馈。因此，该点对应的演化策略为：平台参与监管，商家依法进行生产，公众参与反馈。该阶段应为外卖行业发展的后期阶段，由于外卖行业食品安全的问题被更多公众知悉，促使公众在选择平台和商家时将该因素也纳入考虑范畴的前列，增大了对于平台和商家由社会舆论导致的潜在损失，推动平台参与监管、商家依法进行生产。同样，该阶段的社会舆论会使得政府监管部门积极参与进监管过程，进一步增大违法商家的违法成本以及平台未尽监管责任时的成本，包括强制要求整改以及罚款，促使平台向参与监管的策略演进，商家向依法生产的策略演进。

5.7 外卖O2O平台食品安全问题的数值仿真

5.7.1 参数

基于上文理论分析和假定条件,本小节将使用MATLAB软件对于平台、商家以及公众三方演化博弈的具体演化路径进行数值仿真,对于上文模型结论进行验证,并进一步探究参数的改变对于演化结果的影响。

本小节参考汪旭辉、任晓雪(2020)在《基于演化博弈的平台电商信用监管机制研究》一文中对于阿里巴巴案例的分析以及参数赋值,现对参数做出以下赋值,见表5-8。

表5-8 参 数 赋 值

参 数	参 数 意 义	赋 值
C_p	平台监管商家生产所需要的成本	3
E_p	商家依法生产对平台带来的经济收益	8
S	商家违规生产被处罚后对平台的舆论影响	10
C_{m1}	商家依法进行生产所需要的成本	15
C_{m2}	商家违规生产所需要的成本	3
P	商家违规生产被发现后的处罚	10
C_o	商家违规生产造成公众权益受损后需支付的赔偿	1
R	商家正常的销售收益	3
C_c	公众参与反馈需要的成本	1
L	公众遇到食品安全问题时的健康损失	3
A	平台对公众参与监管的激励	2

其中参数满足对模型 $A+C_p-E_p<0, P<C_{m1}-C_{m2}<P+C_o, A>C_c$ 的假设条件。外卖商家的经营成本主要由固定成本、原材料成本、人力成本以及经营成本构成，而违法生产可以大量减少除固定成本以外所有类型的变动成本，可知商家依法进行生产的成本远大于违法生产所需的成本，因而分别设为 15 与 3。

5.7.2 仿真分析

本小节将研究几个重要变量数值的改变对于平台、商家以及公众策略的影响，由于本章的重点在于讨论外卖行业的食品安全问题以及监管状况，选取的变量有：对于商家违法生产的罚款 P，平台进行监管的成本 C_p 以及商家违法生产获得的超额收益 $C_{m1}-C_{m2}$。对于商家违法生产的罚款力度与所得超额收益的大小将会直接影响商家选择违法生产或依法生产的策略，而平台进行监管的成本也会直接影响平台是否参与监管，由于在不监管时平台不会产生成本，因此成本的降低对于平台的策略选择影响比平台获得经济收益以及舆论影响更为显著。而参数 P 与参数 C_p 都能反映平台在监管中的作用，因而选择该参数作为研究对象。基于原参数，并以时间作为 x 轴变量，对于主体演化博弈过程进行模拟，结果如图 5-5 所示。

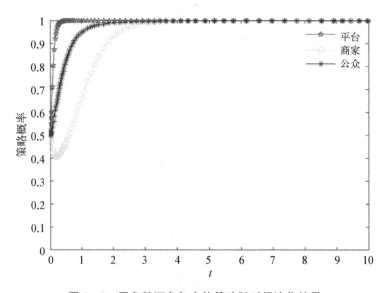

图 5-5　原参数下参与主体策略随时间演化结果

1. 改变平台对于商家违法生产的处罚强度对演化结果的影响

控制除处罚强度 P 以外其他参数不变,改变 P 的大小使 P 分别取 $5,10,15$ 作为研究参数,此时系统随时间演化结果如图 5-6 所示:

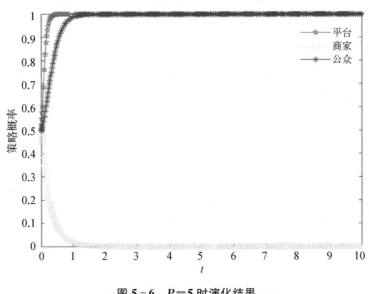

图 5-6　$P=5$ 时演化结果

当 $P=5$ 时,平台对于商家的处罚强度较低。随着时间的推进,平台会趋向选择参与监管,商家会趋向选择违法生产,公众会趋向选择参与反馈,此时的稳定点不再是 $E_8(1,1,1)$。根据上文对均衡点的稳定性分析,$E_5(1,1,0)$ 若为稳定点需要满足 $C_p < E_p$,$C_{m1} - C_{m2} - P < 0$,$A < C_c$,其他参数不变的情况下,$C_p - E_p = 3 - 8 < 0$,$A - C_c = 2 - 1 > 0$,此时 P 的改变不会使得该均衡点成为新的稳定点,而对于 $E_6(1,0,1)$,原参数情况下的特征值为 $A + C_p - E_p - P - S = 2 + 3 - 8 - 10 - 10 < 0$,$C_{m2} - C_{m1} + C_o + P = 3 - 15 + 4 + 10 > 0$,$C_c - A - C_o = 1 - 2 - 4 < 0$,而 P 有 10 减小至 5 时 $C_{m2} - C_{m1} + C_o + P = 3 - 15 + 4 + 5 < 0$,取代原稳定点 $E_8(1,1,1)$ 成为新稳定点。

当 $P=15$ 时,$E_8(1,1,1)$ 对应的三个特征值仍满足具有负实部的条件,即 $A + C_p - E_p = 2 + 3 - 8 < 0$,$C_{m1} - C_{m2} - C_o - P = 15 - 3 - 4 - 15 < 0$,$C_c - A = 1 - 2 < 0$,因此仍为该情况下的稳定点。综合 $P=10,15$ 两个不同值时的图像,发现在平台对于商家处罚的力度越大时,商家(黄线)越早到达概率 1,即

商家越快选择依法进行生产的策略。而在处罚力度小到一定程度时,商家会因为违法成本低,转而选择违规进行生产。

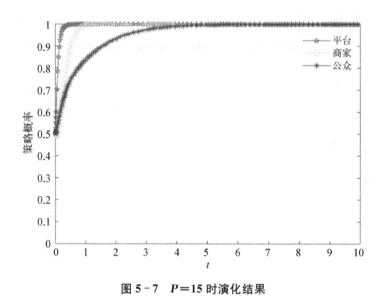

图 5-7　$P=15$ 时演化结果

2. 改变平台对于商家的监管成本大小对演化结果的影响

控制其他变量稳定,改变平台监管的成本,使得 C_p 分别为 3,15,30,新的演化结果为图 5-8、图 5-9。

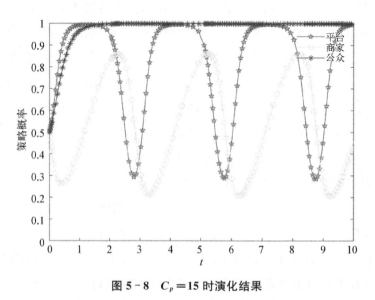

图 5-8　$C_p=15$ 时演化结果

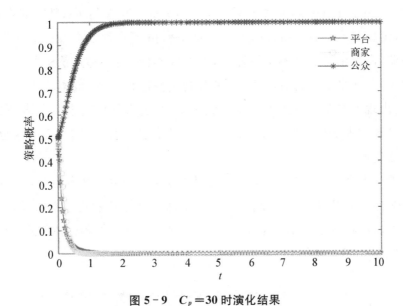

图 5-9 $C_p=30$ 时演化结果

在 $C_p=15$ 时,图 5-8 中平台和商家的选择出现了周期性的波动,此时 $E_8(1,1,1)$ 的特征值 $A+C_p-E_p=2+15-8>0$, $C_{m1}-C_{m2}-C_o-P=15-3-4-15<0$, $C_c-A=1-2<0$,由稳定点变为不稳定点。在平台监管成本增大到超过商家对其产生的经济收益扣除平台给公众的反馈激励后的剩余部分时,商家首先会由于低成本驱动选择违规生产并获得超额收益,导致平台获得的经济收益同时增加,平台的监管成本相对降低,使得平台开始选择对商家进行监管。商家的违法成本上升,而这又导致了大部分商家不得不转而选择依法进行生产,商家线由 0.5 以下上升至 0.5 以上,同时平台的收益减小,监管成本重新增加,因而放弃继续监管,公众线在时刻 2 前到达概率 1 后下降,形成了波动。随着时间的继续,该博弈也在继续循环,产生了周期性的波动图像,且商家图像相对有一定的滞后性。

在 $C_p=30$ 时,平台的监管成本进一步上升,图 5-9 中平台和商家几乎同时到达概率为 0 的稳定点,稳定点由 $E_8(1,1,1)$ 改变至 $E_4(0,0,1)$。对于 E_8 的特征值,此时 $A+C_p-E_p=2+30-8>0$, $C_{m1}-C_{m2}-C_o-P=15-3-4-15<0$, $C_c-A=1-2<0$,存在大于 0 的参数,因此不再为稳定点。而对于 $E_4(0,0,1)$,特征值分别为 $E_p-C_p-A+P+S=8-30-2+10+10<0$,

$C_{m2}-C_{m1}+C_o=15-3+4<0$,$C_c-C_o=1-4<0$,满足所有特征值均小于 0 的条件,代替 $E_8(1,1,1)$ 成为稳定点。即平台由于监管成本过高而选择不监管的策略,商家由于平台不进行监管,违法成本低,而选择违法进行生产。以上结果说明,在平台监管成本小时,平台会选择进行监管;成本增大到一定程度时,会出现不稳定点导致平台无稳定策略,可能选择进行监管或者不监管;当成本继续增大到超过商家带来的收益时,平台会选择不监管,而商家也因此选择违法生产。

3. 改变商家违法生产获得超额收益的多少对参与主体的行为演化的影响

在保持其他参数不变的条件下,改变商家违法生产获得超额收益,分别取 $C_{m1}=5,15,20$,对应超额收益 $C_{m1}-C_{m2}=2,12,17$ 时,各主体的演化结果如图 5-10、图 5-11 所示。

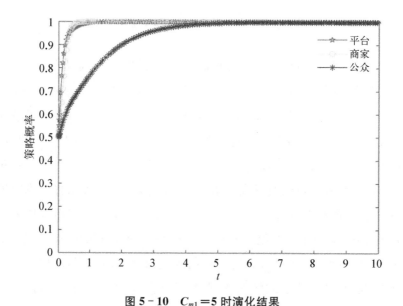

图 5-10 $C_{m1}=5$ 时演化结果

如图 5-10,在 $C_{m1}=5$ 时,$C_{m1}-C_{m2}=2$,商家的超额收益较低,无法覆盖违法生产时被查处后造成的损失以及对损害公众权益造成的赔偿,因此商家选择依法进行生产的策略。对于 $E_8(1,1,1)$ 的特征值,仍然满足均小于 0 的条件,因此商家依法生产,平台参与监管,公众参与反馈仍为此情况下的稳定策略集合。

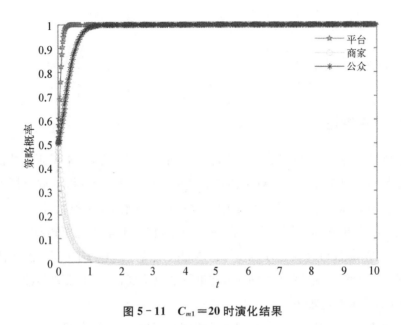

图 5-11 $C_{m1}=20$ 时演化结果

在 $C_{m1}=20$ 时，$C_{m1}-C_{m2}=17$，演化结果如图 5-11 所示。此时商家的超额收益足够高，能够覆盖违法生产后受到的处罚以及对公众造成健康损失而给公众的赔偿部分，因此商家会很快地选择违法进行生产活动。新稳定均衡点 $E_6(1,0,1)$ 的特征值：$A+C_p-E_p-P-S=2+3-8-10-10<0$，$C_{m2}-C_{m1}+C_o+P=3-20+4+10<0$，$C_c-A-C_o=1-2-4<0$，均为负值。综合以上结论可得，当商家的超额收益逐渐增大时，商家将更慢到达依法生产的稳定点，当超额收益大到超过处罚以及对公众造成健康损失而给公众的赔偿之和时，商家会转而到达违法生产的稳定点。平台和公众的策略不变，仍为参与监管和参与反馈。

结论 3：

平台对于商家的处罚逐渐增大时，商家会由违法生产策略转为依法生产策略；平台监管成本逐渐增大时，平台会由监管转变为不监管，而商家也会因缺乏监管而从依法生产转变为违法生产策略；商家违法生产获得的收益逐渐增大时，商家会由依法生产转变为违法生产。

5.8 结论与建议

5.8.1 研究结论

本章针对外卖 O2O 平台上的食品安全问题进行研究,定义了研究的食品安全问题范畴仅限于食品不会对于消费者造成健康损害。此后,本章分析了外卖行业的发展历程和外卖 O2O 平台上的食品安全问题和监管现状,指出外卖行业食品安全问题频发和监管过程中存在疏漏。因此,本章研究了以外卖 O2O 平台,食品生产商家与公众三方为参与主体的决策博弈,通过构建三方演化博弈模型求得均衡点和三主体的稳定策略,并进行数值仿真,讨论了重要参数对于均衡点的影响,主要结论如下:

结论 1: 当平台对食品安全问题的治理力度加大,或公众积极参与对于食品卫生状况的反馈时,外卖商家更有可能会选择依法进行食品生产和加工。

结论 2: 当 $A+C_p-E_p-P-S<0$, $C_{m1}-C_{m2}<P$, $A<C_c$ 时,外卖 O2O 平台选择参与监管,商家选择依法生产,公众不参与反馈,对应稳定点 E_5 (1,1,0);当 $C_{m1}-C_{m2}>C_o+P$, $A+C_p-E_p-P-S<0$ 时,平台参与监管,商家违规生产,公众参与反馈,对应的稳定点为 $E_6(1,0,1)$;当 $A+C_p-E_p<0$, $P<C_{m1}-C_{m2}<P+C_o$, $A>C_c$ 时,平台参与监管,商家依法生产,公众参与反馈,对应稳定点 $E_8(1,1,1)$。稳定点 $E_5(1,1,0)$ 对应行业发展初期,此时平台的监管成本较小,商家违法生产所得小于被查处后的罚款,公众获得的反馈激励较小。平台建立初期,为了吸引消费者,会尽量提供较为优质的服务,因此会对入驻商家和骑手有严格规定。同时,该阶段能够提供外卖服务的商家通常是具有一定体量的餐厅。这类餐厅为了保全现有的较为固定的消费者群体,很难会为了降低生产成本而选择提供具有食品安全风险的食品。对于消费者来说,遇到食品安全问题的概率较低,平台也并未大力提供补贴,因此不会主动参与反馈。该阶段对应的三主体的策略合集为(平台参与监管,商家依法生产,公众不参与反馈)。随着外卖行业的发展,稳定点逐渐演化至 $E_6(1,0,1)$。平台仍在进行监管以保证平台在消费者之中的口碑,但随着平台快速扩张,不断涌入平台的商家激烈竞争,不惜违法生产只为从价格入手占领市场份额。同时大量食品安全问题引起了消费者的重视,更多消费者参与进对于食品安全问题的反馈和评价之中,形成策略合集(平台参与监管,商家违法生产,公众参与反馈)。随着外卖行业继续发展,将达到较为稳定和健康的状态,即稳定点 $E_8(1,1,1)$。此时公众对于外卖食品安全问题的认识更加全面,也更重视遇到的食品安全问题,使得消费者会趋向提供更安全的食品平台,增加了对平台和商家违法的潜在损失,推动平台积极监管,商家依法生产。

结论 3:平台对于商家的处罚、平台监管成本以及商家违法生产获得的收益将会影响商家的决策。商家平台对于商家的处罚逐渐增大时,商家会由违法生产转为依法生产。平台监管成本逐渐增大时,平台会由监管转变为不监管,而商家也会从依法生产转变为违法生产。商家违法生产获得的收益逐渐增大时,商家会由依法生产转变为违法生产。即商家依法生产的策略需要平台控制其监管成本,并对商家违法行为做出大力处罚,且商家违法生产所得较小时才能稳定。

5.8.2 外卖 O2O 平台食品安全监管建议

尽管食品安全问题长久存在,而针对此问题的法律法规逐渐完善,但最终落实的结果并不尽如人意。在针对外卖 O2O 平台上食品安全问题的监管中,主要存在监管部门职责划分不清、监管不到位、公众参与度不高等问题。要改善监管现状,仍需要各监管部门协同努力,整合监管资源,且由政府统一协调监管,针对外卖食品从生产加工到配送至消费者餐桌整个流程。

1. 资源共享,成果公开

为实现外卖 O2O 平台食品安全问题的有效监管,首先需要借助互联网的力量,通过数据交换实现各监管主体之间的信息共享和资源共享,降低监管成本,进而扩大监管的广度和深度。例如,监管部门抽查外卖商家卫生环境的同时,可以通过互联网将商家信息和商家卫生状况公开给公众。同样,监管部门的抽查目标也可以参考在公众呼声较高的外卖商家,监管信息在公众和监管部门之间流通,汇聚双方资源和优势,以实现低成本精准查处。同时,政府也需在监管过程中起到"领头羊"作用,推动建立健全的社会评价体系,整合消费者对于平台、商家的评价,制作较为权威的外卖行业的"黑名单",加强对于该名单上平台和商家的监管力度以及处罚,让违法人员意识到违法生产不仅难以获得更多利润,反而会使得已有的消费者群体流失，营造社会整体自觉依法生产和经营的良好氛围。

2. 加强培训，规范行为

平台是外卖食品生产经营监管的第一道关，平台的监管作用在食品安全问题中也必不可少。一方面，平台需要对商家的经营许可等相关证件大力审核，并要求商家及时公开并更新自身经营环境和证件，全力配合监管部门对于商家的抽查，加强外卖行业的规范化。另一方面，外卖骑手准入门槛低，从业人员素质良莠不齐，大量人员缺乏对于规范生产经营重要性的认知，因此平台也需要定期组织上岗前培训，提高从业人员的法律意识，并对违法违规人员做出公开处罚，以保障从出餐到送餐环节的食品安全。

3. 公众参与，舆论监督

目前已有的监管办法大多为查处违法生产的外卖商家，治理手段单一且作用有限，往往查了这家漏了那家。在现如今复杂的外卖行业环境中，作为消费者，也是食品安全问题的潜在受害人，公众的力量同样十分重要。针对食品安全问题的反馈和举报通道必须畅通且响应及时，由专业人员处理消费者投诉。同时，应设立举报激励以鼓励公众积极参与进对于违法行为的检举，而不是选择在遭受食品安全事件后忍气吞声。另外，举报人的相关信息需严格保密，以防外卖行业从业人员对其进行打击报复。除了通过专线直接进行投诉，消费者也可以选择另一曝光方式，即通过新闻媒体社会曝光。该方式具有更大影响力，但要求新闻人必须坚持公正客观的行业底线。新闻媒体在报道食品安全事件之外，同样也可以发挥行业优势，对公众进行食品安全知识的科普，两者相辅相成，共同参与进外卖 O2O 平台食品安全问题的监管和治理中。

第 6 章
机制设计在"后 P2P 时代"监管问题的应用

21世纪,随着互联网金融的不断发展,出现了许多新的产业。P2P网络借贷行业因其操作简单、借贷灵活等特性脱颖而出,依托电子商务平台,帮助个人以及小微企业进行信息交流以及融资,从而促进小额借贷交易,利于我国普惠金融的发展。经历过高速发展期后,前期监管和法律的缺乏带来的弊病逐渐显现,问题平台爆雷不断。自此,政府监管部门着手整治网贷行业,出台一系列监管政策规范平台行为,行业逐渐走向转型清退之路,2020年底网贷平台实现清零。本章通过构建网贷平台、监管部门与金融机构之间的演化博弈模型,并进行仿真分析,为完善"后 P2P 时代"的监管机制提供指导意见。

首先,本章阐述了研究背景、意义与方法,并对 P2P 网络借贷的研究现状进行回顾,介绍了相关概念及理论基础。其次,本章分析了中国 P2P 网贷行业的现状,从发展历程、面临的风险和转型方向以及监管体系入手,指出现阶段存在的监管缺陷。再次,通过演化博弈模型对转型期的网贷平台、监管机构与金融机构进行分析,并借用典型案例——拍拍贷进行仿真,分析了处罚金额、监管成本等因素对博弈主体行为的影响,得出:监管部门对网贷平台的处罚金额越高,平台选择合规经营的概率越高,政府监管部门的监管成本越低,监管部门会更趋向于严格监管,金融机构与转型的网贷平台的合作收益越高,金融机构更愿意选择积极合作。最后,进行总结与展望,提出监管建议:完善网贷平台退出与转型规则、建立健全长效监管机制、着力构建良好市场环境。

6.1 研究背景

互联网金融以电子商务平台为依托,将信息技术与金融融合,凭借便利高效、成本低等优势占据了金融市场的一席之地,民间借贷的兴起让 P2P 网络借贷平台应运而生。P2P 网络借贷(Peer-To-Peer,简称 P2P)是一种连接线上与线下的借贷形式。2005 年世界上第一家 P2P 网络借贷平台 Zopa 在英国诞生,随后诞生了美国的 Prosper、Lending Club,德国的 Auxmoney、Smava。2007 年,拍拍贷在中国上海成立。自此,我国 P2P 网贷平台的数量骤增,发展规模和发展速度呈指数增长。2014 年 3 月,时任国务院总理李克强提出"促进互联网金融健康发展",自此标志着充满前景与未知的互联网金融产业正式进入大众视野。

曾经的 P2P 市场一片向好,为个人和中小企业提供了多种信贷选择,通过提供平台的方式,让供求方进行匹配,为放贷者提供了更好的回报率,并以低成本为那些难以获得银行贷款的借贷者提供了更多获得信贷的机会。然而由于在发展初期缺乏行之有效的监管,面临法律风险和信用风险,行业乱象丛生,爆雷不断,出现了如借款人违约、提现困难、平台跑路等问题,最终渐入颓靡之势。自 2016 年下半年起,我国相继出台一系列法规政策,着手对互联网金融(包括网络借贷)进行监管整治,比如由银监会会同工业和信息化部、公安部、国家互联网信息办公室联合发布的《网络借贷信息中介机构业务活动管理暂行办法》,P2P 网络借贷行业从此被正式纳入监管范围。

然而在 2018 年下半年,由于无法满足严格监管的平台备案要求,数百家问题平台集中爆发风险,进一步侵蚀整个行业。从图 6-1 可看出,2014 年、2016 年以及 2018 年是三个非常重要的时间点,行业淘汰率都有着明显的上涨,代表着政府对互联网金融行业的初步重视、网贷行业弊病显现政府着手推进监管以及第二次爆雷潮三个重大阶段,昭示了 P2P 网络借贷行业逐步走向灭亡的过程。

2019 年是我国 P2P 网络借贷平台的清退转型之年,随着国家各项相关政策的出台和有效治理,P2P 网络借贷平台走上了稳步规范之路,很多 P2P 网贷平台都着手进行转型,更多成为银行的信息中介角色。监管力度的加大,在优胜劣汰中,网贷行业逐步进入良性发展阶段,有助于整个金融体系的稳定持续。2021年4月15日,中国人民银行发布《打好防范化解重大金融风险攻坚战 切实维护金融安全》一文,指出在营P2P网贷平台全部停业,相关整治工作基本完成,进入常态化监管。

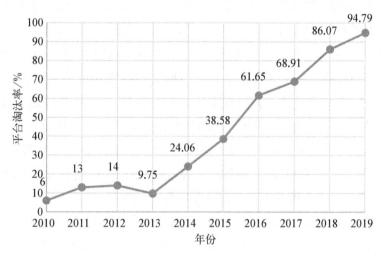

图6-1 2010—2019年中国P2P网贷行业平台淘汰率

资料来源:网贷天眼

6.2 国内外相关研究综述

6.2.1 P2P网络借贷市场的相关研究

诸多学者选择P2P借贷平台的参与主体特征作为研究对象,进行影响因素实证分析。P2P网络借款的实证研究一方面围绕借款人的信息识别,比较一致的结论是信息具有价值,借款人的社会关系会成为重要判断依据,另一方面则着眼于出借款人的行为研究(廖理和张伟强,2017)。比如,Krumme 和 Herrero (2009)通过研究借贷平台网络社区静态和动态特征,以借贷行为的互惠和羊群行为构造了仿真算法,研究结果表明社会因素与财务指标密切相关。而 Everett (2011)利用P2P借贷数据进行实证分析,剔除了内生性问题,分析了不同的群体构成对借贷中的逆向选择和道德风险的影响,并指出信用评级不完善的借款人存在更为严重的套牢问题。Pötzsch 和 Böhme(2010)对德国 P2P 平台 Smava.de 的数据进行了实证研究,发现非标准化、未经证实的软信息有助于建立 P2P 网络信息联系,此外,硬信息比如财务信息更受到借款人重视。

P2P 网络借贷作为争议性行业,也有部分研究指出 P2P 借贷平台的一些优势。Klafft(2008)研究 Prosper 的盈利数据发现,网贷平台的运作有助于减少信息不透明的负面影响,与传统借贷方式相比,网络借贷平台的坏账率更低。Mattarocci 和 Gibilaro(2018)收集了专门做房产抵押贷款的 LendInvest 的数据,创新地以房地产贷款视角研究 P2P 借贷的问题,得出结论房地产价格和收入水平较低的地区更倾向于 P2P 贷款,P2P 借贷给低收入人群提供了一种解决方案。Nurdana 和 Suryawati(2021)通过描述性分析法,配对 t 检验和 OLS 研究 P2P 借贷对企业利润、产品销售总额等指标的影响,研究结果表明由 P2P 借贷提供的贷款对中小微型企业有着极大的助力作用。

一些学者则着眼于研究第三方机构与 P2P 网贷平台的相互作用,比如征信机构、贷款机构等。Berger 和 Gleisner(2009)依托美国 P2P 平台 Prosper.com 14 000 多笔原始贷款的详细数据,以个人评级与负债指标作为主要指标,分析了信用报告机构 Experian 在 P2P 平台起到的作用,研究结果显示第三方中介机构的参与有效减少了投资人和借款人间存在的信息不对称,通过提高参与人门槛的方式达到了降低行业非系统性风险的目的。Freedman 和 Jin(2011)估计了一系列回归方程,研究了网络借贷市场的贷款机构如何应对信息不对称的问题,并指出贷款人通过在实践中学习,能够逐渐掌握回避高风险贷款的能力。Calabrese 等(2019)利用 Copula 函数构建模型,分析了网络借贷和征信机构违约之间的内在联系,并通过蒙特卡罗模拟方法研究了双变量广义极值模型的拟合过程,将该模型应用于 Lending Club 的数据中,得出结论,P2P 和征信机构违约存在相当程度的依赖关系。

6.2.2　P2P 网络借贷风险监管的相关研究

在研究 P2P 网络借贷风险监管这一问题上,一些学者偏向于针对 P2P 网络借贷的模式特点、相关法规和监管政策进行分析。谢平等(2014)指出互联网金融具有信息科技风险和"长尾"风险,针对功能风险的监管有审慎监管、行为监管、金融消费者保护,并提出针对 P2P 网络借贷的监管,应贯彻"放开准入,活动留痕,事后追责"理念。刘志阳和黄可鸿(2015)在梯若尔金融规制理论的基础上,提出监管政策建议,即负面清单管理、建立金融风险理事会、积极运用风险隔离政策等。卢馨和李慧敏(2015)探究了我国 P2P 网络借贷的运营模式和基本流程,并分别从政府、网络借贷平台、借贷者和贷款者的角度说明防范 P2P 网络借贷风险的方式。Bachmann 等(2015)基于英国金融行为监管局(FCA)出台的《众筹监管规则》,探究了该准则对 P2P 网贷监管的影响,让投资者得到更多保障,促进行业健康发展。

政府监管对 P2P 网贷平台的重要性在多个研究中被证实。Brill(2010)综合考虑美国对市场准入、流动性比率、充足资本等方面的监管要求,指出联邦政府与州政府的共同监管有助于审慎监管的实现。Jiang 等(2021)经过实证研究证明政府的隶属关系与网络借贷市场扩张期间的表现指标有正向关系,即国有企业下属的 P2P 平台有更低的利率和更大交易量。基于 50 家网贷平台两年的面板数据,赵建国等(2019)针对政府监管政策的效果进行了实证分析,结果表明银行存款、信息披露等监管措施能有效增加平台成交量,并通过交互效应检验和分样本回归证明政府监管对因信息不对称而导致的市场失灵具有抑制作用。

借贷平台行业自律的意义也在一些文献中被提及。Davis 和 Gelpern(2010)认为需要将中介机构纳入不断演变的金融市场监管中,行业自身和监管机构需协同努力构建更完善的 P2P 网贷市场。Wang 和 Hua(2014)以英国 P2P 金融协会(P2PFA)为切入点,探讨了行业自律对 P2P 监管的积极影响,协会要求成员结合信用评级公司记录,公开逾期贷款和预期及实际违约率等,从而有效推动行业行为规范。针对网络借贷平台中信息不对称问题带来的风险,也有部分学者提出加强信息披露的监管方式。Slattery(2013)指出美国联邦证券交易委员会(SEC)通过制定适合的规定,要求平台进行完整的信息披露,包括潜在风险因素以及公司财务状况,有助于对投资人和借款人的保护。Chen 等(2014)建立了一个基于认知、制度的综合模型,研究了网贷平台与借款人之间的信任是如何影响贷款意愿的,结果表明借款人提供的信息质量是最重要的因素,建议以披露个人财务指标等信息的方式增加双方信任。

6.2.3　博弈论在研究 P2P 借贷平台的应用

在 P2P 借贷平台的相关研究中,学者倾向于构建博弈模型分析问题。

Garman等(2008)提出拍卖是P2P平台的惯用机制,以此构建出P2P的均衡竞价拍卖模型,分析结果显示相似借款人会产生实质上的利率分散,带来更多协调摩擦。邹辉霞等(2015)针对中小微企业的融资特征,引入信号传递博弈模型,对中小微企业与出借人之间的利益均衡进行了研究,结果表明:P2P借贷模式有效降低借款人因信用风险带来的大额损失。宋琳和陈光亮(2015)建立了信息经济学中的Holmstrom激励模型,从委托代理视角分析了P2P网贷平台风险存在的原因,提出应运用激励措施关联委托人和代理人的利益,促进平台发展。全颖等(2017)将网贷平台分为领军者、跟随者和创新者三类,在博弈论的基础上建立逆向剪枝模型,分析这三类平台的进退问题。Pang等(2020)基于P2P借贷平台和市场监管机构的收益、成本、变相成本和罚金,构建静态博弈模型,探讨了P2P借贷平台选择"合规管理"或"不合规管理"和市场监管机构选择"强监管"或"弱监管"的条件性策略。

部分学者在运用博弈模型分析P2P网络借贷这一课题时,采用两两演化博弈。在有限理性条件下,Liu和Xia(2017)根据贷款人的风险偏好行为和借款人的信贷选择,建立了借贷双方的演化博弈模型,得出借贷双方的演化均衡主要取决于借贷金额、利率、借款成本等因素。何涌和修宇雯(2020)引入合规激励和社会评价指标,构建监管部门与网贷平台的演化博弈模型,结果表明严格监管和合规经营是最优稳定策略。从P2P是否能提供纯信息中介服务的角度出发,何钰等(2021)同样以这两个参与主体构建模型,发现有必要提高寻租成本、加大惩罚力度,实现双重帕累托改进,并且在监管收益大于监管成本,提供纯信息中介服务的激励小于其他服务净收益时,两者能够达到均衡状态。

除了两两博弈,也有研究基于P2P借贷平台的多方参与主体进行三方演化博弈分析。Anresnani等(2018)整合系统动力学和博弈论,将投资人和借款人的利润纳入考量,构建P2P平台、借款人和贷款人的三方博弈模型,得出非合作博弈和合作博弈的不同最优策略。邓春生(2021)基于非线性系统稳定性理论,构建了网贷平台、监管机构和借款人的演化博弈模型,得出结论:当满足监管收益超过监管支出、惩罚力度足够等条件,三方参与主体会收敛于理想策略。侯鑫彧等(2021)引入声誉机制,构造了P2P平台、投资者、商业银行的三方演化博弈模型,结果表明商业银行对平台的认证能够形成正反馈的声誉机制,帮助网贷行业的转型。

6.2.4 文献述评

通过对国内外 P2P 网络借贷平台相关文献的梳理，不难发现很多文献都是针对某一个 P2P 借贷平台进行影响因素实证研究，美国的 Prosper 和 Lending Club、德国的 Smava、中国的拍拍贷，都是比较常见的数据来源。国外学者多研究不同因素对交易行为的影响，更关注借款人的信用风险；由于我国 P2P 借贷平台的相关法律和监督管理相对较空白，行业风险更为严峻，国内在这方面的研究更多，主要针对 P2P 的运营模式和平台存在的潜在风险进行探讨，并提出相应的监管建议，比如审慎监管、加强信息披露等方式。针对 P2P 借贷平台参与主体的博弈过程，两两博弈是学者较为常用的分析方式，多以监管部门与网贷平台作为博弈主体，涉及三方主体的博弈分析则较少。此外，相对于国内学者，国外学者较少用演化博弈的方式研究 P2P 网络借贷这一主题。

6.3 研究方法

1. 文献研究法

文献研究法是根据研究主题以及研究目的，通过查阅文献回顾先前的课题研究成果，进行分析归纳，总结有用信息，从而确定课题具体研究方向。本章通过电子数据库、互联网等渠道，广泛搜集有关 P2P 网络借贷平台、网络金融监管的国内外文献，完成文献调研，理清我国 P2P 借贷行业的发展现状以及监管体系，从而更好地提出未来政府监管方向建议。

2. 演化博弈分析法

演化博弈论是一种将博弈论与动态演化过程相结合的理论。与博弈论所关注的静态均衡和完全信息不同，演化博弈注重的是不要求参与人完全理性的动态均衡。本章通过建立 P2P 网贷平台、监管部门、金融机构三者之间的演化博弈模型，构造系统复制动态方程，并求解出演化稳定策略，运用 MATLAB 进行动态仿真运算验证稳定性，从而分析出博弈主体间的演化路径以及行为影响因素，有助于探究"后 P2P 时代"的监管机制方向。

3. 案例分析法

案例分析法,是对具有代表性的事物(现象)进行研究,从而获得总体认识的一种分析方法。本章选取网贷平台的代表——拍拍贷,通过对拍拍贷成功转型为助贷平台的过程以及存在的问题进行案例分析,发现目前监管方式存在的不足,从而为进一步改进监管手段提供了有力的依据。

6.4 相关概念及理论基础

6.4.1 P2P 网络借贷概述

P2P 是一种新型金融模式和借贷形式。网络借贷起源于经济学家 Yunus 提出的小额信贷理念,在很长一段时间由于技术的限制无法实现,随着互联网的发展演变为新兴行业。P2P 借贷平台是一种线上金融交易平台,平台背后的运营公司能够充当借贷双方的中介,让投资人(贷款人)直接向个人或是小型企业提供小额信贷。相对于传统的商业银行以及金融中介机构,P2P 网络借贷运用互联网技术,降低金融交易成本,更高效地配置金融资源,为大众提供更多投资选择或是资金来源,加快资金的流动。

1. 信息中介模式

在信息中介模式下,P2P 借贷平台仅作为提供借贷双方信息互换的媒介,不承担交易和资金风险。平台运用大数据风控系统,考察借款方各方面因素,进行信用风险识别,经过审核后将借款需求发布到整个平台上,供投资人进行竞拍,最终由借款人选择最优惠的利率条件,进行合同签订。平台只负责审核借款请求以及适当披露信息,以收取双方服务费的方式盈利,因此,没有用户基础的此类网贷平台很难实现盈利。

2. 担保模式

这种 P2P 借贷平台类似于间接融资,只提供金融信息服务和信用担保,不吸收投资人的储蓄,也不向借款人放贷。平台引入第三方保险公司作为交易担保,向借贷双方收取担保费用。在担保模式下,如果借款人不能按时偿还,则由担保公司对其债务承担责任,并于逾期付款的第二天将本金及利息转入投资者的账户,这样可以减少投资者的风险,保障其资金的安全性。

3. 债权转让模式

债权转让模式也称为"多对多"模式,将借款需求和投资需求进行拆分和组合,投资方和借款方不直接签订债务债权合同,而是网贷平台根据一定的信用标准与门槛设置,筛选和匹配交易对象,平台承担着借款人信用审核和交易后续管理的职责。宜信公司是这种模式的典型,由创始人唐宁直接出借资金给借款人,再将债权转让给投资者。这种模式脱离了信息中介的特点,一旦借贷期限和金额之间出现误差,平台可能会通过虚构债权的方式解决问题。

4. O2O模式

"线下借款人+线上投资人",将线下商务与互联网相结合是这类平台的主要特征,借款人在线申请贷款,借贷平台对接借款人所在城的分公司,进行资信、还款能力的实地调查。经过平台的二次信用资质核查,借款需求才能正式发布在平台上,贷款人选择标的进行投资。O2O模式的P2P网络借贷平台由于具备双重审核,风险更低,然而,由此增加的人力和时间成本大幅提升了融资成本。

5. 助贷平台模式

随着网贷平台加速出清,转型为助贷机构成了很多P2P借贷平台的后路。助贷机构,不直接发放贷款,主要协助商业银行、消费金融公司等持牌金融机构的贷款业务,为贷款人提供低利率、高额度的助贷方案。但P2P平台转型助贷业务需面临较高的准入门槛,金融机构对助贷平台的技术水平、风控能力等方面都提出了相应的要求。

6.4.2 相关理论基础

1. 金融监管理论

(1) 公共利益理论

公共利益是共同体利益和公众利益,具有社会共享性。传统经济学观点认为,在存在自然垄断、信息不对称、外部性等市场失灵的行业中,政府是为了保护大众利益,以监管方式对行业进行直接干预,稳定市场秩序。Meltzer(1967)指出垄断现象会影响金融行业间的公平竞争,造成价格歧视以及寻租成本,降低服务质量和有效产出,应该通过监管消除垄断。Stiglitz和Weiss(1981)指出第三方金融中介的参与会加重借贷双方之间的信息不对称,造成逆向选择和道德风险等问题。此外,不健全的金融体系对社会存在负外部性,会影响市场发挥资源配置的作用。因此,为了实现社会福利最大化,政府有必要对金融机构进行严格监管,保证市场健康发展。

(2) 监管经济理论

监管经济理论侧重探究监管方与金融机构的关系,强调了政策的主要作用是重新分配经济资源。Stigler(1971)通过从供求角度分析政府管制的存在。Peltzman(1976)提出了特殊利益论和多元利益论。调控是为了满足产业对规制的需求,并最终由产业所控制。

2. 演化博弈理论

(1) 博弈论

博弈论的两个基本假设是理性假设和共同知识,即假设行为主体是完全理性的并且追求自身利益最大化。博弈论是研究决策主体在特定条件下的行为发生相互作用的决策以及这种决策的均衡问题,包括五个基本要素:参与人(博弈中的决策主体)、策略(参与者的行动规则)、信息(参与者有关博弈的知识)、顺序(行动顺序)、均衡(所有参与人的最优策略集合)。博弈可以从两个角度进行分类,根据参与人行动的先后顺序,可以分为静态博弈和动态博弈;根据参与人对相关信息的认知程度,可以分为完全信息博弈和不完全信息博弈,有四种不同类型的博弈及相对应的均衡概念,如表 6-1 所示。

表 6-1 博弈的分类以及对应的均衡概念

信息 \ 行动顺序	静 态	动 态
完全信息	完全信息静态博弈 纳什均衡	完全信息动态博弈 子博弈精炼纳什均衡
不完全信息	不完全信息静态博弈 贝叶斯-纳什均衡	不完全信息动态博弈 精炼贝叶斯-纳什均衡

资料来源:张维迎:《博弈论与信息经济学》,上海人民出版社 2004 年版。

(2) 演化博弈

演化博弈论是借鉴了生物进化论进行改进形成的一种博弈理论,演化经济学思想是把生物学科中"变异、选择和遗传"的过程转化为"创新、选择和扩散"的过程。演化博弈理论不同于传统博弈的静态均衡,强调的是动态均衡,并且摒弃了传统博弈的完全理性假设,是在有限理性的假设下,将博弈理论和动态演化过程相结合,研究博弈系统的稳定结构和演化过程之间的关系。

(3) 演化稳定策略与复制动态方程

演化博弈论的核心在于"演化稳定策略"和"复制动态方程",分别反映稳定状态和趋于稳定状态的动态过程。

演化稳定策略是指参与人经过重复动态博弈后达到自身收益最大化,进入一个均衡稳态(Smith 和 Price,1973)。由于有限理性,参与主体在博弈过程中需要通过不断改进方案,进行模仿和试错,经过一段时间收敛于最优策略和最优均衡点。

复制动态方程这一概念由 Taylor 和 Jonker(1978)提出,是指某一特定策略在一个群体中被采用的频度或频数的动态微分方程。演化博弈模型中,所构建的复制动态方程的基本形式为:

$$\frac{\mathrm{d}x(t)}{\mathrm{d}t} = [f(s_i, x) - f(x, x)]x_i \qquad (6-1)$$

式中,s_i 表示演化群体内博弈的策略集;x_i 表示在 t 时刻下,博弈群体中选择策略 s_i 的比例;$f(s_i, x)$ 表示当博弈个体选择 s_i 时,个体的期望支付;$f(x, x)$ 表示整个群体的期望支付。

6.5 中国 P2P 网络借贷的现状分析

6.5.1 中国 P2P 网络借贷的发展历程

1. 萌芽期(2007—2011 年)

2007 年 6 月,中国第一家 P2P 网络借贷平台——拍拍贷正式成立,然而,由于 P2P 网络借贷是一种新型互联网金融模式,国人缺乏互联网技术以及运营平台的经验,在其后的三年里,很少有创业者选择进入此行业。截止到 2011 年末,我国 P2P 网络借贷行业经历四年发展,仅存有 55 家借贷平台,网络借贷成交量和用户规模都很少,行业还有很大的发展空间。在这一阶段,多数 P2P 借贷平台借鉴国外平台的运营模式,以信息中介的模式存在,负责审核借款申请和借款人相关资料,不牵扯增强信用的担保工作。

2. 快速发展期(2012—2015 年)

随着个人和小型企业的融资需求增长以及信息技术的发展,P2P 网络借贷平台在 2012 年迎来了高增长期,行业规模加速扩张,平台数量激增,一年内增长了 77 家借贷平台。有线下放贷经验并且熟悉网络的创业者,借助软件开发公司的网贷平台模板,尝试进入 P2P 借贷行业,较低的行业门槛和缺乏监管的市场环境,吸引了大批传统借贷行业人士。2013 年,受国家宏观货币政策影响,银行开始收缩贷款,P2P 网贷行业作为普惠金融体系的一部分,凭借其灵活性和高收益性的特征,一定程度上迎合了低信用度和需要高额贷款的借款方的需求。部分平台呈现出信用中介的特点,采取线上线下相结合的模式,不仅要求借款人出具抵押物,并且承诺贷款人保障本金和利息。

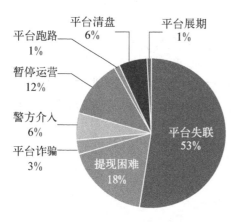

图 6-2　全国网贷行业停业及问题平台原因占比

资料来源:网贷天眼

然而,行业不自律和政府监管的空白,间接导致了网络借贷行业的野蛮式增长,平台失联、提现困难、暂停经营等乱象显现,如图 6-2 所示。多个网贷平台出现爆雷,造成投资人大规模信任危机,比如,虚构融资租赁项目的 e 租宝,通过平台担保的模式,非法集资 700 多亿元;里外贷和盛融在线作为当时行业最大的自融平台,皆被爆出涉及未兑付金额 9 亿多元。另外,2015 年股市持续上涨,网贷平台大量资金流向股市,平台存在大量期限错配以及活期产品,P2P 行业资金流动性受到极大影响,一些平台资金链直接断裂,问题平台数量骤增。

3. 整顿期(2016 年至今)

2016 年,政府对互联网金融领域的规范发展问题加大重视,银保监会、公安部、国家互联网信息办公室等多个部门下发专项整治方案以及业务活动管理暂行办法,有效推动 P2P 网络借贷行业监管的逐步完善,遏制了一部分平台的违法违规行为。2017年,政府进一步加强P2P借贷平台的全面监管,专项整治小组向平台明确整改标准,要求平台在2018年上半年前完成备案登记。图6-3呈现了2011—2019年中国P2P网贷行业成交量、贷款余额统计情况。

图6-3　2011—2019年中国P2P网贷行业成交量、贷款余额统计情况

资料来源:网贷之家

从图6-3可以看出,由于网贷行业快速发展期带来的巨大市场,2015—2017年成交量和贷款余额稳步上升,而贷款余额以及成交量在2018年呈明显下降趋势,其原因在于备案政策的推进以及投资人因问题平台频现失去了信心。

2018年是P2P备案元年,不合规的劣质平台在强监管和激烈竞争下退出市场,2018年年末,正常运营的网贷平台数量为1 021家,相比2017年底减少了1219家。尽管规范行业发展的"1+3"监管体系(一个办法,三个指引),有利于网贷行业的良性运营,经济下行、投资人信心的下降、行业前期积累的隐患等多方原因共同作用,在2018年下半年,P2P借贷再一次爆发大规模雷潮,超过500家平台被曝光存在问题,涉及贷款余额达到1 400多亿元。图6-4为2011—2020年中国P2P网贷运营平台数量变化情况。

从图6-4可以看出,2012—2015年网贷平台数量呈倍数增长,在2015年中国P2P网贷运营平台数量为3 464家,到达峰值,但随着行业进入整治监管阶段,平台数量逐步下降,并且在2018年骤降,行业逐渐走向消亡。

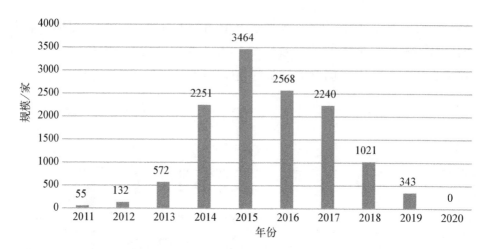

图 6-4　2011—2020 年中国 P2P 网贷运营平台数量变化情况

资料来源：网贷之家

2019 年，网贷行业进一步走向转型清退，多地政府出台 P2P 网络借贷平台良性退出指引，同时指出平台转型的三个方向：助贷机构、网络小贷、消费金融公司，截止 2020 年底，网贷平台实现清零，转向更为合规的运营模式。图 6-5 为 2011—2019 年中国 P2P 网贷行业问题及转型平台新增数量。

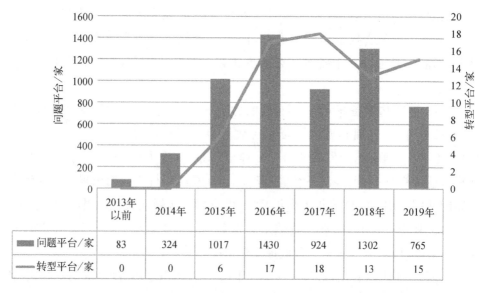

图 6-5　2011—2019 年中国 P2P 网贷行业问题及转型平台新增数量

资料来源：网贷天眼

从图 6-5 可以看出,中国 P2P 网贷行业的发展一直伴随着问题平台的存在,监管缺失等原因造成了自 2015 年起问题平台的爆发性增长,转型为一些平台的退路,2016 年和 2018 年问题平台数量分别达到 1 430 家和 1 302 家,但成功转型的网贷平台仍为少数。

纵观 P2P 行业十年发展历程,从一片向好、发展迅猛,到 2016 年和 2018 年的两次雷潮爆发,问题平台数以千计,前期对潜在风险的忽视和监管的缺失让网贷平台最后只能走上转型的道路。

6.5.2 中国 P2P 网络借贷的风险与转型方向

1. P2P 网络借贷的主要风险

(1) 信用风险

信用风险主要有两种情形:一是借款人在合约到期时,没有资金归还本金或利息;二是借款人直接违约,不愿意归还。信息不对称是导致信用风险产生的根源,在交易过程中,掌握大量信息的一方会通过信息优势来获取利润。一方面,由于不健全的征信体系,缺乏规范化的信用评级系统以及信用数据共享机制,导致了网贷平台无法确保获得借款人真实的信用信息,这让一些资金需求方有机可乘,通过向平台提供虚假信息的方式骗取投资人信任,达成借款交易。另一方面,平台的委托代理问题,一些平台为了盈利故意放宽借款人的准入门槛,甚至伪造借款信息,一旦借款人违约难以追偿,作为信息劣势方的投资者将会遭受重大的损失。

(2) 法律风险

法律风险指的是,在交易过程中,不符合法律规定或违反合同条款造成投资方损失财产的风险。在 P2P 网贷行业发展初期,互联网金融领域法律法规的空白,明确的市场准入制度的缺乏就埋下了平台隐患,大批缺乏资质的网贷平台扎堆上线,甚至触碰非法吸收公众存款、非法集资等违法经营的法律红线,一些平台通过发布虚假理财项目,以平台名义占用投资人的资金,再以高利率贷出甚至卷款潜逃。此外,由于平台在审核借款方信息以及贷款方资金来源的不足,不法分子会利用漏洞伪装成金融公司,进行洗钱等非法活动。

(3) 操作风险

工作人员操作不当以及平台软硬件设施不完善是造成操作风险的两个主要

原因。一方面,网贷行业缺乏具体的从业人员准入门槛,业务人员专业素养参差不齐,容易出现操作失误。并且,很多 P2P 平台仅开立一个对公虚拟账户实现资金托管,具备资金的实际调配权,业务人员能够直接进行操作,挪用账户资金。另一方面,平台缺乏完善的风控制度,存在技术漏洞,黑客能够轻易入侵、攻击平台,造成信息泄露甚至系统瘫痪。为了达成更多借贷款交易,有平台会采用拆标的方式满足个人投资者的小额投资需求,然而,大量拆标极易造成资金链断裂。

（4）监管风险

监管风险主要是指监管主体和准入标准不明确、退出机制不完善。在 2016 年以前,监管部门并未出台网贷行业的具体监管制度,缺乏统一的行业标准引导网贷行业健康发展,间接导致行业乱象不断。后续出台的一些行业政策制度,比如暂行办法以及平台备案指引等,仅为规范性文件,不能从根本上解决问题。具体表现在三个方面：其一,各地政策不一难以落实,政府对网贷行业定位模糊,相关办法没有规定明确的监管主体,造成多头管理的现象,影响监管效力；其二,平台注册和市场准入没有明确标准,网贷平台良莠不齐,损害了投资人利益；其三,2019 年以来,P2P 平台陆续清退或是寻求转型,政府需要进一步完善平台退出机制,在保障投资人利益的基础上,推进网贷平台平稳出清。

2. P2P 借贷平台的转型方向

（1）转型为网络小贷公司

监管部门有意引导 P2P 网贷平台向网络小贷公司转型发展,2019 年出台的《关于网络借贷信息中介机构转型为小额贷款公司试点的指导意见》为网贷平台提供了具体方案,文件根据不同标准,设置了全国性以及地方性的网络小贷公司的准入门槛,试点工作也随之展开,成功案例有东方融信、海豚金服、人人贷等 P2P 网贷平台。然而,网络小贷公司的牌照很难申请,文件中对准入门槛有着极高的要求,如注册资本不应低于 10 亿元且为一次性实缴货币资本,中小型 P2P 网贷平台很难达到这个要求。此外,网络小贷公司与网贷平台的经营模式也有很大的不同,前者的资金来源于股东和金融机构贷款,后者则来源于公众资金,现有存量难以消化、资金来源缺乏等问题不容忽视。

（2）转型为助贷机构

助贷机构的本质是信用机构,其业务与网贷平台业务有一定相似之处,区别在于助贷机构是与持牌金融机构合作,杜绝了期限错配、挤兑等问题,经营风险更小。助贷机构通过筛选目标客群并进行风险控制,再将客户推送给金融机构,由金融机构进一步审核风险后,发放贷款。相较于网络小贷的高门槛,助贷平台没有明确的规范条例,网贷平台较容易通过引入金融机构资金发展助贷业务,头部网贷平台——拍拍贷更名为"信也科技",向助贷机构转型发展。

2020年中国银行保险监督管理委员会(2018年以后简称"银保监会",2018年以前简称"银监会")发布的《商业银行互联网贷款管理暂行办法》,让资金方提升了对于助贷平台运营能力、资本实力等多方面的要求,一些地方性监管细则也限制了助贷机构的发展。除此以外,助贷机构的业务水平与风控能力密不可分,进行风控流程时需要爬虫行业的协助,近期对催收、大数据等行业的整顿,也会影响助贷机构的运营。

(3)转型为消费金融公司

转型为消费金融公司最为困难,同样具有着严格准入门槛、存量难以消化的问题。银监会2013年发布的《消费金融公司试点管理办法》要求此类企业"最近1年营业收入不低于300亿元人民币",很少有网贷平台符合此项规定,达到准入门槛的平台则需要面对大量贷款余额,只有少数拥有大股东背景的平台只有少数大股东背景的平台,才能实现向消费类金融企业的转变,比如平安集团旗下的陆金所走向了"小微信贷+财富管理"的转型路径。

6.5.3 中国 P2P 网络借贷政府监管体系

1. 中国 P2P 网贷行业监管主体

(1)银保监会和各地金融办

依据《P2P网络借贷风险专项整治工作实施方案》,银保监会是全国范围内开展网络借贷风险专项整治工作的统筹单位,其职责是统一组织和协调,而各省金融办(局)与银保监会省级派出机构联合开展地方整治工作。金融办公室则是监管政策具体的执行者,代表地方政府进行金融监管、整改验收以及备案登记等工作。

(2)央行和互金整治办

中国人民银行(以下简称"央行")作为金融市场的主要监管机构,负责防范和化解金融风险。国务院办公厅于2016年发布的《互联网金融风险专项整治实施方案》,首次提出成立由央行牵头的互金整治办,即互联网金融风险专项整治工作领导小组,互金整治办的出现有助于P2P借贷行业专项整治的开展。2018年,在银监会和保监会合并为银保监会后,起草重要立法和审慎框架的责任从原银监会转移到央行,央行自此成为国家金融体系宏观审慎监管的支柱。

(3) 互联网金融协会

中国互联网金融协会在2015年年底成立,全国和地方互联网金融协会充当第三部门监督管理的作用,推动行业自律。传统的行业协会不属于政府管理机构,是一种民间社会团体,代表行业共同利益。不同于传统行业协会,中国互联网金融协会是央行和有关部门联合组建的,而地方互金协会则是由地方金融办和从业企业组成,其主要业务指导均由央行提供,在信息披露、防止不正当竞争、完善自律和惩戒机制等方面,都具有很强的权威和约束力。

2. 中国P2P网贷行业监管政策

2015年7月,央行等部委联合印发的《关于促进互联网金融健康发展的指导意见》,明确了P2P网贷行业的监管职责分工以及业务边界。

2016—2017年,银监会牵头先后发布了《网络借贷信息中介机构业务活动管理暂行办法》《网络借贷信息中介机构备案管理登记指引》《网络借贷资金存管业务指引》和《网络借贷信息中介机构业务活动信息披露指引》四份文件,构建了网贷行业内称为"一个办法,三个指引"的政策框架,初步形成了较为完善的监管体系。作为行业监管的基本制度,"办法"文件对网络借贷市场的监管制度和相关主体责任、业务规则、风险管理的要求进行了较为全面的规定,对网络借贷机构和经营活动进行了系统性的规范。三份"指引"文件分别从备案登记管理制度、资金第三方存管制度、信息披露制度对P2P网贷平台做了详细规定:其一,加强网贷信息中介机构事中事后监管;其二,实现客户资金与网络借贷信息中介机构自有资金分配;其三,建立网贷机构通过官网公示运营信息、项目信息、重大风险信息、投诉渠道信息等相关信息的披露制度。

2017年末,网贷风险专项整治工作领导小组(以下简称"网贷整治办")发布P2P网贷专项整治行动通知,网贷行业正式进入整改阶段,众多平台暴露问题。2018年,互金整治办与网贷整治办联合下发《关于做好网贷机构分类处置和风险防范工作的意见》,首次提出以机构退出为重点工作,加大整治工作的力度和速度。在着手推进清退转型期间,已退出平台恶意逃废债的现象层出不穷,2019年发布的《关于加强P2P网贷领域征信体系建设的通知》,明确了对运营平台与征信机构进行对接的支持,并要求各地区监管部门加大对其辖区范围的整治力度,将"失信人名单"上传到征信机构。《关于网络借贷信息中介机构转型为小额贷款公司试点的指导意见》《关于印发融资担保公司监督管理补充规定的通知》两份政策文件分别为网贷机构转型为网络小贷公司和助贷机构提供了办法指引,为行业的发展明确了方向。

上文介绍了最重要的几条政策,表6-2展示了"2015—2021年我国网络借贷行业主要政策"。

表6-2 2015—2021年我国网络借贷行业主要政策

时间	发布主体	主要政策
2015年7月	央行、工业和信息化部等部门	《关于促进互联网金融健康发展的指导意见》
2015年12月	银监会、工业和信息化部、公安部、国家互联网信息办公室	《网络借贷信息中介机构业务活动管理暂行办法征求意见稿》
2016年8月	银监会、工业和信息化部、公安部、国家互联网信息办公室	《网络借贷信息中介机构业务活动管理暂行办法》
2016年10月	国务院办公厅	《互联网金融风险专项整治工作实施方案》
2016年11月	银监会、工业和信息化部、工商总局	《网络借贷信息中介机构备案管理登记指引》
2017年2月	银监会	《网络借贷资金存管业务指引》
2017年8月	银监会	《网络借贷信息中介机构业务活动信息披露指引》
2017年12月	网贷整治办	《关于做好P2P网络借贷风险专项整治整改验收工作的通知》
2017年12月	网贷整治办	《关于印发小额贷款公司网络小额贷款业务风险专项整治实施方案的通知》
2018年8月	网贷整治办	《关于开展P2P网络借贷机构合规检查工作的通知》
2018年8月	网贷整治办	108条《网络借贷信息中介机构合规检查问题清单》

续表

时间	发布主体	主要政策
2019年1月	网贷整治办	《关于进一步做实P2P网络借贷合规检查及后续工作的通知》
2019年4月	互金整治办、网贷整治办	《网络借贷信息中介机构有条件备案试点工作方案》
2019年9月	互金整治办、网贷整治办	《关于加强P2P网贷领域征信体系建设的通知》
2019年10月	银保监会等部门	《关于印发融资担保公司监督管理补充规定的通知》
2020年9月	银保监会	《关于加强小额贷款公司监督管理的通知》
2020年11月	银保监会、央行	关于《网络小额贷款业务管理暂行办法（征求意见稿）》公开征求意见的公告
2021年2月	银保监会	《关于进一步规范商业银行互联网贷款业务的通知》

资料来源：前瞻产业研究院

3. 中国P2P网贷行业监管缺陷

（1）征信体系不健全

我国P2P网贷脱离信息中介的运营模式的本质原因在于征信系统不健全，纯信息中介平台较难获利，影响后续发展。征信体系的不健全主要表现为信贷系统的整体规划和联合惩戒依据不足、信用黑名单制度和数据共享机制不完善、信用管理专业人才匮乏等方面，必然导致对风险把控不足、客户隐私保护不足等问题。我国的征信体系以央行征信系统为主、商业征信系统为辅，然而征信机构以及政府部门未进行有效沟通，没有数据采集的统一标准，缺乏对网贷平台必须接入征信系统的强制要求，造成了P2P网贷行业的信用交易风险。

（2）行业自律不到位

中国互联网金融协会的主要职责是制定自律规范以及执行相关政策，截至2019年底，仅有15%的网贷平台是协会会员。然而行业协会的服务职能没有充分发挥,一方面,网贷平台缺乏自主管理意识,另一方面,其背景阻碍了其独立制定行业准则,无法落实行业自律组织的软性监管。

(3) 清退机制不完善

在P2P借贷行业发展初期,只要通过工商管理部门的注册就能够创建平台,形同虚设的准入门槛就给行业埋下了隐患。而在转型清退期,一些问题平台由于难以应付监管或者运营不当,最终只能以倒闭或跑路收场,如果没有明确的法律法规规范平台行为,不明确的平台退出机制很大程度上会让投资人的权益受损。此外,选择转型的网贷平台,无论是转型为网络小贷公司、助贷机构或是消费金融公司,都需要配备相应的法律法规进行约束,确保"后P2P时代"市场的有序发展。

6.6 "后P2P时代"监管机制的演化博弈分析

6.6.1 网贷平台、监管部门、金融机构的三方演化博弈模型构建

本章基于演化博弈的方法来分析网贷平台、监管部门以及金融机构之间互相影响的过程。在"后P2P时代",网贷平台不得不寻求清退转型,由于转型为消费金融公司需要庞大的社会资本支持,平台大多选择转型为网络小贷公司或助贷机构,现有政策对网络小贷公司的限制较多,助贷机构则需要与持牌金融机构进行合作,然而,助贷机构以及网络小贷公司也存在着违规问题。政府监管部门作为实施监督、制定政策的主导者,起到规范市场秩序的作用;金融机构是否选择与转型后的P2P网贷平台合作,也会影响网贷平台的转型选择。

演化博弈模型的三方参与主体分别为:P2P网络借贷平台(platform, P),监管部门(government, G)和金融机构(institution, I),博弈三方都是有限理性的。

P2P网络借贷平台采取"合规经营"或"违规经营"两种行为,行为集合为{合规经营,违规经营},P2P网贷平台选择"合规经营"的概率是 x ($0 \leqslant x \leqslant 1$),选择"违规经营"的概率是 $1-x$。P2P网贷平台选择合规经营时,会产生收益 $R_1 \geqslant 0$ 以及成本 $C_1 \geqslant 0$;选择违规经营时,会产生经营成本 $C_2 \geqslant 0$ 以及额外的收益 $\Delta R \geqslant 0$,则违规经营时的总收益为 $R_1 + \Delta R$,由于平台需要付出更多的人

力、财力实现有效清退、完成合规转型,因此,经营成本 $C_1 > C_2$。

监管部门采取"严格监管"或"宽松监管"两种行为,行为集合为{严格监管,宽松监管},监管部门采取"严格监管"的概率是 y($0 \leqslant y \leqslant 1$),采取"宽松监管"的概率为 $1-y$。政府监管部门在严格监管时需要制定相关政策并且严厉打击不法行为,需要较高的监管成本 $C_3 \geqslant 0$,能够发现平台违规行为并予以处罚金额 $P \geqslant 0$,并且平台合规经营时能带来社会福利 $W \geqslant 0$,加强社会公信力;监管部门在宽松监管时,监管成本为 $C_4 \geqslant 0$,$C_3 > C_4$,并且无法有效识别平台违规经营,造成社会损失 $L \geqslant 0$。

金融机构采取"积极合作"或"消极合作"两种行为,行为集合为{积极合作,消极合作},金融机构选择"积极合作"的概率是 z($0 \leqslant z \leqslant 1$),选择"消极合作"的概率为 $1-z$。积极合作的金融机构会对转型的网贷平台进行详细考察,耗费一定成本 $C_5 \geqslant 0$,选择积极合作的收益为 $R_2 \geqslant 0$;消极合作的金融机构的收益为 $R_3 \geqslant 0$,会直接认定所有平台符合资质,消极合作成本 C_6 默认趋近于为零,$C_5 > C_6$。

博弈模型参数说明如表 6-3 所示。

表 6-3 博弈模型参数说明

博弈主体	行为集合	符号	符号说明
P2P 网贷平台	合规经营	R_1 C_1	P2P 借贷平台合规经营的收益 P2P 借贷平台合规经营的成本
	违规经营	ΔR C_2	P2P 借贷平台违规的超额收益 P2P 借贷平台违规经营的成本
监管部门	严格监管	P W C_3	监管部门对借贷平台违规行为的处罚金额 监管部门严格监管带来的社会福利 监管部门进行严格监管的管理成本
	宽松监管	L C_4	监管部门宽松监管造成的社会损失 监管部门进行宽松监管的管理成本
金融机构	积极合作	R_2 C_5	金融机构选择积极合作的收益 金融机构选择积极合作的成本
	消极合作	R_3 C_6	金融机构选择消极合作的收益 金融机构选择消极合作的成本

根据上述参数设定,可得出博弈三方收益矩阵表 6-4。

表 6-4 P2P 网贷平台、监管部门、金融机构的三方博弈收益矩阵

主体行为		金融机构积极合作		金融机构消极合作	
		网贷平台 合规经营	网贷平台 违规经营	网贷平台 合规经营	网贷平台 违规经营
监管 部门	严格 监管	$\begin{pmatrix} W-C_3 \\ R_2-C_5 \\ R_1-C_1 \end{pmatrix}$	$\begin{pmatrix} P-C_3 \\ 0 \\ R_1+\Delta R-P-C_2 \end{pmatrix}$	$\begin{pmatrix} W-C_3 \\ R_3-C_6 \\ R_1-C_1 \end{pmatrix}$	$\begin{pmatrix} P-C_3 \\ R_3-C_6 \\ R_1+\Delta R-P-C_2 \end{pmatrix}$
	宽松 监管	$\begin{pmatrix} -C_4 \\ R_2-C_5 \\ R_1-C_1 \end{pmatrix}$	$\begin{pmatrix} -L-C_4 \\ 0 \\ R_1+\Delta R-C_2 \end{pmatrix}$	$\begin{pmatrix} -C_4 \\ R_3-C_6 \\ R_1-C_1 \end{pmatrix}$	$\begin{pmatrix} -L-C_4 \\ R_3-C_6 \\ R_1+\Delta R-C_2 \end{pmatrix}$

当监管部门严格监管,网贷平台合规经营时,社会福利得以增加,不论金融机构是否选择积极合作,监管部门的收益矩阵均为 $W-C_3$;当监管部门严格监管,网贷平台违规经营时,监管部门会处以平台罚金,不论金融机构是否选择积极合作时,收益矩阵均为 $P-C_3$;当监管部门宽松监管,网贷平台合规经营时,不论金融机构是否选择积极合作时,收益矩阵均为 $-C_4$;当监管部门宽松监管,网贷平台违规经营时,由于无法发现违规行为,造成社会损失,不论金融机构是否选择积极合作,收益矩阵均为 $-L-C_4$。

当金融机构选择积极合作,网贷平台合规经营时,不论监管部门是否选择严格监管,金融机构的收益矩阵均为 R_2-C_5;当金融机构选择积极合作,网贷平台违规经营时,不论监管部门是否选择严格监管,由于金融机构会调查发现该网贷平台不符合要求,从而不进行合作,收益矩阵为 0;当金融机构选择消极合作时,不论监管部门是否选择严格监管以及网贷平台是否选择合规经营,收益矩阵恒为 R_3-C_6。

不论监管部门是否选择严格监管以及金融机构是否选择积极合作,网贷平台合规经营时的收益矩阵恒为 R_1-C_1;当监管部门严格监管时,不论金融机构是否选择积极合作,违规经营的平台在获得额外收益 ΔR 的同时需要支付罚金,收益矩阵均为 $R_1+\Delta R-P-C_2$;当监管部门宽松监管时,无法发现平台违规行为,不论金融机构是否选择积极合作,网贷平台的收益矩阵均为 $R_1+\Delta R-C_2$。

6.6.2 期望收益与复制动态方程

由此可得,P2P 网络借贷平台选择"合规经营"的期望收益 E_x 为:

$$\begin{aligned} E_x &= yz(R_1 - C_1) + y(1-z)(R_1 - C_1) \\ &\quad + z(1-y)(R_1 - C_1) + (1-y)(1-z)(R_1 - C_1) \\ &= R_1 - C_1 \end{aligned} \quad (6-2)$$

式中,$yz(R_1 - C_1)$ 表示监管部门有 y 的概率选择严格监管,金融机构有 z 的概率选择积极合作,在此条件下,网贷平台选择合规经营的收益为 $yz(R_1 - C_1)$;$y(1-z)(R_1 - C_1)$ 表示监管部门有 y 的概率选择严格监管,金融机构有 $1-z$ 的概率选择消极合作,在此条件下,网贷平台选择合规经营的收益为 $y(1-z)(R_1 - C_1)$;$(1-y)z(R_1 - C_1)$ 表示监管部门有 $1-y$ 的概率选择宽松监管,金融机构有 z 的概率选择积极合作,在此条件下,网贷平台选择合规经营的收益为 $(1-y)z(R_1 - C_1)$;$(1-y)(1-z)(R_1 - C_1)$ 表示监管部门有 $1-y$ 的概率选择宽松监管,金融机构有 $1-z$ 的概率选择消极合作,在此条件下,网贷平台选择合规经营的收益为 $(1-y)(1-z)(R_1 - C_1)$。

同理可得,P2P 网络借贷平台"违规经营"情况下的期望收益 E_{1-x} 为:

$$\begin{aligned} E_{1-x} &= yz(R_1 + \Delta R - P - C_2) + y(1-z)(R_1 + \Delta R - P - C_2) \\ &\quad + z(1-y)(R_1 + \Delta R - C_2) + (1-y)(1-z)(R_1 + \Delta R - C_2) \\ &= R_1 + \Delta R - C_2 - P_y \end{aligned} \quad (6-3)$$

由公式(6-2)、(6-3)可得 P2P 网络借贷平台的平均期望收益 $\overline{E_P}$ 为:

$$\begin{aligned} \overline{E_P} &= xE_x + (1-x)E_{1-x} \\ &= x(R_1 - C_1) + (1-x)(R_1 + \Delta R - C_2 - P_y) \end{aligned} \quad (6-4)$$

由公式(6-2)、(6-4)可得 P2P 网络借贷平台具体的复制动态方程为:

$$F(x) = \frac{\mathrm{d}(x)}{\mathrm{d}t} = x(E_x - \overline{E_P}) = x(x-1)(C_1 - C_2 + \Delta R - P_y) \quad (6-5)$$

监管部门选择"严格监管"的期望收益 E_y 为:

$$E_y = xz(W-C_3) + z(1-x)(P-C_3) + x(1-z)(W-C_3)$$
$$+ (1-x)(1-z)(P-C_3)$$
$$= (W-P)x + P - C_3 \tag{6-6}$$

式中，$xz(W-C_3)$ 表示网贷平台有 x 的概率选择合规经营，金融机构有 z 的概率选择积极合作，在此条件下，监管部门选择严格监管的收益为 $xz(W-C_3)$；$z(1-x)(P-C_3)$ 表示网贷平台有 $1-x$ 的概率选择违规经营，金融机构有 z 的概率选择积极合作，在此条件下，监管部门选择严格监管的收益为 $z(1-x)(P-C_3)$；$x(1-z)(W-C_3)$ 表示网贷平台有 x 的概率选择合规经营，金融机构有 $1-z$ 的概率选择消极合作，在此条件下，监管部门选择严格监管的收益为 $x(1-z)(W-C_3)$；$(1-x)(1-z)(P-C_3)$ 表示网贷平台有 $1-x$ 的概率选择违规经营，金融机构有 $1-z$ 的概率选择消极合作，在此条件下，监管部门选择严格监管的收益为 $(1-x)(1-z)(P-C_3)$。

同理可得，监管部门选择"宽松监管"情况下的期望收益 E_{1-y} 为：

$$E_{1-y} = -xzC_4 - z(1-x)(L+C_4) - x(1-z)C_4$$
$$- (1-x)(1-z)(L+C_4)$$
$$= -L + xL - C_4 \tag{6-7}$$

由公式(6-6)(6-7)可得监管部门的平均期望收益 $\overline{E_G}$ 为：

$$\overline{E_G} = yE_y + (1-y)E_{1-y}$$
$$= y[(W-P)x + P - C_3] + (1-y)(xL - C_4 - L) \tag{6-8}$$

由公式(6-6)(6-8)可得监管部门具体的复制动态方程为：

$$F(y) = \frac{dy}{dt} = y(E_y - \overline{E_G}) = y(y-1)[x(L+P-W) + C_3 - C_4 - L - P] \tag{6-9}$$

金融机构选择"积极合作"的期望收益 E_z 为：

$$E_z = xy(R_2 - C_5) + x(1-y)(R_2 - C_5) = x(R_2 - C_5) \tag{6-10}$$

式中，$xy(R_2-C_5)$ 表示网贷平台有 x 的概率选择合规经营，监管部门有 y 的概率选择严格监管，在此条件下，金融机构选择积极合作的收益为 $xy(R_2-$

C_5)；$x(1-y)(R_2-C_5)$ 表示网贷平台有 x 的概率选择合规经营，监管部门有 $1-y$ 的概率选择宽松监管，在此条件下，金融机构选择积极合作的收益为 $x(1-y)(R_2-C_5)$。

同理可得，金融机构选择"消极合作"的期望收益 E_{1-z} 为：

$$E_{1-z} = xy(R_3-C_6) + x(1-y)(R_3-C_6) + y(1-x)(R_3-C_6) \\ + (1-x)(1-y)(R_3-C_6) \\ = C_6 - R_3 \qquad (6-11)$$

由公式(6-10)(6-11)可得金融机构的平均期望收益 $\overline{E_I}$ 为：

$$\overline{E_I} = zE_z + (1-z)E_{1-z} = zx(C_5-R_2) + (C_6-R_3)(1-z) \quad (6-12)$$

由公式(6-10)、(6-12)可得金融机构具体的复制动态方程为：

$$F(z) = \frac{\mathrm{d}z}{\mathrm{d}t} = z(E_z - \overline{E_I}) = z(z-1)[x(C_5-R_2) + R_3 - C_6]$$

$$(6-13)$$

联立公式(6-5)(6-9)(6-13)可得 P2P 网贷平台、监管部门、金融机构的复制动态方程系统：

$$F(x) = x(x-1)(C_1 - C_2 + \Delta R - P_y) \\ F(y) = y(y-1)[x(L+P-W) + C_3 - C_4 - L - P] \\ F(z) = z(z-1)[x(C_5-R_2) + R_3 - C_6] \qquad (6-14)$$

6.6.3 三方演化稳定策略求解

本节将对三方演化博弈模型进行稳定策略求解，并对均衡点进行分析。令公式(6-14)中 $F(x) = \frac{\mathrm{d}x}{\mathrm{d}t} = 0$，$F(y) = \frac{\mathrm{d}y}{\mathrm{d}t} = 0$，$F(z) = \frac{\mathrm{d}z}{\mathrm{d}t} = 0$，可得到网贷平台、监管部门、金融机构三者的复制动态方程的 8 个局部均衡点，分别为：$E_1(0,0,0)$，$E_2(1,0,0)$，$E_3(0,1,0)$，$E_4(0,0,1)$，$E_5(1,1,0)$，$E_6(1,0,1)$，$E_7(0,1,1)$，$E_8(1,1,1)$。演化稳定策略可由雅可比矩阵的局部稳定性分析得出，复制公式(6-14)对应的雅可比矩阵为：

$$J = \begin{bmatrix} F_{11} & F_{12} & F_{13} \\ F_{21} & F_{22} & F_{23} \\ F_{31} & F_{32} & F_{33} \end{bmatrix} \qquad (6-15)$$

式中,$F_{11}=\dfrac{\partial F(x)}{\partial x}=(2x-1)(C_1-C_2+\Delta R-P_y)$,$F_{12}=\dfrac{\partial F(x)}{\partial y}=-Px(x-1)$,$F_{13}=\dfrac{\partial F(x)}{\partial z}=0$,$F_{21}=\dfrac{\partial F(y)}{\partial x}=y(y-1)(L+P-W)$,$F_{22}=\dfrac{\partial F(y)}{\partial y}=(2y-1)[x(L+P-W)+C_3-C_4-L-P]$,$F_{23}=\dfrac{\partial F(y)}{\partial z}=0$,$F_{31}=\dfrac{\partial F(z)}{\partial x}=z(z-1)(C_5-R_2)$,$F_{32}=\dfrac{\partial F(z)}{\partial y}=0$,$F_{33}=\dfrac{\partial F(z)}{\partial z}=(2z-1)[R_3-C_6+x(C_5-R_2)]$。

利用李雅普诺夫间接法:当雅可比矩阵的所有特征值 λ 均具有负实部时,均衡点为演化稳定点;当雅可比矩阵的特征值至少有一个具有正实部时,均衡点为不稳定点。根据雅可比矩阵,可以求出 8 个均衡点的特征值,从而分析各均衡点的稳定性,如表 6-5 所示。

表 6-5 均衡点的稳定性分析

均衡点	雅可比矩阵特征值			特征值的符号 $(\lambda_1, \lambda_2, \lambda_3)$	稳定性
	λ_1	λ_2	λ_3		
$E_1(0,0,0)$	$C_2-C_1-\Delta R$	C_4-C_3+L+P	C_6-R_3	$(-,\times,-)$	不确定
$E_2(1,0,0)$	$C_1-C_2+\Delta R$	C_4-C_3+W	$C_6+R_2-C_5-R_3$	$(+,\times,\times)$	不稳定点
$E_3(0,1,0)$	$C_2-C_1+P-\Delta R$	C_3-C_4-L-P	C_6-R_3	$(\times,\times,-)$	不确定
$E_4(0,0,1)$	$C_2-C_1-\Delta R$	$P-C_3$	R_3-C_6	$(-,\times,+)$	不稳定点
$E_5(1,1,0)$	$C_1-C_2-P+\Delta R$	C_3-C_4-W	$C_6+R_2-C_5-R_3$	$(\times,\times,\times)$	不确定
$E_6(1,0,1)$	$C_1-C_2+\Delta R$	$W-C_3$	$C_5-C_6-R_2+R_3$	$(+,\times,\times)$	不稳定点

续 表

均衡点	雅可比矩阵特征值			特征值的符号 $(\lambda_1, \lambda_2, \lambda_3)$	稳定性
	λ_1	λ_2	λ_3		
$E_7(0, 1, 1)$	$C_2 - C_1 + P - \Delta R$	$C_3 - P$	$R_3 - C_6$	$(\times, \times, +)$	不稳定点
$E_8(1, 1, 1)$	$C_1 - C_2 - P + \Delta R$	$C_3 - W$	$C_5 - C_6 - R_2 + R_3$	$(\times, \times, \times)$	不确定

注："×"表示符号不确定。

在先前的假设中 $C_1 > C_2$, $C_3 > C_4$, $C_5 > C_6$, 且 $C_6 \approx 0$, 因此 $E_2(1, 0, 0)$ 的特征值 $\lambda_1: C_1 - C_2 + \Delta R > 0$, 为正实部, 该均衡点为不稳定点, 同理 $E_6(1, 0, 1)$ 也为不稳定点; $E_4(0, 0, 1)$ 的特征值 $\lambda_3: R_3 - C_6 > 0$, 为正实部, 该均衡点为不稳定点, 同理 $E_7(0, 1, 1)$ 也为不稳定点。由于无法确定 $E_1(0, 0, 0)$, $E_3(0, 1, 0)$, $E_5(1, 1, 0)$, $E_8(1, 1, 1)$ 四个均衡点的特征值是否存在正实部, 下文对这四个均衡点进行具体分析。

结论:

(1) 当 $C_4 - C_3 + L + P < 0$ 时, 演化稳定点为 $E_1(0, 0, 0)$, 即网贷平台选择违规经营, 监管部门选择宽松监管, 金融机构选择消极合作;

(2) 当 $C_2 - C_1 + P - \Delta R < 0$, $C_3 - C_4 - L - P < 0$ 时, 演化稳定点为 $E_3(0, 1, 0)$, 即网贷平台选择违规经营, 监管部门选择严格监管, 金融机构选择消极合作;

(3) 当 $C_1 - C_2 - P + \Delta R < 0$, $C_3 - C_4 - W < 0$, $C_6 + R_2 - C_5 - R_3 < 0$ 时, 演化稳定点为 $E_5(1, 1, 0)$, 即网贷平台选择合规经营, 监管部门选择严格监管, 金融机构选择消极合作;

(4) 当 $C_1 - C_2 - P + \Delta R < 0$, $C_3 - W < 0$, $C_5 - C_6 - R_2 + R_3 < 0$ 时, 演化稳定点为 $E_8(1, 1, 1)$, 即网贷平台选择合规经营, 监管部门选择严格监管, 金融机构选择积极合作。

在不同条件下, 演化稳定点有所不同, 四个均衡点分别对应 P2P 网贷行业发展的四个阶段: 缺乏监管的发展初期; 逐步推进监管的快速发展期; 平台转向合规经营但金融机构尚未重视与转型平台进行合作的整治期; 以及金融机构最终趋向积极合作的理想稳定期。

当 $C_4-C_3+L+P<0$ 时,即监管部门进行"严格监管"和"宽松监管"的管理成本差额大于监管部门对借贷平台违规行为的处罚金额以及施行"宽松监管"时造成的社会损失之和,均衡点 $E_1(0,0,0)$ 是系统的演化稳定策略。平台选择"违规经营",监管部门选择"宽松监管",金融机构选择"消极合作",这是 P2P 网贷平台发展初期的情况,由于政府尚未重视 P2P 平台的监管,未制定政策去约束平台行为,最终造成了平台爆雷不断的局面。

当 $C_2-C_1+P-\Delta R<0$, $C_3-C_4-L-P<0$ 时,即监管部门进行"严格监管"和"宽松监管"的管理成本差额小于监管部门对借贷平台违规行为的处罚金额以及施行"宽松监管"时造成的社会损失之和,并且网贷平台"合规经营"和"违规经营"的成本差额大于监管部门对违规行为的处罚金额以及平台违规的超额收益的差额,在这一情况下,均衡点 $E_3(0,1,0)$ 是系统的演化稳定策略。平台选择"违规经营",监管部门选择"严格监管",金融机构选择"消极合作",这是网贷行业快速发展期的情况,为了减少社会损失,监管部门逐步加强监管,对网贷行业进行整治,平台由于逐利心理或是条件限制依旧倾向于非法运营。

当 $C_1-C_2-P+\Delta R<0$, $C_3-C_4-W<0$, $C_6+R_2-C_5-R_3<0$ 时,即网贷平台"合规经营"和"违规经营"的成本差额小于监管部门对违规行为的处罚金额以及平台违规的超额收益的差额,监管部门进行"严格监管"和"宽松监管"的管理成本差额小于监管部门"严格监管"带来的社会福利,并且金融机构选择"积极合作"和"消极合作"的收益差额小于对应的成本差额,均衡点 $E_5(1,1,0)$ 是系统的演化稳定策略。平台选择"合规经营",监管部门选择"严格监管",金融机构选择"消极合作",这是 P2P 借贷行业整治期的情况,随着政府监管部门对相关政策的完善,网贷市场得到进一步规范,原先的网贷平台只能通过转型的方式在市场上生存,并且由于转型的准入门槛较高,平台只能合规合法地经营。

当 $C_1-C_2-P+\Delta R<0$, $C_3-W<0$, $C_5-C_6-R_2+R_3<0$ 时,即网贷平台"合规经营"和"违规经营"的成本差额小于监管部门对违规行为的处罚金额以及平台违规的超额收益的差额,监管部门进行"严格监管"的管理成本小于对应的社会福利,并且金融机构选择"积极合作"和"消极合作"的收益差额大于对应的成本差额,均衡点 $E_8(1,1,1)$ 是系统的演化稳定策略。平台选择"合规经营",监管部门选择"严格监管",金融机构选择"积极合作",这是 P2P 借贷行业转型清退期的

理想情况,P2P转型为助贷机构或者是网络小贷公司需要金融机构的支持,由于监管力度的加强,在约束原P2P平台转型的同时,也迫使金融机构"积极合作",对平台进行细致地调查,确保其符合资质,从而形成"后P2P时代"良好的运行机制。

6.7 案例分析与数值仿真分析

6.7.1 案例分析——拍拍贷

1. 拍拍贷的转型

拍拍贷是我国第一家具有互联网基因的P2P网贷平台,以"金融触手可及,信用改变中国"为宗旨,将金融技术与大数据融合,从而为广大用户提供更好的信贷服务,推动普惠金融在全国范围内的推广。拍拍贷凭借着先发优势和庞大的客源成为行业龙头,于2017年在美国纽交所上市,成交量高峰时期可达几百亿元。

随着网贷行业进入强监管整治期,拍拍贷顺应时代变化,着手将下沉市场转变为更广泛的客户群体,全面向金融科技转型。2019年底,拍拍贷正式发布公告称,不再新增P2P业务,并且将公司名称改为"信也科技"。在其财报中显示,公司已强化了风险评估和管理体系,同时也增加了与其进行合作的金融机构,机构和银行成了主要的资金来源。2020年10月中旬,拍拍贷成功清退网贷业务,转型为助贷平台,通过大数据风控技术、客户流量渠道等优势,旨在为借款者匹配合适的金融机构的资金,为广大用户提供更加稳定、安全的服务。

2. 拍拍贷的问题

在互联网金融整治的大环境下,拍拍贷想要努力摆脱P2P的烙印,打着"正规借贷平台"和"低利率"的旗号,在各类短视频平台投放宣传广告。然而,在黑猫投诉平台上有多达两万条针对拍拍贷的投诉,包括但不限于利率高于合同利率、暴力催收并且威胁恐吓借款人、信息泄露等问题。一方面,各种隐形费率致使实际年化贷款利率无法达到标榜的7%,存在欺骗消费者的嫌疑;另一方面,由于助贷平台的运营成本比网贷平台有所增加,致使贷款的利息不能低,坏账率不能高,在目前的信贷环境下,当用户出现逾期之后,拍拍贷依然会采用P2P时代暴力催收的方式。

从拍拍贷的转型来看，不管是 P2P 网贷平台、助贷平台，还是金融科技公司，仍旧存在放贷属性，区别在于放贷资金从个人投资变成了机构资金。表面上看，助贷业务帮助金融技术回到了"信息中介"的本质，实际上，除了对借款人造成的危害之外，银行所要面对的监管套利的风险也不容忽视。一方面，一些助贷机构未获得融资担保的牌照，并不具备"兜底"的能力；另一方面，在联合信贷中，科技金融机构的杠杆比例偏高。

6.7.2 数值仿真分析

为了验证 P2P 网贷平台、监管部门和金融机构间演化稳定分析的有效性，本小节运用 MATLAB R2018b 进行数值仿真分析。首先，结合我国网贷行业的基本情况，假定各参数初始值如表 6-6 所示。

表 6-6 各参数的赋值

参　数	参　数　意　义	赋　值
R_1	P2P 借贷平台合规经营的收益	50
C_1	P2P 借贷平台合规经营的成本	20
ΔR	P2P 借贷平台违规经营的超额收益	10
C_2	P2P 借贷平台违规经营的成本	10
P	监管部门对借贷平台违规行为的处罚金额	25
W	监管部门严格监管带来的社会福利	25
C_3	监管部门进行严格监管的管理成本	20
L	监管部门宽松监管造成的社会损失	20
C_4	监管部门宽松监管的管理成本	10
R_2	金融机构选择积极合作的收益	30
C_5	金融机构选择积极合作的成本	10
R_3	金融机构选择消极合作的收益	15
C_6	金融机构选择消极合作的成本	0

下文将通过假定不同参数分析博弈行为的变化,以分析相关因素对博弈行为的影响,如何使博弈最终趋于理想状态。

1. 监管部门对借贷平台违规行为的处罚金额 P 对平台行为的影响

假设其他参数不变,根据上文针对四个均衡点的分析,可知 $E_1(0,0,0)$ 若为稳定点需满足 $C_4-C_3+L+P<0$,即 $P<C_3-C_4-L$,根据初始赋值 $C_3=20$,$C_4=10$,$L=20$,可知 $C_3-C_4-L=-10$,由于所有参数均≥0,无法成立;$E_3(0,1,0)$ 需满足 $P<C_1-C_2+\Delta R=20-10+10=20$ 以及 $P>C_3-C_4-L=-10$;$E_5(1,1,0)$ 以及 $E_8(1,1,1)$ 均需满足 $P>C_1-C_2+\Delta R=20$。因此,改变参数处罚金额 P 的赋值分别为 10、20、30 验证稳定性分析,仿真结果如图 6-6 所示。

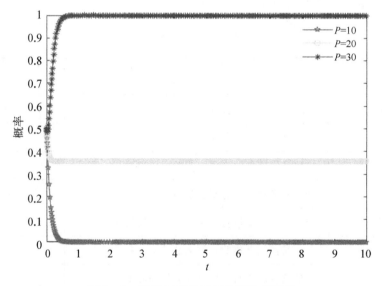

图 6-6 处罚金额 P 对平台行为的影响

从图 6-6 可知,由于纵轴表示的是 P2P 网贷平台合规经营的概率,处罚金额 P 越大,网贷平台合规经营的行为收敛于 1 的速度越快,即选择合规经营的概率越高。当处罚金额超过平台违规经营得到的额外收益,平台会被迫遵守法规,趋向于合规运营以规避高额罚款,从而达到了规范平台运作的效果。

2. 政府严格监管成本 C_3 对监管部门行为的影响

假设其他参数不变,根据 $E_1(0,0,0)$ 若为稳定点需满足 $C_3>C_4+L+P=$

$10+20+25=55$，$E_3(0,1,0)$需满足 $C_3<C_4+L+P=55$，$E_5(1,1,0)$需满足 $C_3<C_4+W=35$，$E_8(1,1,1)$需满足 $C_3<W=25$，改变参数监管成本 C_3 的赋值分别为 20、30、60 验证稳定性分析，仿真结果如图 6-7 所示。从图 6-7 中可知，正常情况下政府都趋向于严格监管，但在行业发展初期，由于需要从零制定完善配套的政策体系，意味着很高的监管成本，高监管成本会影响监管部门的决策，从而选择放宽监管。但随着大众的投诉、技术进步、监管经验的积累，监管部门最终还是会选择严格监管规范市场行为。

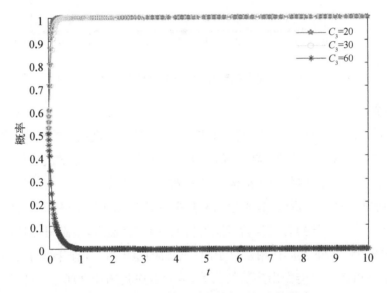

图 6-7 监管成本 C_3 对监管部门行为的影响

3. 金融机构积极合作收益 R_2 对金融机构行为的影响

假设其他参数不变，根据 $E_5(1,1,0)$ 若为稳定点需满足 $R_2<C_5+R_3-C_6=10+15-0=25$，$E_8(1,1,1)$ 需满足 $R_2>C_5+R_3-C_6=25$，改变参数监管成本 C_3 的赋值分别为 15、25、35 验证稳定性分析，仿真结果如图 6-8 所示。从图 6-8 中可知，在金融机构选择积极合作获得的收益较少的时候，无法承担积极合作所需要的成本，即对面临转型的网贷平台严格审查所需要耗费的资金，从而趋向于消极合作以减少合作成本。随着市场逐步踏上正轨，积极合作收益得到增加，金融机构会转向积极合作。

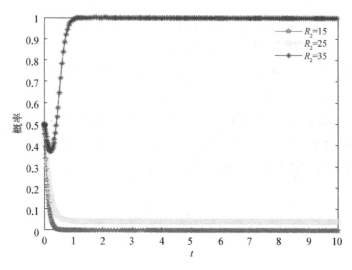

图 6-8 积极合作收益 R_2 对金融机构行为的影响

结论：

监管部门对网贷平台的处罚金额越高，平台选择合规经营的概率越高；政府监管需要的监管成本越低，监管部门会更趋向于严格监管；金融机构与转型的网贷平台的合作收益越高，金融机构更愿意选择积极合作。

上述演化博弈分析可知，要达到网贷平台、监管部门、金融机构的理想行为集合，即网贷平台选择合规经营，监管部门选择严格监管，金融机构选择积极合作，需要多个因素的共同作用。对于网贷平台的违规行为，监管部门的处罚金额越高，平台就越不可能做出违法的决策，从而倒逼其选择合规经营；监管成本会影响监管部门的监管力度，随着监管成本在监管政策体系的逐步完善下得以下降，监管部门会趋向于严格监管，稳定转型期的行业秩序；对于金融机构而言，当网贷市场顺利完成转型清退，积极合作带来的收益高于审查平台资质花费的成本时，金融机构为了更好地获利，扩大营业范围，会选择积极合作。

6.8 结论与建议

6.8.1 主要结论

本小节通过现状分析和演化博弈分析法，对我国 P2P 网络借贷行业的监管机制进行了研究，主要结论如下：

(1) 当 $C_4-C_3+L+P<0$ 时，演化稳定点为 $E_1(0,0,0)$，即网贷平台选择违规经营，监管部门选择宽松监管，金融机构选择消极合作；当 $C_2-C_1+P-\Delta R<0, C_3-C_4-L-P<0$ 时，演化稳定点为 $E_3(0,1,0)$，即网贷平台选择违规经营，监管部门选择严格监管，金融机构选择消极合作；当 $C_1-C_2-P+\Delta R<0, C_3-C_4-W<0, C_6+R_2-C_5-R_3<0$ 时，演化稳定点为 $E_5(1,1,0)$，即网贷平台选择合规经营，监管部门选择严格监管，金融机构选择消极合作；当 $C_1-C_2-P+\Delta R<0, C_3-W<0, C_5-C_6-R_2+R_3<0$ 时，演化稳定点为 $E_8(1,1,1)$，即网贷平台选择合规经营，监管部门选择严格监管，金融机构选择积极合作。

(2) 处罚金额、监管成本、合作收益等因素会影响博弈主体行为。监管部门对网贷平台的处罚金额越高，平台选择合规经营的概率越高；政府严格监管需要的监管成本越低，监管部门会更趋向于严格监管；金融机构与转型的网贷平台的合作收益越高，金融机构更愿意选择积极合作。多个因素的共同影响，最终会使行为集合趋向于理想状态，即网贷平台选择合规经营，监管部门选择严格监管，金融机构选择积极合作。

6.8.2 监管政策建议

1. 完善网贷平台退出与转型规则

(1) 积极化解退出平台的贷后处置问题

P2P 网贷平台在完成退出之后，剩余存量、资金兑付等问题仍有待进一步处理。为了保护投资者的合法权益，监管机构必须从制度上规范 P2P 平台的清退，明确关停机构的资产处置程序。监管层要建立备案机制，明确退出流程和处理办法，强化对不良债权的治理，促进 P2P 业务的正常出清。比如，有些地区将处置后的资金划拨到专用账户，再按照一定比例退还给投资人，政府可推行这种形式，保证投资人不会因平台清退利益受损。

(2) 大力推进网贷平台的合规转型

网贷平台的三个主要转型方向分别为：网络小贷公司、助贷平台以及消费金融公司，然而高门槛以及有限发展空间阻碍了 P2P 借贷平台的有效转型。当前，金融技术监管环境处于变革之中，投资机构对此一直抱着观望的态度，致普通平台很难在二级市场上找到投资公司和股东,难以转型。因此,政府监管部门可以适当降低准入门槛,确保小型平台也有资本能够进入新市场,给予积极合作的金融机构一定的福利,但与此同时,应进一步完善相关法律,比如制定具有针对性的政策,规范助贷平台的行为,明确助贷业务的定义以及平台与合作金融机构间的业务界限等。

2. 建立健全长效监管机制

(1) 健全有关法规提高违法成本

造成我国P2P网贷行业爆雷不断的一个重要因素是行业发展前期的"监管真空",很多上线的网贷平台其实并不具备运营资质,但由于政府缺乏有效的干预措施,没有制定监管制度和法律法规约束平台行为,最终造成问题爆发。政府部门要不断完善相关的法律细则,制定行业经营规范,尽快健全互联网金融法律体系,修改有关刑事责任,完善有关财产追缴机制以及问责制度,加大平台违规经营的违法成本,倒逼网贷平台以更合理合法的方式获取利益。

(2) 多途径有效降低监管成本

一方面,监管部门可以利用科技手段,减少金融监管的费用。例如,利用政府信息公开的方式,对网络借贷平台的违法行为进行实时发布,风险评估结果等,或者通过对互联网金融平台进行社会监督,让群众参与到行业整治的过程中,在减轻政府监管压力的同时也获得了良好的社会评价。此外,通过构建行业大数据指数,对网贷平台进行风险监控,为民众进行投资决策提供依据,也能够起到降低问题平台的收益的作用,从而免去了后续监管行为。另一方面,监管机构应重视行业自律在监管中起到的重要作用。先前的行业协会存在治理结构不健全、监督管理不到位、职能发挥不充分等问题,政府应着手剥离互联网金融协会的政府属性,通过行业协会的日常监督,缩减监管机构的规模以及运营成本。

3. 着力构建良好市场环境

(1) 建立行业统一信用评级系统

信息不对称造成的信用风险是网贷平台存在的核心问题,在转型清退期,相关部门更应该重视征信的重要性,保护借贷人的信息不被平台泄露。政府需要运用央行的征信系统,构建行业统一的征信体系,使非传统金融机构也能够掌握个人信用信息,从而优化市场资源配置,将资源转移到恰当的借款人手中。监管部门通过要求平台定期进行信息披露,结合征信机构的数据库,对平台用户进行信用评价,提升了信息透明度,有效化解了单一平台的数据不完整、评价不准确等问题。这一举措在提高服务实体经济能力的同时,能够推动我国互联网金融整体的健康发展。

(2)加强对网贷行业的正确引导

问题平台的出现多是由于逐利思想以及侥幸心理作祟,政府可以设立激励机制,给予合规经营的网贷平台一定的政策优待以及物质奖励,从而让平台与监管部门目标一致,提高行业自律性。此外,很多投资者并不了解平台的资质以及借贷流程就盲目从众。政府可以与金融机构以及互联网金融平台合作,利用线上平台开展宣传,促使广大投资者提高风险防范意识,强化网贷平台运作机制及投资知识的宣传和教育。

第 7 章
机制设计在电商平台直播业务中的应用

电商直播行业从 2015 年开始发展至今,行业的增量时期已经结束,各大电商直播平台的目标已经从谋求快速增长转向维护现有存量,而存量时代面临的第一个问题就是头部效应显著。本章从空谈博弈的视角来研究电商直播中主播的宣传和消费者的购买决策行为并对比了引入诚实主播前后的社会福利。宣传行为设定为空谈博弈中的信号发送行为,消费者在接收到信号后作出买与不买的决策。本章认为当市场仅存在逐利主播的时候,逐利主播总有动机夸大产品质量,消费者的效用和总体的社会福利都会受损。相对的,在引入诚实主播后的均衡时消费者效用和社会福利均能得到改善。

7.1 研究背景

根据中国互联网络信息中心发布的《中国互联网络发展状况统计报告》显示,截至 2021 年 12 月,我国网民规模为 10.32 亿人,较 2020 年 12 月新增网民 4 296 万人,互联网普及率达 73%,较 2020 年 12 月提升 2.6 个百分点。截至 2021 年 12 月,我国网络直播用户规模达 7.03 亿人,较 2020 年 12 月增长 8 652 万人,占网民整体的 68.2%。其中,电商直播用户规模为 4.64 亿人,较 2020 年 12 月增长 7 579 万人,占网民整体的 44.9%。电商直播是 2021 年网络直播行业发展最为突出的业态。随着电商直播业态的火热发展,越来越多的中小商户将自建直播渠道作为重点。其中,值得注意的是"快手"2021 年第二季度绝大部分电商交易额均来自私域流量(私域流量一般指品牌或个人自主拥有的、可以自由控制、免费的、多次利用的流量,通常的呈现形式是个人微信号、微信群、小程序、在本章主要指品牌或个人利用自营直播间销售产品）。2017年12月—2021年12月网络直播用户（间）规模如图7-1：

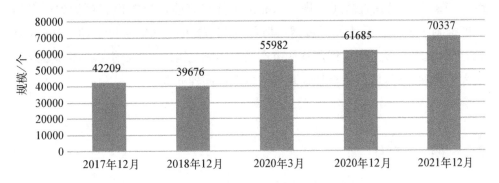

图7-1　2017年12月—2021年12月网络直播用户（间）规模

数据来源：中国互联网信息中心

在电商直播行业蓬勃发展的同时，电商直播的流量垄断（头部效应）的问题也日渐突出。2019年，快手全年电商直播商品交易总额为400亿元，主播辛巴的带货数据高达133亿元，约占平台带货总数近1/3。2020年"双十一"期间，淘宝、快手和抖音带货前五十名主播的销售总额约317亿元，其中四名头部主播薇娅、李佳琦、辛巴和雪梨总带货额为209.8亿元，占比66%。天量带货额度的结果就是，越来越多的品牌选择与头部主播合作，头部主播也在与品牌的谈判过程中拥有越来越强的议价能力，以李佳琦和薇娅的直播间为例，她们直播的许多产品价格甚至能够低于市场上所有已标价格。强劲的带货能力吸引更低价格的产品，更低价格的产品吸引更多消费者进入直播间，头部主播的虹吸效应成为一个正反馈的过程。除此之外，头部主播还会使用各种其他手段来提高消费者的留存度。以快手主播辛巴为例，他会称直播间的消费者为"家人"，会营造"草根逆袭"的人设和故事，通过模糊消费者的理性认知路径和影响消费者的情感认知路径[Petty和Cacioppo(1986)]来提高消费者留存度和消费热情。与流量垄断问题同时出现的还有另一个问题：假冒伪劣产品。根据长三角消保委联盟公布2020年度投诉统计显示，2020年长三角消保委联盟共受理网络消费投诉111 671件，除了传统的网络购物投诉外，直播带货和网络游戏问题反映较为集中。关于网络直播带货，消费者投诉反映的问题主要集中在商品质量、销售宣传、售后服务等方面，具体包括商品质量货不对板，甚至销售"三无"、假冒伪劣产品;宣传不实,夸大产品功效,虚假优惠促销,承诺不兑现;售后服务难保障,平台、主播互相推卸责任,消费者找不到售后维权主体;直播数据、销量刷单造假等。2020年辛巴在直播间销售糖水燕窝事件将直播带货销售假冒伪劣产品的热度推到了顶峰。据其公司披露,其退一赔三政策应承担赔付金额6 198.3万元,可以发现头部主播销售假冒伪劣产品的影响范围广、涉及消费者多和涉及金额大。无独有偶,之后在李佳琦直播间也爆出同样问题。

7.2 研究方法

1. 文献研究法

文献研究法是根据一定的研究目的或课题,通过调查文献来获得资料,从而全面地、正确地了解掌握所要研究问题的一种方法。本章在确定研究主题后,通过浏览相关研究,发现了现有关于电商直播研究的局限,并通过阅读空谈博弈相关文献在丰富研究手段的同时也确定了进一步的研究方向。

2. 建模法

建模法是以经典模型为基础,根据实际研究对象构建数学模型进行研究的方法。本章采用了Crawford和Sobel(1983)构建的空谈博弈的对于专家和决策者的设定,但是将专家和决策者的效用函数修改为了线性函数,同时本章对于诚实主播和逐利主播的设定沿用了田森和雷震(2017)的设定,最终构建了本章中消费者与主播的空谈博弈模型。

7.3 文献综述

7.3.1 电商直播研究综述

通过对有关电商直播的研究进行梳理和归纳可以发现,当前对电商直播的研究有三个主要方向:电商直播的经济效益、电商直播相关的消费者和企业行为以及电商直播中的合规问题研究。

与经济效益相关的文献通常认为电商直播的发展对经济发展有正向影响。徐德英和韩伯棠(2016)通过运用机制分析和空间计量经济方法研究电商模式下区域创新绩效和空间溢出效应发现电商作为信息化和交通便利度的完美结合，极大地促进了区域创新能力的发展对创新的空间溢出效应也具有积极推动作用。Yin和Choi(2021)采用引力模型考察了2000—2018年中国跨境电商对"一带一路"国家出口商品和服务的影响，发现中国服务业贸易对服务贸易的正向影响大于对货物贸易的正向影响，尤其是在"一带一路"倡议实施后。Josep等(2022)通过实证分析得出结论电子商务创造了比传统零售业更高工资的合格工作岗位，而且不会给员工带来额外的劳动力不确定性。

更多的学者则关注的是电商直播相关的消费者行为、企业行为。刘凤军等(2020)通过质性研究和定量研究相结合的方法发现网红的专业性、可信性和互动性可以通过消费者的实用性认知路径对消费者的消费行为起促进作用，网红的吸引力和互动性还可以从消费者的情感认知路径对消费者的消费行为起促进作用。裴学亮和邓辉梅(2020)运用价值共创理论构建电子商务平台电商直播价值共创行为过程理论模型，并通过结构方程模型进行实证检验得出的结论是：电商在直播间主动地提出价值主张对销量的增长有显著的促进作用。文悦等(2019)通过构建零售商、电商平台和第三方物流(3PL)的三方博弈研究网络销售平台中的需求信息共享策略得出结论零售商在均衡时选择是否与平台共享信息取决于电商平台的服务效率。

关注电商直播中的合规问题的研究大多数采用了三方演化博弈的研究方法。张丽等(2020)构建了平台、供应商和消费者的三方动态博弈来研究电商生态中的种群信用机制发现商家选择"诚信"策略的种群规模取决于电商平台的监管概率和消费者选择"投诉"策略的种群规模。刘春发等(2022)通过平台、供应商和主播的三方演化博弈得出结论基于收益和风险的考虑，平台需要保持适度的监管和惩罚力度以促进主播和供应商规范自己行为的积极性。同时刘春发等还得出结论平台过高的补贴是一个不稳定的策略。万晓榆和赵思齐(2022)运用演化博弈理论构建了政府部门与直播平台间的动态演化模型，他们的研究表明加大对网络直播平台违规行为的惩罚力度，同时增加合规潜在收益和降低违规收益，有利于引导网络直播平台策略选择向合规演化。

7.3.2　空谈博弈研究综述

空谈博弈模型最早由 Crawford 和 Sobel(1982)在策略性信息交流一文中提出。Crawford 和 Sobel(1982)的模型显示了在信息没有成本且不可验证的情况下进行有效交流的可能性。Sobel(1993)认为当博弈参与人拥有一种预先存在的共同语言时,空谈博弈便可发生,并且只有可信度才会限制交流。Bagwell 和 Ramey(1993)表明,"无成本"的沟通可能并不总是足以匹配产品与买家。当消费者和公司的动机不一致时,公司不得不求助于耗散性宣传行为即可能存在虚假陈述的动机。Sørensen 和 Marco(2006)认为在结果可被公布的空谈博弈中信息传递者有动机去操纵信息报告即不完全披露信息以获得更好的声誉以参与下一次博弈。Chakraborty 和 Harbaugh(2010)考虑了多维属性产品的不可验证宣传行为的情况,他们认为是当消费者对产品的水平和垂直特性都不确定时,企业可以通过强调其中一个维度(而不是两个维度)从沟通中获益。企业可以通过对消息空间进行分割使消息之间变得无关,从而获得可信性。Mayzlin 和 Shin(2011)在考虑了企业的宣传行为披露决策,并表明在带宽有限的传播背景下,企业可能会选择无信息的宣传行为。Kim 和 Rothenberg(2013)建立了多维空谈博弈模型,他们发现:噪声、游说者与立法者之间的偏好对齐和游说者冲突的联合效应是立法者将收到的信息数量的决定因素。Haan 等(2015)构建了一个廉价谈话和金钱都可被使用的空谈博弈模型。他们的研究发现信息发送者更喜欢通过无成本的消息进行通信。只有当发送者和接收者之间的兴趣差异增加时,廉价的谈话才会被打破,高类型的发送者开始用钱来提高他们的廉价信息的可信度。Hämäläinen 和 Leppänen(2016)将空谈博弈应用到了斯塔克伯格博弈中,他们发现在有空谈博弈的设定下,追随者拥有实际上的先动优势并在理论上应当获得收益,并且虽然市场的领导者的私有收益信息会导致较低频次的合作,但是只要有空谈博弈的设定存在合作就一定会发生。Ishida 和 Shimizu(2016)构建了一个信息接收者已经提前收到了一个不完全的信息的空谈博弈模型。他们认为当接收者变得更了解情况时,沟通的范围受到严重的限制。此外,在一个有两个信号的简单例子中,对于任意小程度的偏好不一致,没有信息可以通过廉价交谈传递。Daniel 等(2019)通过研究 e-Bay 上 2005—2006 年未经证实的慈善捐赠承诺数据发现闲言闲语和销售额之间的负面关系集中在卡特里娜飓风之后的几个月里。他们的实证研究表明当有可供验证的承诺存在时，消费者倾向于规避参与空谈博弈。Cosano 和 Jiménez(2021)构建了四个由战略互补和战略协调这两个激励因素相互作用而产生的模型。他们认为在互补激励下，廉价交谈提高了效率，而在协调激励下，廉价交谈提高了协调水平。

7.3.3 文献综述

近年研究电商直播的学者的研究开始从研究电商直播的商业模式转向电商直播的合规问题，研究方法也从以定性分析为主转向用演化博弈研究行业内各方参与人的动态演化过程。在已有研究中竞争和参与人类型作为市场和博弈的重要因素却鲜有提及。空谈博弈模型的研究集中在抽象和泛性的模型的修正和改进上，鲜有将空谈博弈模型应用到具体的商业场景的研究，少数将空谈博弈应用到商业场景的研究实质上主要是研究委托代理问题，空谈博弈模型通常作为补充一笔带过。

7.4 电商直播发展现状及市场分析

7.4.1 电商直播的定义与特征

1. 定义

电商直播，是一种营销方式，在法律上属于商业广告活动。电商直播以"直播＋内容＋电商"的模式来进行产品销售，通过直观的产品介绍，吸引客户来购买自己的商品，具有直观、迅速、交互性强、内容丰富等推广优势。电商直播的性质在近两年已经发生了转变，刘平胜(2020)认为因电商直播体量和影响力的不断增大，应该将电商直播作为一个行业来看待。刘平胜和石永东(2020)将电商直播定义为电商或主播在线上平台利用直播技术展示、推广和出售商品或者服务的商业行为。谢莹等(2019)认为电商直播和传统的推销行为(电视购物和明星代言)存在根本区别，具体表现在传统的推销行为重心在于事前设计和单向传播，但是直播带货是主播与观众在共存虚拟空间中的双向实时互动。笔者在模型构建部分沿用了刘平胜和石永东(2020)对电商直播是商业宣传行为的定义。

2. 特征

电商直播具备四要素：主播、消费者、货品和剧本。成功的主播通常具有人设适宜、与产品风格和品牌调性匹配的特征。在电商直播行业中消费者被进一步划分为私域、它域和公域流量。私域流量是指从公域(互联网)、它域(平台、媒体渠道、合作伙伴等)引流到自己私域(官网、客户名单),以及私域本身产生的流量(访客)。私域流量作为市场营销活动客户数据的重要性体现在私欲流量可以进行二次以上链接、触达、发售。通常直播间的私域流量是直播带货的主要消费群体,也是主播互动的主要目标。在直播间销售的货品早期通常是具有突出卖点、价格实惠便宜等特点,但是在经过2018—2021年直播行业井喷式的发展过后,出现在直播间的货物品类变得非常丰富。小到纸巾,大到家电汽车,只要匹配了合适客户群体和应用场景在直播间都能有不俗的销量表现。剧本作为一个元素,它存在的必要性源自主播、用户、货品三者是基于场景交互的,需要按照既定剧本控制的剧情形成"场域"才能促成大量成交。

7.4.2 发展分析

1. 快速发展期(2015—2017年)

电商直播并非起源于电商平台而是以培养意见领袖为主要策略的导购社区。在2009—2011年以内容为驱动的导购社区美丽说、蘑菇街相继上线,用户可以在平台上推荐、分享和评论商品,在当时各大平台间还没有开始建立竞争壁垒(例如转发限制),蘑菇街和美丽说的用户可以将感兴趣的内容转发到用户数量更庞大的社交媒体上。导购社区的出现标志着消费决策的主权开始转到了消费端,也促使更多个体参与线上商业的运作,加速了网红经济的商业化进程。随着智能手机的普及和移动流量成本的下降,社交、娱乐类产品井喷,移动互联网在中国快速普及。从图文到视频,互联网媒介的信息密度也在升级。于是,快手、抖音等短视频平台应运而生。线上零售也顺应趋势开始增加商品展示的信息量,此时,一向对市场变化嗅觉敏锐的蘑菇街开始积极拥抱新的技术和社交玩法。

2016年3月,本身有网红资源积累的蘑菇街率先上线视频直播功能,并开始扶持旗下网红主播的孵化和经纪业务。淘宝也在5月推出了淘宝直播,随后各综合电商、跨境电商、母婴电商正纷纷跳入直播大潮。

与现在格局相反的是,早期淘宝直播的表现一直逊色于蘑菇街。对淘宝来说,主播是一个第三方角色。一些网红经纪公司有针对性地培训旗下网红主播输送给电商平台,双方是委托代理的关系。主播在淘宝上完成商家发布的推广任务获得佣金。商品、主播和消费者三者的关系是割裂的。而时至今日仍在流行并且蓬勃发展的直播模式仍是蘑菇街首创的模式。基于导购社区变现的核心是导购网红,所以蘑菇街早期的电商直播就以培养孵化拥有私域流量的意见领袖为核心,让主播以专业内容构建信任,帮助消费者缩短决策时间,站在消费者一方,在早期就发现了直播对产品展示以及跟消费者实时互动的价值。

2. 商业变现期(2017—2019年)

伴随着电商直播的诞生,以赚取打赏为盈利目标的直播业态也开始出现。得益于赚钱快和轻松这两点,这一业态从出现便击败了早期的电商直播,许多电商直播的主播转向纯粹的打赏主播。早期致力于又当意见领袖又当电商导购的主播开始式微。在当时监管部门对打赏主播这一新兴业态还并不熟悉,也就导致了这一时期的直播行业乱象频生,各种违法违规的平台开始出现,各种违法违规的主播也开始扰乱市场秩序,市场监管也出现了一刀切和防太宽的两种极端现象。但在经历一段时间的政策摇摆之后,针对直播行业的监管力度倾向严监管。政府对直播平台开始做出相关的规范以此约束违法违规行为,在监管趋严的状态下,很多不合规的直播平台和企业相继倒闭,资本进入的脚步放缓,企业融资遭遇困境。至此,直播平台开始谋求变现。当时打赏和广告是主要的变现模式。然而好运不久,直播平台的竞争逐渐呈现白热化以及受到直播内容的同质化影响,上述两种变现模式不再适用于当时的情况,直播平台重拾电商直播。但当时的电商直播是纯粹的以商业变现为目的的,商业模式不成熟,不注重培养种子用户和高黏度粉丝等问题突出,电商直播行业整体低迷。

3. 商业爆发期(2020年至今)

电商直播走出低谷期以李佳琦和薇娅的爆红为标志,并因为2020年新冠肺炎疫情(以下简称"疫情")期间"宅经济"的发展开始爆发。

2016年底,网红机构美ONE提出BA网红化,随后欧莱雅集团与美ONE一拍即合,尝试举办了BA网红化的淘宝直播项目比赛,作为BA中销冠的李佳琦获得了参赛资格,随后凭借出色的能力在比赛中脱颖而出,最终签约美ONE成为一名美妆达人。2017年,李佳琦的淘宝粉丝达到数十万人,并一举拿到了当年淘宝直播盛典中的Top1主播。同年9月,更是受邀担任雅加达亚运会火炬手。2018年9月,李佳琦成功挑战"30秒涂口红最多人数"的吉尼斯世界纪录,成为涂口红的世界纪录保持者,自此被誉为"口红一哥",2018年"双十一"与马云pk卖口红,最终战胜马云。2018年12月相继开通抖音、小红书、快手等社交账号。截至2019年6月,李佳琦全网粉丝已近5 000万人。李佳琦的爆红打破了主播依托平台流量的局限性,众多主播纷纷开始效仿打造人设培育自己的私域流量。主播的私域流量和平台的公域流量形成互哺。

2020年伊始,电商直播也不再局限于只是一种营销渠道。由于受到疫情的影响,在限制流动的情况下,商家、消费者、供应商汇聚一堂,电商直播为经济复苏带来了新的活力,成为了零售多元化时代凸显出来的新兴业态。

2020年5月6日,据《人民日报》报道,第一季度全国网络零售市场运行基本平稳,"宅经济"成为市场热点,商务部大数据监测显示,第一季度电商直播超过400万场。截至2020年6月,中国电商直播、短视频及网络购物用户规模较2020年3月增长均超过5%,电商直播用户规模达3.09亿人,较2020年3月增长4 430万人,规模增速达16.7%,成为上半年增长最快的个人互联网应用。

与此同时,直播间产生的巨大流量也吸引了众多艺人、主持人和业界名流的加入。例如知名演员刘涛在某电商平台做直播分享好物;央视主持人朱广权与李佳琦合作"带货湖北"助力湖北经济,格力电器董事长董明珠、锤子手机创始人罗永浩、搜狐CEO张朝阳、网易创始人丁磊等企业家入驻短视频平台开启直播带货新潮流。

随着互联网用户增量的见顶,电商直播的用户增长也逐渐放缓,各大平台和监管部门的目标开始从发展增量转向维护存量。平台开始加大对产品质量和主播行为规范的监督,监管部门的政策也以扶持助推为主开始转向以监督管理为主。

7.4.3　市场分析

1. 市场规模

2018年开始,中国电商直播行业成为风口,2019年李佳琦等当红主播的强大流量和变现能力进一步催化电商直播的迅速发展。2020年疫情的发生催生了"宅经济"的进一步火热,激发了电商直播行业的活力,市场规模相较于2019年增长121%,达9 610亿元。2021年电商直播市场规模将达12 012亿元,2022年电商直播市场规模进一步上升至15 073亿元。2017—2022年电商直播市场规模如图7-2所示。

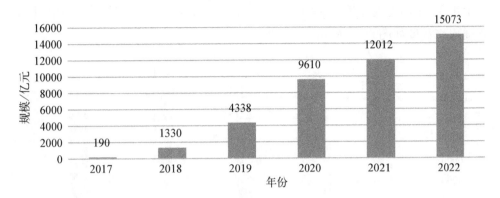

图 7-2 2017—2022 年中国电商直播市场规模

数据来源：中商情报网(WWW.ASKCI.COM)

由于电商直播行业发展迅猛,其规模也在不断增加。同时,电商直播在政策利好的背景下,直播观看用户规模也在逐年稳步增加,预计将持续刺激电商行业的发展。数据显示,2021 年中国在线直播观看用户规模达 6.35 亿人,同比增长 8.2%,2022 年的在线直播观看用户规模进一步增至约 6.6 亿人。2017—2022 年中国在线直播观看用户规模如图 7-3 所示。

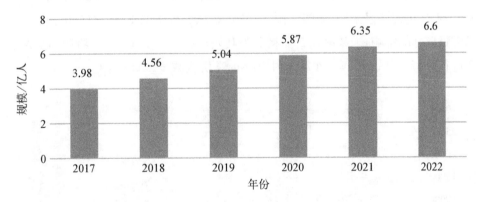

图 7-3 2017—2022 年中国在线直播观看用户规模

数据来源：中商情报网(WWW.ASKCI.COM)

随着市场规模的增大,电商直播的成交量也呈现爆发式增长,电商直播从无到有,到 2021 年万亿元的市场规模仅花了几年的时间。2017 年中国电商直播成交额为 268 亿元,2020 年上升为 12 881 亿元,增长 4700%,发展迅速。2021

年上半年,中国电商直播成交额达 10 941 亿元。2017—2021 年上半年中国电商直播成交额度如图 7-4 所示。

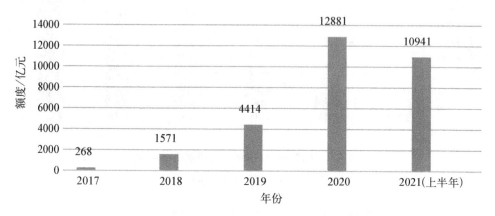

图 7-4　2017—2021 年上半年中国电商直播成交额度

数据来源:中商情报网(WWW.ASKCI.COM)

2. 竞争格局

随着市场规模的扩大,电商直播行业的竞争愈发激烈。中国 MCN 机构数量增长迅速,从 2016 年不到 500 家到 2020 年突破 20 000 家,MCN 机构规模越发庞大。MCN 机构的繁荣离不开电商直播和相关平台、政策的支持。受到电商直播市场前景良好的影响,未来电商直播将成为其发展的重要方向,机构将吸引更多主播进行带货宣传。2016—2020 年中国 MCN 机构数量统计如图 7-5 所示。

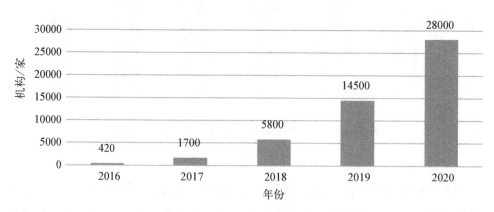

图 7-5　2016—2020 年中国 MCN 机构数量统计

数据来源:中商情报网(WWW.ASKCI.COM)

电商直播平台中,三大平台竞争激烈,但淘宝仍占据较大优势。头部平台如淘宝、拼多多、抖音的月活跃用户(Monthly active users,MAU)较高。以2021年5月数据为例,如图7-6所示。

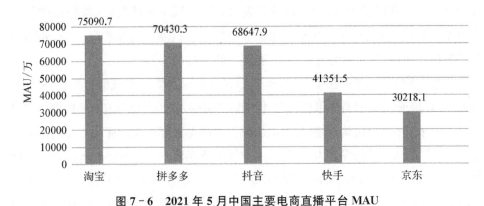

图7-6 2021年5月中国主要电商直播平台MAU

数据来源:中商情报网(WWW.ASKCI.COM)

头部主播的分布以头部平台为依托高度集中,全网排名前30的主播又依托三大头部主播形成薇娅系、李佳琦系、辛巴系三大派系。结合平台销售数据也可以看出,电商直播行业的主要销量皆靠三大主播拉动。

通过对直播平台的发展现状和竞争格局的分析可以发现,在经历了早期的全平台发展的衰退之后,各大直播平台的策略都转向了以扶持头部主播打造"明星效应"为主、通过头部主播带动腰部主播为辅的发展策略,形成了2021年的"三超多极"的格局,电商直播行业头部效应显著。但是随着电商直播用户增长的见顶和各大监管部门监管力度的加大,各大头部主播的销量增长也开始见顶,与此同时,头部主播纷纷爆出负面丑闻。同时,随着行业的发展,消费者对于直播行业的认知逐渐提升,消费者理性逐渐提高,电商直播行业亟待转型。

7.5 相关理论

7.5.1 博弈论

博弈论同时是数学和经济学的重要分支,博弈论的核心是运用数学和经济学理论研究个体间的竞争行为。个体的预测行为和实际行为以及最终的均衡是博弈论研究的主要对象。对应现实生活中的例子，如围棋、象棋、桥牌中的胜负问题和竞争策略的本质就是博弈论。但多数时候人们在棋牌游戏中对博弈局势的把握只停留在经验上，没有向理论化发展，直至"囚徒困境"这个博弈论中的经典模型被提出，相关学者才开始考虑游戏中的个体预测行为和实际行为，并研究它们的优化策略，从而慢慢形成和发展到了当下的博弈论。

博弈中的要素通常有三个。① 参与人（players）：博弈中游戏的参与者，早期的研究将参与人限定为具有决策权的人，但随着研究的发展，在较为前沿的模型中部分参与人实际上不具有决策权，参与人以影响因素的形式存在于博弈中。参与人的数量也从早期的两人逐渐发展为了三方、多方等复杂模型。② 策略（strategies）：策略是指博弈中参与人可以选择的可以的、完整的行动方案，策略可以理解为参与人的行动原则，无论博弈模型如何复杂化（如效用最大化是所有消费者的目标），策略自始至终指导着每个参与人的行动，这也就是博弈中参与人行为可以预测和反推的前提。③ 得失（payoffs）：得失是博弈的最终结果，是博弈参与人行动的映射。一个博弈的结果同时由所有参与人的策略决定是全体参与人的选定的一组策略的函数。

博弈按照当事人之间是否有一个具有约束力的协议可以分为合作博弈和非合作博弈。按照是否考虑时间序列的影响，博弈论可以进一步分为静态博弈和动态博弈。静态博弈指的是博弈中的参与人同时行动或者其中一个参与者行动过后其余参与人在无法观察到前者行动的情况下做出决策。相对的，动态博弈是指在博弈中，参与人的行动有先后顺序，并且后行动的参与人能够观察到先行动的参与人的行动，先动者的策略可以被观测到是动态博弈的关键。按照参与人对其他参与人的了解程度分为完全信息博弈和不完全信息博弈。完全信息博弈是指在博弈过程中，每一位参与人对其他参与人的特征、策略空间及收益函数有准确的信息。不完全信息博弈是指如果参与人对其他参与人的特征、策略空间及收益函数信息了解得不够准确，或者不是对所有参与人的特征、策略空间及收益函数都有准确的信息，在这种情况下进行的博弈就是不完全信息博弈。

7.5.2 精炼贝叶斯均衡

精炼贝叶斯均衡这个概念是完全信息动态博弈的子博弈精炼纳什均衡与不完全信息静态均衡的贝叶斯纳什均衡的结合。具体来说，精炼贝叶斯均衡是所有参与人战略和信念的一种结合。它满足如下条件：第一，在给定每个参与人有关其他参与人类型的信念的条件下，该参与人的战略选择是最优的；第二，每个参与人关于其他参与人所属类型的信念，都是使用贝叶斯法则从所观察到的行为中获得的。运用子博弈精炼均衡概念的逻辑，将从每一个信息集开始的博弈的剩余部分称为一个"后续博弈"（不同于子博弈，因为子博弈必须开始于单结信息集，并且不能切割信息集），一个"合理"的均衡要求给定每一个参与人有关其他参与人类型的后验信念，参与人的战略组合在每一个后续博弈上构成精炼贝叶斯均衡。

7.5.3 空谈博弈

在不完全信息博弈的语境中，空谈博弈指的是玩家之间直接且无成本的交流。空谈博弈模型与更标准的信号模型进行对比。在后者中，知情的代理人与委托人之间通过有成本的信号进行交流，例如，教育水平，这些选择是昂贵的。事实上信号的可信度正是来自选择所付出的代价，例如，高生产率工人可能通过参与对于低生产率工人来说太昂贵的教育培训，将自己与低生产率工人区分开来。

空谈博弈模型的中心问题是当沟通是直接和无成本的时候，有多少信息（如果有的话）可以可靠地传递？对这个问题的兴趣源于这样一个事实，即在廉价的交谈中，总是存在一种"喋喋不休"的平衡，参与者认为所有的交流都是毫无意义的，毕竟它没有直接的收益和结果，因此，没有人有任何动机去交流任何有意义的东西。那么在有意义的交流和有信息的交流之间是否也存在平衡。

7.5.4 主播与消费者的空谈博弈

主播与消费者的空谈博弈模型的理论基础是精炼贝叶斯纳什均衡，沿用经典空谈博弈中对于信息的设定，参与人的信息更新过程则是采用了贝叶斯法则。

根据 Aumman(1964)因为博弈中信号的类型和行动空间都是连续的，所以混合策略不能被表示为纯策略的可测函数。在主播与消费者的空谈博弈中，本小节中描述主播的发送信号的行为采用了分布策略（Milgrom 和 Weber，1985）。本小节中产品的质量 h 服从[0,1]上的均匀分布，类型空间为 H，主播的行动空间为 M。纯策略是指从产品质量的类型空间 H 映射到主播行动空间 M 的函数 $\rho_i : H \rightarrow M$。而分布策略是从类型空间与行动空间映射到概率空间的概率测度 $\beta_i : H \times M \rightarrow [0,1]$，同时需要满足该测度在类型空间 H 上的边缘概率分布与产品质量的初始分布 $U[0,1]$ 相等。主播 S 的信号规则记作 $m(h_i)$，服从 $H:[0,1] \to \Delta M \subseteq M:[0,1]$。我们用二元概率分布函数 $F(h_i, m_i)$ 来表示分布策略所对应的概率测度，其中质量信息是第一维变量，主播的信号是第二维变量，这个分布函数的含义是类型不高于 h_i 的产品不会被发出高于 m_i 的信号，对应的概率密度为 $f(h_i, m_i)$。$F(h_i, m_i)$ 应满足 $\int_a^b f(h_i) \mathrm{d} h_i = 1/(b-a)$，即它的类型边缘分布等于初始类型分布。

7.6 模型构建

本章中建立主播与消费者的空谈博弈模型，主要分析在一个消费者面对多个主播的无搜寻成本的竞争市场均衡和社会福利。

7.6.1 基本设定

1. 参与人（Players）

空谈博弈的参与人有自然、主播和消费者。其中主播和消费者分别对应信息发送者（Information sender，S）和信息接收者（Information receiver，R）。自然作为参与人主要决定主播的类型。本小节将主播分为了两种类型，逐利主播（Profit-seeking sender，PS）和诚实主播（Honest sender，HS）。逐利主播和诚实主播分别对应直播平台中的头部主播和新人主播。头部主播的特征是已经拥有了一部分对主播十分信任的粉丝群体。新人主播我们假设还没有固定的粉丝群体，仍处于流量的获取阶段，他们需要获取消费者的信任所以总是将最真实的产品信号发送给消费者。

2. 信号（Signal）

直播中主播的推销行为对应直播中的信息发送行为，进一步将主播的推销行为限定为产品质量信息的发送。能够用空谈博弈模型研究主播与消费者的博弈主要是基于主播的宣传信息具有无直接证据性和不可验证性[符合 Crawford 和 Sobel(1983)对空谈博弈中信息性质的设定]。主播在直播间销售一款产品的时间非常有限，尤其是带货数量多的主播，每款产品的介绍时间会被限制在几分钟之内,并且由于直播间巨量的观众人数和有限的产品量,上架的产品大部分会在短时间内售罄,所以消费者从接收产品信息到完成购买决策的时间非常短,这就使得消费者失去了去验证或者搜寻产品相关信息的机会,主播传递的产品质量信息具有无直接证据性和不可验证性。除此之外,在实际消费中,消费者的决策除了受到质量信息的影响,但其实还会受到价格的影响,并且产品的成本也会影响主播的策略。但是通过基本的认知和浏览文献,为了便于分析,可以将价格和成本设定与产品质量同方向变动的外生变量,且价格、成本和质量是主播利润函数的内生最优。这样设定是因为通常厂商生产更高质量的产品需要付出更高的成本也会收取更高的售价,同时主播在直播间销售某款产品是基于这款产品是有利可图的。

3. 自然状态(State of the world)

市场为无搜寻成本的竞争市场,自然随机的决定诚实主播的占比 t,$t \in [0,1]$,即主播有 t 的概率是诚实的,$(1-t)$ 的概率是逐利的。消费者在事前和事后都不知道主播的类型,但是知道主播的比例 t。产品 i 的具体质量信息对于消费者来说是未知的,消费者仅知道产品质量服从均匀分布,$h_i \sim U[0,1]$。

4. 时间线(Timeline)

博弈顺序为:第一阶段,自然选择主播的类型,逐利主播和诚实主播的占比分别为 $(1-t)$ 和 t;第二阶段,主播观察到产品的质量信息并且向消费者发送一个信号(宣传行为)m_i;第三阶段,消费者收到 m_i 形成自己的推断并作出决策。

因为 t 和产品的分布信息是共同信息(Common knowledge),消费者的策略受 t 的影响,在 t 的不同取值情况下,消费者对信息的处理方式会不同,主播的信息策略也会是对消费者不同策略的反应。

此博弈的拓展型如图 7-7 所示。

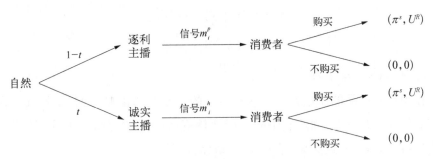

图 7-7 主播与消费者空谈博弈的拓展型

5. 收益（Payoffs）

我们将主播的函数设定为取决于消费者购买产品个数的加总形式，主播的利润函数为：

$$\pi^S = \int_0^1 (p-c) \mathrm{d}h_i \tag{7-1}$$

式中，p 和 $c \in (0, 1)$ 代表产品的价格和销售产品的成本，本小节假设 p、c 外生且 $(p-c) \geqslant 0$。本小节中假设所有产品都拥有一样的价格和成本是为了分析的便捷性，具体针对价格和成本的分析会在福利分析的部分展开。此利润函数说明逐利主播的利润最大化策略是尽可能多的卖出去产品。

为了便于计算社会福利，本小节中的消费者的效用函数以金钱为单位。消费者的效用函数为：

$$U^R = \int_0^1 (kh_i - p) \mathrm{d}h_i \tag{7-2}$$

式中，k 为每单位产品质量带来的金钱效用，为了便于分析设定为固定参数。此效用函数的含义是：消费者的总体效用由在直播间消费的所有产品带来的效用的总和决定。

由消费者的效用函数可得，消费者购买单个产品的参与约束为：

$$kh_i - p \geqslant 0 \tag{7-3}$$

此参与约束的含义是消费者购买单个产品的前提是这个产品至少不会损害消费者的总体效用。

联立公式(7-2)、(7-3)可得逐利主播的利润最大化问题为：

$$\max \pi^S = \int_0^1 (p-c) \mathrm{d}h_i$$
$$\text{s.t.} \quad kh_i - p \geqslant 0 \tag{7-4}$$

6. 策略（Strategies）

在观察到产品的质量 h_i 后，诚实主播的行动是非策略性的，总是选择发送真实的信号 $m_i^h = h_i$。而逐利主播的行动是策略性的{发送真实信号，不发送真实信号}目的是利润最大化，信号 $m_i^p = m(h_i, t)$。

消费者的在接收到主播的信号后，形成自己的推断 $\hat{h_i}$，并作出决策 $v_i \in A$：

{B：购买,N：不购买}。消费者的行动集是{信任主播信号,对信号进行贝叶斯更新},消费者的决策 $v=v[m,m(h),t,h]$,服从 $M\times H\to A$：{B：购买,N：不购买}。消费者的推断为贝叶斯更新记作 $\hat{h}(m,t)$。由上可得：

① 消费者收到信号后的推断 $\hat{h}(m,t)$ 由信号 m 和主播类型比例 t 决定,且在任何适用情况使用贝叶斯法则。

② 逐利主播发送的信号 $m(h)$ 始终满足主播的利润最大化条件。

③ 对于任意的信号 m、任意的产品质量分布和任意的主播类型比例 t,消费者的购买决策 $v=v[m,m(h),t,h]$ 始终满足消费者的效用最大化。

区别于传统的空谈博弈模型,本小节没有采用合同形式(Contract form)的效用函数,而是采用了线性的效用函数,这一形式更符合现实中主播和消费者的利润最大化问题。

7.6.2 均衡分析

1. 情况 1：主播诚实发送信号

主播诚实发送信号时,均衡对应的是 $t=1$ 时,市场上仅存在诚信主播是一种非常理想化的均衡。

因为诚实主播总是发送真实的信息,消费者知道 $t=1$,所以消费者信任所有的信息,消费者根据收到的信息决定是否购买：当市场上仅存在诚实主播时,此时产品信息是完全披露的,消费者的最优反应是相信所有的信号,对于 $\forall m_i^h$,令推断 $\hat{h_i}(h_i,t)=m_i^h=h_i$。对于满足参与约束(7-3)的 m_i,消费者选择购买 $v_i=B$；对于不满足参与约束(7-3)的 h_i,消费者选择不购买 $v_i=N$。

结论 1：在 $t=1$ 时,诚实主播对所有产品都发送真实信号,对于任意 $h_i\in[0,1]$, $m_i^h=h_i$。消费者信任所有信号。对于任意信号 $m_i\in[0,1]$, $\hat{h_i}(h_i,t)=m_i^h$；在低信号区间 $m_i\in\left[0,\dfrac{p}{k}\right]$,消费者选择不购买,在高信号区间 $m_i\in\left[\dfrac{p}{k},1\right]$,消费者选择购买。

由结论 1 可以看出,在只有诚实主播的情况下,消费者与主播的空谈博弈实际变成了完全信息博弈。然而此均衡在现实情况中实际上非常少见,因为纯粹由诚实主播构成的完全竞争市场实际上是不存在的,但求解诚实均衡的意义是作为其他两种均衡情况的社会福利的参照。

2. 情况2：主播不诚实发送信号时自私均衡

此时，对应的轻微为 $t=0$，仅有逐利主播的完全竞争市场均衡。

在本小节中我们将对消费者作进一步的设定以使分析具有更合理的现实意义。在仅有逐利主播的完全竞争市场中，我们将消费者以一个随机的比例 θ，$\theta \in [0,1]$ 分为粉丝和普通消费者。第一类消费者是粉丝，粉丝的行为是非策略性的，信任主播传递的所有信息 m_i；第二类消费者不是粉丝，此时沿用 Crawford 和 Sobel(1983)在无差别策略均衡(babbling equilibrium)中对消费者的设定，因为这种信息本身无直接证据且无法验证，所以消费者倾向于相信信息本身没有任何内容，消费者在决策时不参考主播传输的信息，而只根据自己的事前信息来做决策。根据消费者的这一反应主播也没有动机去传输任何信息。在本小节中主播没有动机去传输任何信息，这一行为将被解释为主播发送信号无视普通消费者存在，主播的信号仅是对于粉丝最优策略的反应。

两类消费者的最优行动策略呈现两极。当消费者完全信任主播时，消费者会令 $\hat{h}_i = m_i^\ell$。而当消费者为普通消费者时，消费者会无视主播信号仅根据事前信息决出决策，对于 $\forall m_i^\ell$，消费者会令 $\hat{h}_i = \hat{h}_i(h_i,t)$。

主播针对消费者的行为制定自己的行动策略。对于第二类消费者，主播也没有动机通过信号去影响他们，所以主播的策略仅是对于粉丝行为的反应，并且主播会无视两种消费者的比例发送相同的信号。

进一步分析主播的信号策略。所有的主播都会扭曲产品质量信息以使得信号满足消费者的参与约束。在低信号区间（低质量产品），所有主播都会夸大产品信息，在高信号区间因为质量信息已经满足消费者的参与约束，所以主播是否扭曲质量信息对于主播的利润来说是无差别的，并且在高信号区间，粉丝观察市场所有的产品信号会发现根据信号产生的决策都是购买，所以高区间的任何信号对消费者的效用函数是无差别的。

结论2：在 $t=0$ 时，逐利主播在低信号区间，发送虚假信号让信号满足消费者的参与约束，在高信号区间主播会发送真实信号。粉丝信任所有信号，对于任意信号 m_i，$m_i \in [0,1]$，消费者的推断 $\hat{h}_i = m_i^\ell$；粉丝会购买所有产品。普通消费者无视所有信号，对于任意信号 m_i，$m_i \in [0,1]$，消费者的推断 $\hat{h}_i = \hat{h}_i(h_i,t)$；普通消费者仅购买满足参与约束的产品。

结论 2 说明在市场上仅有逐利主播时,对于消费者而言所有信号实际上都可以视作谎言,市场上主播的信号发送行为实质上失去了意义,并且我们在接下来的福利分析中可以发现,在这种情况下,行业的扭曲和恶化是一个自我实现的过程。

3. 情况 3:部分主播选择诚实发送信号,部分主播选择不诚实

该情况为当 $t \in (0,1)$ 时,市场内同时存在诚实主播和逐利主播的均衡。诚实主播的行动是非策略性的:总是发送真实信号,$\forall h_i, m_i^h = h_i$。消费者的行为会是对收到的信号进行贝叶斯更新形成自己的推断 $\hat{h_i}(m_i, t)$。这个贝叶斯更新过程如下:

(1) 对于任意信号 $m_i \in [0, 1]$,消费者都会判断它真正的概率是真实的。我们设定这个信号来自诚实主播的概率为 $g_i(m_i)$。诚实主播的占比是 t,来自诚实主播的信号都是真实的,所以信号 m_i 出现的条件概率密度与真实的分布相同,为 1;成熟主播占比为 $1-t$,$\int_0^1 f(m_i, h_i) \mathrm{d}h_i$ 是均衡分布函数的边缘概率密度,含义是同一主播发送的信号 m_i 的概率之和。由上我们可得信号是真实的概率为:

$$g_i(m_i) = \frac{t}{t + (1-t)\int_0^1 f(m_i, h_i)\mathrm{d}h_i} \tag{7-5}$$

(2) 消费者认为信号来自逐利主播的条件下对于产品质量的推断为:

$$E(h_i \mid m_i) = \int_0^1 \frac{h_i f(h_i, m_i) \mathrm{d}h_i}{f(m_i)} \mathrm{d}h_i \tag{7-6}$$

(3) 消费者对产品的贝叶斯更新实际上是对信号的条件期望的加权平均,即:

$$\hat{h_i}(m_i) = g_i m_i + (1-g_i) E(h_i \mid m_i) \tag{7-7}$$

这个贝叶斯更新过程实际上在市场上只存在一种信息的时候发生。消费者知道诚实主播的比例 t,而任何偏离了比例 t 的信号类型都会被消费者识别出来是在说谎,只有当市场上所有的信号全部一致时,这个贝叶斯更新过程才会发生。

逐利主播如果发送夸大了的产品信号则会被消费者识别出来,所以逐利主播会选择跟诚实主播的信号混同。但逐利主播不会在所有的区间混同,因为在低信号区间,消费者收到信号的决策是不购买,逐利主播无利可图则会选择从此区间分离。由以上分析我们可得如下结论:

结论 3:在分割均衡中存在一个点 h^* 将逐利主播的参与区间分为高信号区间和低信号区间。当 $0<h<h^*$ 时(低信号区间),诚实主播发送真实信号,逐利主播不发送信号,消费者不购买产品;当 $h^*<h<1$ 时,诚实主播发送真实信号,逐利主播发送信号,消费者购买产品。

由结论 3 我们可以看出,在有诚实主播参与的市场中,对消费者的有意义的信息实现了完全披露,消费者最终效用的决定仅受到产品质量分布的影响。主播信号呈现在低信号区间分离,高信号区间混同的特征(发送与诚实主播相同的信号),由此我们可以发现,在一个诚实且信息实现了完全披露的市场中,结论 3 成立的必要条件是点 h^* 存在且唯一。

证明 h^*:首先分析此时的信号。消费者收到的信号在均衡时实际上是分段函数:

$$\begin{cases} \widehat{h_i}(m_i) = m_i^h = h_i, & h_i \in [0, h^*] \\ \widehat{h_i}(m_i) = g_i m_i + (1-g_i) E(h_i \mid m_i), & h_i \in [h^*, 1] \end{cases} \quad (7-8)$$

这个分段函数在低信号区间实际上是产品质量 h 的线性单调递增函数,我们主要分析高信号区间。根据精炼贝叶斯均衡,在给定每个参与人有关其他参与人类型的信念的条件下,该参与人的战略选择是最优的,即消费者的 $\widehat{h_i}$ 应与主播均衡时的最优策略相一致。而逐利主播会选择在低信号区间分离,在高信号区间混同,并且逐利主播在高信号区间发送的信号一定与诚实主播相同,因为真实信号是信号区间的最低值,而发送更高的信号会使得逐利主播被甄别出来。逐利主播在参与区间的信号偏离诚实信号的概率为 0,可得:

$$\int_0^1 f(m_i, h_i) \mathrm{d}h_i = 0 \quad (7-9)$$

将公式(7-9)代入公式(7-5),可得:

$$g_i(m_i) = 1 \quad (7-10)$$

将公式(7-10)代入公式(7-7),可得:

$$\hat{h}_i(m_i, t) = m_i \qquad (7-11)$$

公式(7-11)试说明消费者在逐利主播参与的区间实际上不会对信息进行任何更新,公式(7-10)的分段函数实际上是一段在[0,1]上连续的单调函数:

$$\hat{h}_i(m_i) = m_i \qquad (7-12)$$

在确定 $\hat{h}_i(m_i)$ 的函数性态后,我们可以证明信号分割点 h^* 的存在性和唯一性:

存在性:联立公式(7-12)(7-3),由零点定理易证只需 p 和 k 取适当值则 h^* 存在。

唯一性:由函数单调递增可知 h^* 唯一。证毕。

由以上证明过程我们可以得到定理1和定理2。

定理1:在分割均衡中,在逐利主播参与的区间内,消费者不会对信号进行任何更新。

由定理1我们可以得到专家发送的信号本身是没有成本的,所以信号对于均衡时主播的利润实际上没有影响,对于消费者的决策也没有影响,因为消费者选择购买的区间同时也是逐利主播会参与的区间内的产品,本就可以使消费者获得收益。此时信号的存在看似是没有意义的噪声,但实际上定理1恰恰说明了诚实的信号存在的必要性,因为有诚实的信号存在,所以信息本身的价值不会受损。

定理2:分割均衡满足 Crawford 和 Sobel(1983)定义的准单调均衡。

准单调均衡是指如果逐利专家的信号发送策略满足 $\partial E(m_i \mid h_i) \geqslant 0$ 且 $\partial E(h_i \mid m_i) \geqslant 0$,则我们称此策略为准单调信号策略。由准单调策略构成的精炼贝叶斯均衡称为准单调均衡。

其中,$\partial E(m_i \mid h_i) \geqslant 0$ 表示主播针对质量为 h_i 的产品发出信号的条件期望均值随着产品真实状态 h_i 的上升而上升;反过来,$\partial E(h_i \mid m_i) \geqslant 0$ 表示当消费者认为信号来自逐利专家时,接收到信号 m_i 后对产品真实质量的猜测也会随着信号的上升而上升。准单调策略是单调策略的一种放松,凡是满足单调要求的策略也必然满足准单调的定义,但是反过来不一定成立。

因此,由定理2我们可以看出的是主播向消费者发送信号的条件均值随着产品真实质量的上升而上升,并且使消费者收到信号后对产品质量形成的条件期望也随着信号的上升而上升。

7.6.3 社会福利分析

本小节中的社会福利指消费者效用和主播利润的加总,下面是计算分析得出的三种均衡情况对应的社会福利。

1. 当 $t=1$ 时

由结论 1,在诚实均衡中,$\forall h_i \in [0,1]$,$m_i = h_i$,$\widehat{h_i}(h_i, t) = m_i^h = h_i$,$v_i = B$(或 N),诚实主播对所有产品都会发送真实信号,消费者会购买满足参与约束 $kh_i - p \geqslant 0$ 的产品。消费者的效用为:

$$U^R = \int_{p/k}^{1}(kh_i - p)\mathrm{d}h_i = \frac{1}{2}k\left[1-\left(\frac{p}{k}\right)^2\right] - p\left(1-\frac{p}{k}\right)$$

主播的利润为:

$$\pi^S = \int_{p/k}^{1}(p-c)\mathrm{d}h_i = (p-c)\left(1-\frac{p}{k}\right)$$

社会福利为:

$$SW = U^R + \pi^S = \frac{1}{2}k\left[1-\left(\frac{p}{k}\right)^2\right] - c\left(1-\frac{p}{k}\right)$$

2. 当 $t=0$ 时

由结论 2,在自私均衡中,有比例 θ,$\theta \in [0,1]$ 的消费者会完全信任主播,有 $(1-\theta)$ 比例的消费者会基于事前信息作出决策。类型为粉丝的消费者效用为:

$$U_1^R = \int_0^1 (kh_i - p)\mathrm{d}h_i = \frac{1}{2}k - p$$

普通消费者的效用为:

$$EU_2^R = \iint_0^1 (kh_i - p)f(h)\mathrm{d}h_i\mathrm{d}h_i = \frac{1}{2}k - p$$

主播的利润为:

$$\pi^S = (p-c)$$

社会福利为：

$$SW = (1-\theta)EU_2^R + \theta U_1^R + \pi^S = \frac{1}{2}k - c$$

观察主播的利润可以发现代表消费者类型比例的参数 θ 并没有出现在结果中，但这实际上是由于本小节中对于产品的质量分布是 0 到 1 的均匀分布导致的，将产品的质量分布替换为其他类型可以发现消费者类型比例可以影响主播的利润，这一结论的启示是在实际市场中，逐利主播可能通过各种手段来提高自己粉丝在消费者群体中所占的比例，又根据结论 2，此时行业的扭曲和恶化实际上变为了一个自我实现的过程。

3. 当 $t \in (0, 1)$ 时

由结论 3，在分割均衡中，逐利主播和诚实主播在低信号区间分离高信号区间混同，信息实际上达到了完全披露。消费者的效用为：

$$U^R = \int_{p/k}^1 (kh_i - p)\mathrm{d}h_i = \frac{1}{2}k\left[1 - \left(\frac{p}{k}\right)^2\right] - p\left(1 - \frac{p}{k}\right)$$

主播的利润为：

$$\pi^S = \int_{p/k}^1 (p-c)\mathrm{d}h_i = (p-c)\left(1 - \frac{p}{k}\right)$$

社会福利为：

$$SW = U^R + \pi^S = \frac{1}{2}k\left[1 - \left(\frac{p}{k}\right)^2\right] - c\left(1 - \frac{p}{k}\right)$$

通过对比三种均衡情况下的社会福利可以发现在市场上仅有诚实主播时和市场上诚实主播和逐利主播混同时，市场实现均衡时得到了相同的社会福利，对比这两种均衡与自私均衡时的社会福利，我们可以发现由于本小节的基本设定，$\frac{p}{k}$ 的取值满足在 $(0, 1)$ 区间内，所以诚实主播存在的情况下，均衡社会福利优于仅存在逐利主播时的均衡社会福利。同时，这两种均衡情况下的消费者效用都优于自私均衡时的消费者效用。由此我们可以得到结论 4。

结论 4：诚实主播只要存在就能使得市场实现更高的消费者效用和更高的社会福利水平。

由结论 4 我们可以看出市场中诚实主播存在的重要性。诚实主播的存在就能促进社会福利和消费者效用的优化，同时诚实主播存在市场的优化和更高水平的均衡的实现是一个自发的过程。同时结合均衡分析的结论，诚实主播比例的提高会不断提高市场中诚实宣传的比例。虽然现实问题是不可能所有的主播都是诚实的，商业行为的本质是逐利，但是诚实主播的存在可以促进市场达成的是一个对主播和消费者双方都有利的均衡。

7.7 结论与建议

7.7.1 结论

本章以空谈博弈模型为基础研究了主播与消费者的博弈。研究结果表明，在有诚实主播存在的市场中，逐利主播会选择在高信号区间与诚实主播混同，从而达到一个使消费者效用最大化的结果，同时诚实主播的存在即会使得社会福利和消费者效用都实现改善。本章进一步指出，即在诚实主播存在的情况下，消费者不会对信号进行贝叶斯更新，由这一结论我们可以得到的是诚实主播的存在增加了整个市场的置信度。

本章中因 t 的三种取值情况将市场分为了三种，仅有诚实主播、仅有逐利主播及诚实主播和逐利主播同时存在。前两种情况对应了比较极端的现实情况，而第三种情况较为贴近直播平台现状。逐利主播对应了现实中的大多数主播，在任何有利可图的情况下都会对信息进行扭曲从而实现自己的利润最大化，而诚实主播类似于新进入市场的处于口碑积累阶段的主播，总是对产品进行真实的宣传。本章研究发现，在有诚实主播参与的市场中，逐利主播的行为呈现低信号区间分离，高信号区间混同，而在逐利主播选择参与的质量区间内，逐利主播也会选择跟诚实主播一样发送真实的产品信号，从而使消费者实现最优，社会福利相较于仅有逐利主播的情况得到改善。这一结论的含义可以理解为诚实主播的存在对整体市场的行为都有一定的约束作用。本章进一步指出，在有诚实主播存在的情况下，消费者不会对信息进行贝叶斯更新。这一结论说明诚实主播的存在优化是整个市场的置信度，市场中宣传行为的效度得到了改善。

7.7.2 建议

1. 平台建议

第一，降低头部效应。平台应该在维护头部主播及其粉丝群体的同时，加大扶持新人主播的力度，实现流量分布结构的优化。根据本章自私均衡中的结论，如果头部效应持续增大，电商直播平台的用户群体就会趋向两极化，一部分为不信任主播的普通消费者，另一部分为主播粉丝群体，而因为拥有粉丝的信任主播夸大扭曲产品质量的动机就会不断增大，消费者的权益受损的可能性也就不断增大而头部主播一旦爆出负面新闻，就会导致整个平台的用户群体大量流失。

第二，加大产品的监管审核力度。主播和消费者的空谈博弈中，主播之所以有说谎的动机还有一个原因就是模型中忽略了平台方对于产品质量的把控和监管，平台对于产品质量的监管压缩了主播夸大扭曲产品信息的空间，有利于保障消费者权益和实现平台更高水平的发展。

2. 政策建议

第一，设立政府融媒体中心。在本章中，诚实主播的存在就能改善市场环境，以政府融媒体中心的形式扶持官方主播，对相关产品（农产品和科研产品等）进行官方宣传，有利于消费者作为参考，以获取相关类目产品的真实信息。

第二，加大监管力度，提高违法违规成本。例如主播实名制，并将经营行为与社会信用挂钩。当前，电商直播行业用户活跃度高，成交额度高，在个别头部主播单日就可破亿元的销售额面前，千万级的罚款额度都不足以使其畏惧法律准则，只有加大惩罚力度和提高违法违规成本才能更好地维护市场秩序，打造更良好的行业氛围。

第 8 章
机制设计在国际贸易领域中的应用

8.1 研究背景

自 1979 年中美建交以来,两国的经贸关系一直是中美双边关系中最重要的组成部分之一,即使常有贸易摩擦事件发生,双方的贸易关系也始终在磨合中前进。1979—2000 年是中美贸易的起步阶段,两国经贸合作的框架逐步建立且合作的领域不断拓宽。据中国商务部统计,中美贸易总额从 1979 年的 24.5 亿美元增长至 2000 年的 744.7 亿美元,短短 20 余年间增长约 30 倍,年均增长率达到 12.1%,中美贸易成为了中美两国经济发展强有力的推动剂。2001 年中国正式加入世界贸易组织之后,两国的贸易关系就越加紧密而复杂,随着贸易规模的逐渐扩大,贸易摩擦的频率和种类也与日俱增。直至 2017 年美国前总统特朗普上台之前,中美之间的经贸关系一直属于合作与竞争同存的局面,中美贸易总额从 2001 年的 804.8 亿美元增长至 2016 年的 5 196.1 亿美元,共计增长 6.4 倍,年均增长率达到了 13.2%。另外值得一提的是,美国对中国的贸易逆差在此期间增加近 9 倍,年均增长率高达 15.7%(详见图 8-1)。中美两国目前已经形成了明显的国际分工,中国作为世界工厂占据了产业链的下游,而美国和其他一些发达经济体作为头部经济,主要占据了设计、研发、品牌等价值链的顶端。显然,中美两国的经贸关系在本质上是优势互补、互利共赢,双方可以通过贸易实现两国比较优势的最大化和成本的最小化,使两国共同受益。

近年来,中国作为国际贸易的主要受益者之一,GDP 增长迅速,已经成为全球第二大经济体,与美国之间的差距也在逐渐缩小。然而中国的崛起引起了美国的强烈不安,中国对美国高额的贸易顺差也激起了美国的不满,美国开始不断强化对中国的遏制策略。尤其是在2017年美国前总统特朗普上台以后,美国将中国视为其主要的竞争对手,中美之间的经贸摩擦不断升级。中美之间的贸易摩擦多由美国单方面发起,除了表层的贸易不平衡的原因以外,也体现了美国政治战略方面的意图。第二次世界大战之后,美国凭借其科技、军事、金融、经济实力成为世界上唯一的超级大国,为了维护其霸权地位,美国长期以来一直在防范和打压任何可能对其地位造成威胁的国家。历史上,苏联、日本都曾经遭遇过美国的强烈遏制。美国从2017年8月18日宣布对中国展开"301调查"起,频繁限制中国在某些产品上对美国的出口,屡次对中国企业征收临时性关税。2018年3月23日,美国主动发起贸易战,后又多次背离双方的磋商共识。2019年5月9—10日磋商期间,美方表示将对中国输美的2 000亿美元商品加征的关税从10%上调至25%,充分展现了其对中国出口贸易的敌对态度。

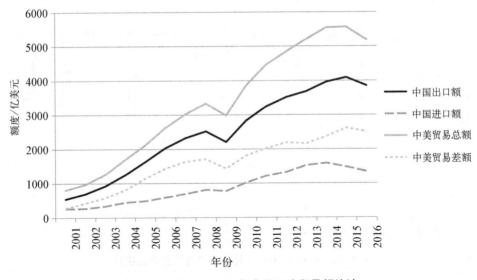

图8-1 2001—2016年中美双边贸易额统计

美国发起的贸易战导致2019年中美贸易数据的全面下滑。2019年中美贸易总额为5 412.3亿美元,较2018年下降了14.6%;其中中国对美国出口额为4 177.5亿美元,下滑约12.7%;进口额为1 223.8亿美元,下滑约21.1%(详见表8-1)。回顾2019年的单月数据,中国对美国的出口额和进口额对比2018年均下降明显,特别是9月1日美国正式对华实施3 000亿美元输美商品中的第一批加征15%的关税措施之后,中国对美国出口环比降幅达到两位数以上(详见

图8-2)。总的来说,近年来美国多次单方面升级贸易争端的行为极大地干扰了我国对外贸易的正常进行。中美贸易体量大,涉及面广,其稳定与否不仅事关中美双方的利益,也会影响世界整体经济的发展。

表8-1　2017—2019年中美双边贸易统计　　　　　单位:亿美元

年　份	中国出口	中国进口	中美贸易总额	差　额
2017	4 297.5	1 539.4	5 836.9	2 758.1
2018	4 784.2	1 551.0	6 335.2	3 233.2
2019	4 177.5	1 223.8	5 412.3	2 953.7

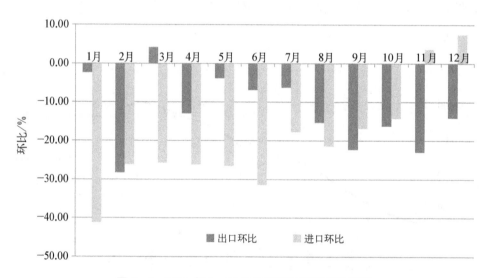

图8-2　2019年1—12月中美双边贸易环比统计

8.2　国内外研究现状

关于国际贸易摩擦的研究文献通常分为以下三类:第一类是分析研究贸易争端产生的原因、背景及动机;第二类是分析贸易争端产生的经济影响或是社会福利影响;第三类是对贸易争端的未来走向、前景以及可能的应对策略的研究。

8.2.1 关于国际贸易摩擦成因的文献

国外学者对国际贸易摩擦成因的研究始于20世纪初。Lingelbach(1930)认为,某些发达的工业化国家会实施一些利己的商业政策以掠夺其他国家的国内市场,此类的贸易政策常常会导致国际化的贸易摩擦乃至贸易战的产生。此后,Cowan(1935)通过研究表示,贸易摩擦很大程度上可能由国家的配额保护相关政策引起。而Kahn(1947)则在1947年得出关税保护引起国际贸易摩擦的结论。Jabara和Thompson(1982)以及Beladi和Samanta(1991)也分别在1982年和1991年通过研究得出相似的结论。Grossman和Helpman(1994)运用了政治经济模型来研究贸易政策、贸易保护以及贸易摩擦,认为一些特殊的利益集团以及企业的行为会导致贸易摩擦的产生。Baron(1997)运用双寡头古诺竞争模型并引入政府行为,认为企业的部分策略会间接影响政府的政策行为,从而使企业之间的竞争上升成为两国之间的贸易争端。21世纪初至今,国际贸易摩擦更为频繁,国外学者开始对新出现的贸易保护手段展开研究。Bagwell和Staiger(2001)主要针对农产品贸易争端,运用三国完全竞争模型,假设一个国家向其他两国进口同质的产品,通过对政府行为的分析,他们认为,出口国政府给予本国企业的出口补贴会推动引起国际农产品贸易争端。加拿大学者Sturm(2006)则通过一般均衡分析和特定要素政治代理模型提出,进口国通常会采用比出口国更严格的国家产品标准,他认为这种机制会倾向于保护本国的产业,从而引起贸易争端。

近年来,国内学者对贸易摩擦的起因也有诸多研究。尹翔硕等(2007)提出,国际贸易摩擦的本质是贸易保护主义,而它的根源主要是不同国家之间的经济发展不均衡。国内其他学者更多地将目光集中在对中美两国之间经贸摩擦的研究上。苗迎春(2004)提出,中美贸易摩擦很大程度上是由中美两国之间贸易的不平衡性导致的。姜团(2014)从微观、中观、宏观经济等多重角度对中美贸易摩擦的成因展开了探讨,并提出了多条应对策略。杨培强、张兴泉(2014)从美国层面出发,指出美国国内的出口企业和非出口企业之间的相关利益博弈是美国对中国发动贸易制裁的动机之一。任靓(2017)认为,美国对中国采取的"301调查"其根本目的是为了阻碍中国的出口和相关产业的升级,从而抑制中国经济实力的增强。陈人江(2019)认为,美国之所以会对中国发动贸易制裁是多重因素综合作用的结果,其中包括美方重振国内经济的需求以及其维持在国际上霸权统治地位的要求。

8.2.2 关于国际贸易摩擦影响的文献

国外学者对贸易争端所产生的影响的研究大都得出了相似的结论,即国际贸易摩擦会降低国家之间的贸易量,对发起国而言可能会带来某些角度上的经济收益,但总体上,贸易争端的产生对发起国和受害国双方乃至世界的经济都有负面的影响。Bagwell 和 Staiger(2001)运用局部均衡模型分析了贸易摩擦对发起国国内福利的影响,结论是贸易摩擦可以保护发起国国内某些相关行业和企业,从这一角度看对国家的长期战略发展有利。而 Elms(2004)认为,国际贸易摩擦会给贸易双方都带来高额的成本却只可能产生较少的收益,从理性角度来看贸易摩擦不该发生,现实中摩擦的产生可能是因为双方都希望可以通过贸易摩擦谈判使对方让步从而获得收益。Balistreri 和 Hillberry(2006)从量化分析的角度引入了引力模型和计量经济的研究方法来分析国家贸易摩擦可能导致的损失,模型的结果显示,摩擦会使50%以上出口的商品在运输过程中产生损失。而针对中美贸易争端,Dong 和 Whalley(2012)运用了一般均衡数值模型系统进行研究,发现中美相互间的贸易摩擦对美国改善其贸易条件有一定的益处,而对中国国内福利及进出口贸易不利。Gompert 等(2016)分析了中美潜在贸易摩擦的政治、经济以及军事效应。Barattieri 等(2018)则从经济周期角度分析美国发起的贸易制裁,认为其不仅会使美国国内的产出下降通胀上升,而且对其贸易赤字的改善效果微乎其微。

国内有关于贸易争端影响的文献主要集中于对本国的出口及总体经济的影响研究,其中以中美之间的贸易研究为主,总体的结论是贸易摩擦会抑制我国对外出口的贸易总额,减少贸易收益,抑制一些特定产业的发展,从而会阻碍国内整体的国民经济发展。如苗迎春(2004)指出,美国频繁地对中国发动贸易制裁反映了中美贸易关系的不对称,而此类贸易摩擦也会进一步破坏双方的贸易伙伴关系。另外,她还指出,两国贸易摩擦的加剧容易延伸至政治领域,产生更多负面影响。曲越等(2018)指出,美国对中方发起的"301调查"对中国的电子、机械、信息、医药、交通和航空等高科技产业带来的冲击最为严重。从定量角度来看,李昕(2012)运用 GTAP 多国多部门可计算一般均衡模型对可能的不同程度的贸易摩擦进行了模拟,指出如果中美之间的贸易制裁全面爆发,中国当期实际经济增长率可能下降至 4.51%。崔连标等(2018)引入多区域 CGE 模型,模拟了中美及世界上其他主要国家的宏观经济指标受到中美贸易摩擦的影响,结论是贸易战不是中美贸易关系的最优选择。吕越等(2019)则引入了 COMTRADE 和 TRAINS 数据库以及 WITS-SMART 模型指出,中国因为贸易摩擦遭受到的福利损失约为美国的 2.6 倍。

8.2.3 关于国际贸易摩擦走向及应对策略的文献

国外学者对贸易争端的走向和应对策略的研究比较有限。Baron(1997)通过分析贸易摩擦进程中两国政府的谈判协商行为提出了贸易谈判在解决争端中的重要性。Sherman 和 Eliasson(2006)则提出非国家力量对贸易争端的解决有促进作用,比如国家政府或者其他官员的游说行为等措施达到更有利的解决贸易摩擦的目的。

自特朗普提出要对中国采取强硬的对外贸易政策后,国内大批学者开始展开关于中美贸易摩擦的前景和中方应对策略的研究。国内学者如包善良(2018)、黄礼健(2018)和马弘(2018)普遍认为中美未来的贸易关系仍会矛盾不断。另外一些学者提出了针对性的具体对策,总体结论是中国不应该对美国的强硬政策妥协。孙继山(2017)认为,为了实现合作共赢,中国应该进一步熟悉美国的贸易政策并增强沟通,对其做出适应性的调整。吴光宇和李曌宇(2018)也表示,两国之间的磋商和交流非常重要,另外还提出应该建立新的原产品规则以及贸易摩擦预警的机制,并借助 WTO 的力量维护自身的利益。同样的,张成虎和杨梦云(2018)提出了相似论点,并表示中方的应对应该配合以国内更完善的财政税收政策、科技创新政策和人才引进政策。方行明等(2018)也提出了加强知识产权保护等一系列的具体应对策略。量化研究方面,李春顶等(2018)构建了一个囊括 29 个经济体的一般均衡数值模型,结果显示最有效的应对措施是人民币汇率的贬值、区域全面经济伙伴关系协定(RCEP)的建立和合作开放关系的达成等。这些相关文献均是以国家层面的宏观策略为主。

8.2.4 从机制设计角度研究国际贸易的文献

以上提到的大多数文献都是运用经典的贸易或是政治经济理论展开研究,

然而这些传统的理论并不能完全解释现实中的贸易保护主义以及贸易摩擦的产生,所以近年来,部分学者开始试图从博弈论的角度分析国际贸易争端,以解释其背后更深层次的原因。国外的学者对此方面的研究比较有限。McGwire(2018)从战略式博弈、扩展式博弈和不完全信息博弈三个角度研究解释了特朗普对华的贸易政策,并为中美双方提出了相应的应对战略。国内学者对博弈论视角下贸易关系的研究也有所建树。在以理性参与者为背景下的传统博弈论领域方面,孔庆峰和张肃平(2010)引用不完全信息博弈模型分析了国家层面贸易政策的选择,从而解释了各国实施贸易保护主义的原因。而在有限理性参与者背景下的演化博弈理论方面,朱彤、李磊(2008)选择了演化博弈中复制动态的模型方法研究了利益集团的行为,认为利益集团会通过基于自身利益的博弈影响政府贸易政策的制定。李景华(2018)则同时考虑了静态博弈模型和演化博弈模型来研究国际贸易争端的形成机制,并用2017年中美的贸易数据做了实证研究。具体到中美两国的贸易摩擦研究,邝艳湘(2010)引入多阶段博弈模型并基于中美经贸关系的现实研究了中美贸易摩擦的内在机理。鲍洁和雷良海(2004)依次使用静态模型、动态模型和无限重复博弈模型分析了中美贸易关系的可能走向并提出了相应对策。孙梦男等(2018)基于重复博弈模型讨论了中美双方合作的可能性。刘越和潘越(2019)分析了中美贸易战时双方的博弈过程并提出了化解路径。王继翔(2019)以寡头博弈以及条件策略下的纳什均衡为模型预测了中美经贸关系的发展前景。赖雨盟(2019)建立了演化博弈模型讨论了中美之间贸易合作的可能性以及影响其贸易合作关系的因素。

8.2.5 研究现状总结

总的来说,中外学者关于国际贸易摩擦的成因及走向对策的领域研究文献比较充分,但大部分文献以定性研究为主,缺少数据和实证的支持;关于国际贸易摩擦经济影响的研究,学者通常会使用贸易模型或是贸易类数据库如局部均衡模型、一般均衡模型和 GTAP 数据库进行实证量化分析。近年来,相比于国外学者,中国学者普遍更关心中美之间的经贸关系和贸易摩擦。总体来看,大部分学者对于贸易摩擦的研究还是以经典的贸易或是政治经济理论为框架,博弈论作为一个典型的适合用于研究贸易争端的数学模型,并没有在这一领域得到充分的应用,且尚未有博弈论与经典贸易模型的结合使用的文献案例。所以,本小节将以博弈论为视角,结合经典的贸易模型及数据库,为中美贸易摩擦的研究提供一种新的理论视角。

8.3 相关理论基础

8.3.1 完全信息博弈模型

博弈论是一项用于研究多人决策问题的理论,又称为对策论或者赛局理论等。博弈论最初主要用于研究象棋、桥牌以及赌博中的一些胜负问题,直至20世纪初才发展成为一门正式的学科。博弈论考虑游戏中个体的预测行为以及实际行为,并研究其中的优化策略,属于现代数学的一个新分支,同时也是运筹学中的重要学科之一,在经济学、生物学、政治学、计算机科学、军事战略、国际关系学以及其他很多学科中都有广泛的应用。生物学家运用博弈理论解释和预测生物进化的某些结果。经济学领域中的产业组织理论,交易机制模型、劳动力经济学等一系列的模型均涉及博弈论的知识。一场完整的博弈通常含有局中人、策略、得失、次序、均衡五个要素。在一场博弈中,每一个拥有决策权的参与者都是博弈的一个局中人,每个局中人都有权利选择自己的行动方案,指导全局行动的一个方案称为该局中人的一个策略。如果在一个博弈中,每个局中人都拥有有限策略,则此局博弈被称为"有限博弈",否则就是"无限博弈"。一局博弈的结果称为得失。每个局中人在一局博弈中的得失,不仅与其自身选择的策略有关,也与所有局中人取定的策略组合有关。因此,每个局中人的"得失"是全体局中人的一组策略组合的函数,通常称为支付函数。当不同局中人之间的决策有先后之分时,就出现了次序问题;当其他要素相同但次序不同时,博弈也不同。最后,博弈还涉及均衡,也就是稳定的博弈结果。

完全信息博弈指的是博弈的每一方参与者都拥有着其他所有参与者的特征、策略集以及收益函数等各方面的准确信息的博弈。其中,经典的囚徒困境模型就是一个最基础的涉及两个局中人的完全信息静态博弈。囚徒困境模型中,两个嫌疑犯被捕,如果至少有一人认罪则警方可以按罪将其判刑。警方将他们关入不同牢室审讯,如果两人均不招认,则均被判为轻罪入狱一个月;如果两人均招认,则均被判入狱六个月;如果一方招认,招认的一方马上获释而另一方会因为隐瞒加判三个月,共入狱九个月。囚徒所面临的困境可以由如图 8-3 所示的双变量矩阵来表示。每一个囚徒有两种战略可供选择,两人分别的收益由两人的战略组合所决定,并由图 8-3 中相应单元的数据表示。考虑到理性参与者不会选择严格劣势战略的原则,当任一囚徒选择沉默时他在对手选择沉默情况下的收益为 -1,对手选择招认的情况下收益为 -9;而如果它选择招认,则此两种情况下的收益分别为 0 和 -6。所以对任一囚犯而言,沉默均为他的劣势战略。所以(招认,招认)为囚徒困境的纳什均衡,尽管(沉默,沉默)时双方的福利均高于(招认,招认),在没有其他条件改变的情况下,每一个参与人均不会主动改变自己招认的策略。

	囚徒2 沉默	囚徒2 招认
囚徒1 沉默	(-1, -1)	(-9, 0)
囚徒1 招认	(0, -9)	(-6, -6)

图 8-3 囚徒困境博弈矩阵图

其他更复杂的完全信息博弈则是在完全信息静态博弈的基础上变形而成的。如完全信息一次贯序博弈就抛弃了双方参与人同时行动的假设,进而假定双方的行动有先后顺序,后行动方可以观察到先行动方的策略然后做出行动;而完全信息重复博弈则是指将同样结构的博弈重复进行 N 次,此时参与人不仅要考虑当前的对局,也要考虑当前策略可能对以后的对局产生影响。

8.3.2 不完全信息博弈模型

至少有一位局中人不能确定另一局中人的收益函数的博弈被称为不完全信息博弈。大多数纸牌类的游戏均属于不完全信息,纸牌比赛中己方并不知道其他对手方手中的牌,所以在做出自己的决策之前需要对对手方的牌做一个概率估计。不完全信息的另一个常见例子就是密封报价拍卖:商品拍卖的过程中,各方的报价都被放在密封的信封里上交,每一个报价方都知道自己对所售商品的估价,但都不知道其他任一报价方对商品的估价。所以,不完全信息博弈模型下的贝叶斯均衡是指在给定自己的类型以及对手的类型概率分布的情况下,任意一方均不会主动改变自己策略的一个均衡。经济学中最常用的一个案例是市场进入博弈：当一个潜在企业考虑是否进入一个市场的时候,市场中已有的企业抵制潜在企业成本的高低对潜在企业而言是未知的。假设该市场只有一个在位企业和一个潜在企业,两个企业的市场进入博弈矩阵如图8-4所示,只有在在位企业属于高成本的概率大于0.2的情况下,进入市场才是潜在企业的占优策略。

		在位企业			
		高成本		低成本	
		进入	不进入	进入	不进入
潜在企业	进入	(40, 50)	(−10, 0)	(30, 100)	(−10, 140)
	不进入	(0, 300)	(0, 300)	(0, 400)	(0, 400)

图8-4 市场进入博弈矩阵图

8.3.3 贸易引力模型

引力模型最初起源于牛顿经典的万有引力定律,具体是说两个物体之间的相互吸引力与物体自身的质量成正比,而与两物体间的距离成反比,这是科学家为了解释和估计不同地理空间中两个个体相互作用方式所建立的模型。而引力模型最初是由Tinbergen(1962)和Poyhonen(1963)两位经济学家引入国际贸易领域的,他们利用引力模型诠释了双边贸易流量的非对称性,即大国的贸易量占其自身 GNP 的比重总是小于小国,并建立了最初的贸易引力模型。经典的贸易引力模型认为,两个国家之间的贸易量与其经济总量成正比,而与两国之间的地理距离成反比。两国贸易引力模型经典的表达形式为:

$$X_{ij} = K(GDP_i \times GDP_j)/DIS_{ij}$$

在这一公式中,X_{ij} 代表两国之间的双边贸易总量；K 为常数；GDP_i 和 GDP_j 分别代表 i,j 两国的经济规模,DIS_{ij} 代表两国之间的地理距离,一般以两国首都间的距离计算。对这一公式两边取自然对数可以得到贸易引力模型的线性表达形式：

$$\ln X_{ij} = \beta_0 + \beta_1 \ln GDP_i + \beta_2 \ln GDP_j + \beta_3 \ln DIS_{ij} + \varepsilon_{ij}$$

式中，β_0 为常数项，β_1、β_2、β_3 分别为各变量的回归系数，ε_{ij} 为随机误差项。

这一模型对双边贸易流量和各个变量（国家的经济规模和地理距离等）之间的关系拟合效果好，常被用于国际贸易问题的研究之中。实际的研究模型通常是通过在这一经典模型的基础上引入其他变量扩展而来。

8.4 基于博弈论的贸易机制研究

8.4.1 相关博弈模型的描述与假设

本章将先后通过完全信息博弈模型与不完全信息博弈模型对中美贸易战的形成机制展开研究。在完全信息的情况下，以中国和美国为博弈的两方参与人，自由贸易策略和贸易保护策略为两个可供双方选择的博弈策略，两方参与者选定的策略组合决定了每一个参与人的博弈收益。该模型有如下三点假设：

假设 1：信息是完全的，即博弈的一方清楚地知道对手方的收益函数；

假设 2：博弈的参与人是理性的，双方都会选择在约束条件下寻求自身利益的最大化，国家作为参与人，也将追求本国利益的最大化；

假设 3：两个国家均可以从贸易保护或者贸易自由两种策略中选其一。

接着，在完全信息博弈模型分析的基础上抛弃完全信息的假设进一步展开研究，此时假定两国之间的信息是不完全的，至少有一个参与人不能确切衡量另一个参与人的收益或是损失。

8.4.2 完全信息博弈模型下贸易机制的形成机理

1. 完全信息静态博弈模型

当前的中美贸易摩擦可以被简化成一个类似于囚徒困境的简单双边博弈模型，即以中国和美国为两方参与人，自由贸易策略和贸易保护策略为两个可供双方选择的策略，两方参与人同时选择其策略，所选定的策略组合决定了每一个参与人的博弈收益。该模型假设博弈的参与人是理性的，双方都会选择在约束条件下寻求自身利益的最大化，国家作为参与人，也将追求本国利益的最大化。以双方均选择自由贸易决策为基础，假定在此条件下任意一方 $i(i=1,2;i=1$ 代表美国，$i=2$ 代表中国）都会获得 R_i 的收益；而当双方均选择贸易保护措施时，双方的利益都会受损，收益减少至 L_i。当一方选择贸易保护而另一方选择自由贸易时，选择贸易保护的一方会获得更高的收益 T_i，而自由贸易一方则会受到更严重的损失导致收益减少为 S_i，双方的博弈结果如图 8-5 所示。依据囚徒困境的一般逻辑，假设 $T_i>R_i>L_i>S_i$，此时，无论对方选择采取什么策略，贸易保护均为双方各自的占优策略，此时得到：

		中国	
		自由贸易策略	贸易保护策略
美国	自由贸易策略	(R_1, R_2)	(S_1, T_2)
	贸易保护策略	(T_1, S_2)	(L_1, L_2)

图 8-5 完全信息静态博弈矩阵图

结论 1：（贸易保护，贸易保护）为完全信息静态博弈下的唯一纳什均衡。

双方作为理性参与人，考虑到自身利益的最大化，都不会选择主动偏离自己的相对占优策略，而都会主动选择贸易保护手段，这也解释了为什么理论上国家间的自由贸易可以使任一国家获得比较优势的收益，历史上却仍频繁有贸易制度的建立。总之，在完全信息静态博弈模型下，美国选择对中国采取贸易制裁的手段有逻辑可循。

2. 完全信息一次序贯博弈模型

在静态博弈分析的框架下始终有一个中美双方同时行动的前提假设，而实际上，两国之间的贸易关系通常是动态发生的，即在贸易进程中双方的策略选择有时间上的先后顺序，两国中总有一国先行动，而另一方会根据观察到的先行动方的行动策略来选择自己的应对策略，这一类决策存在先后顺序的博弈类型称为序贯博弈，且这一类博弈的问题可以用逆向归纳法来解决。鉴于在历史上美国长期担任贸易争端发起国的角色，假定美国是先行动方并且优先选择了行动 a_1，由于信息是完全的，中国可以找到针对行动 a_1 特定的最优解。而由于美国拥有和中国一样完全且对称的信息，美国也可以预测到自己作出每一个 a_1 行动时中方会作出的反应，从而也可以推断自己的最优问题的唯一解。具体而言，和完全信息静态博弈模型的假设相同，T_i、R_i、L_i、S_i 为双方可能的收益或损失且 $T_i>R_i>L_i>S_i$。如图 8-5 中所示，只要双方参与国都是理性的，不论美国选择自由贸易还是贸易保护作为其行动 a_1，贸易保护策略总是中国方面相对更优的战略（$T_i > R_i, L_i > S_i$），而美国在知道贸易保护是中国的占优策略时，也会选择贸易保护作为自己的占优策略（$L_i > S_i$），由此可得到：

结论 2：（贸易保护，贸易保护）为完全信息一次贯序博弈下的均衡结果。

这一结论与完全信息静态博弈下的结论相同，也就是无论双方是同时行动或是有信息和行动上的先后顺序，双方都无法逃离纳什均衡的陷阱，会由于考虑到自身利益的最大化而选择对双方整体而言不占优的贸易保护手段。

3. 完全信息重复博弈模型

重复博弈是指参与人之间在长期重复的相互往来中进行多次结构相同的博弈的过程。在重复博弈中，参与人可以观察到过去博弈的结果，并把自己当期的选择建立在双方历史博弈结果的基础之上。另外，关于未来行动的威胁或者承诺也可以影响到参与人当期的行动。

如果考虑有限次重复博弈的情况，以完全信息静态博弈模型框架下的囚徒困境标准式为基础，假设两方参与人要将这一博弈的过程重复 N 次，N 为有限的，且在每一次博弈之前都可以观察到前一次博弈的结果，整个博弈过程的收益等于每阶段收益的简单相加。已知一次博弈时，虽然（自由贸易，自由贸易）的博弈结果优于（贸易保护，贸易保护），但由于双方均害怕对方背叛时所造成的损失，均会选择贸易保护作为其占优策略；考虑到重复博弈的情况，双方可能会因为考虑到长远的利益而选择进行合作，以达成（自由贸易，自由贸易）的博弈结果。在博弈次数 N 有限的情况下，从第 N 次的对局开始分析，根据双方都是理性参与人的前提假设，双方都知道这是最后一轮博弈，即对方无法再根据此轮博弈的结果做出下一步的决定，所以在这一轮博弈中，双方均会选择采取自己一次博弈时的占优策略，即贸易保护策略。进一步推论，既然已知对方在第 N 轮博弈中会选择贸易保护的手段，则双方都知道自己在第 $N-1$ 轮博弈中选择合作是无法带来回报的，因此两国在第 $N-1$ 轮的博弈里就会开始采取贸易保护手段，以此类推，双方会在第一轮博弈开始时即选择贸易保护手段，任何一阶段双方都不会达成合作，（贸易保护，贸易保护）为双方每一阶段博弈的唯一纳什均衡，也就是整个重复博弈过程中的子博弈精炼解。可见，考虑有限次博弈的情况与一次博弈的情况会得到相同的结果。

进一步讨论，当博弈次数无限的时候，和有限次重复博弈的讨论相似，未来行动的威胁或者承诺也可以影响到当期的行动,从而改变博弈的进程。双方只有考虑到长远利益并且试图达成合作的局面才有可能走出一次博弈的困境。无限次重复博弈可以通过改变博弈双方的战略空间从而带来合作的可能性,通过理论以及现实的证明,"针锋相对策略"和"触发策略"是无限次重复博弈中参与人常用的两种战略方式。

触发策略是指双方开始时都选择合作,但当某一时刻其中一方 i 破坏合作,从此 i,j 双方便不再合作。设 δ 为贴现因子($0<\delta<1$),如果没有一方选择破坏合作,则对国家 i 来说将未来收益折现到 t 时刻的总收益 V_{1i} 为:

$$V_{1i}=R_i+R_i\delta+R_i\delta^2+R_i\delta^3+\cdots+R_i\delta^n=R_i/(1-\delta)$$

而如果在时刻 t 国家 i 选择破坏合作,则从 $t+1$ 时刻起国家 j 也会采取贸易保护的策略,国家 i 折现到 t 时刻的总收益 V_{2i} 为:

$$V_{2i}=T_i+L_i\delta+L_i\delta^2+L_i\delta^3+\cdots+L_i\delta^n=T_i+L_i\delta/(1-\delta)$$

为了走出一次博弈以及有限次博弈的困境,国家 i 需要在 t 时刻继续坚持与对手方合作,此时 $V_{1i}>V_{2i}$,即:

$$R_i/(1-\delta)>T_i+L_i\delta/(1-\delta)$$

由此得到 δ 的范围为:

$$\delta>(T_i-R_i)/(T_i-L_i)$$

而在针锋相对策略的情况下,双方开始时都选择合作,当某一时刻对方打破合作的格局,那下一时刻一方也会选择不合作,当另一时刻对方选择重新合作,那么下一时刻一方也会重新与对方合作,如此循环。同样的,设 δ 为贴现因子($0<\delta<1$),如果没有一方选择破坏合作,将国家 i 的未来收益折现到 t 时刻的总收益 V_{3i} 为:

$$V_{3i}=R_i+R_i\delta+R_i\delta^2+R_i\delta^3+\cdots+R_i\delta^n=R_i/(1-\delta)$$

而如果在时刻 t 国家 i 选择破坏合作,则 $t+1$ 时刻国家 j 进行反制,此后,两个国家的博弈关系会出现 (T_1,S_2) 和 (S_1,T_2) 的交替,国家 i 折现到 t 时刻的总收益 V_{4i} 为:

$$V_{4i} = T_i + S_i\delta + T_i\delta^2 + S_i\delta^3 + \cdots = (T_i + S_i\delta)/(1-\delta^2)$$

只有当 $V_{3i} > V_{4i}$ 时国家 i 才会在 t 时刻选择不破坏合作，此时：

$$R_i/(1-\delta) > (T_i + S_i\delta)/(1-\delta^2)$$

由此，δ 的范围为：

$$\delta > (T_i - R_i)/(R_i - S_i)$$

由此得到：

结论 3：当折扣系数 $\delta > \max\{(T_i-R_i)/(T_i-L_i), (T_i-R_i)/(R_i-S_i)\}$ 时，双方均不会选择破坏合作；当 $\min\{(T_i-R_i)/(T_i-L_i), (T_i-R_i)/(R_i-S_i)\} < \delta < \max\{(T_i-R_i)/(T_i-L_i), (T_i-R_i)/(R_i-S_i)\}$ 的时候，一方会在特定情况下选择破坏合作；而当折扣系数 $\delta < \min\{(T_i-R_i)/(T_i-L_i), (T_i-R_i)/(R_i-S_i)\}$ 时，主动背叛合作的行为总是会发生。

另外，分析折扣系数 δ 的取值范围与 T_i、R_i、L_i 和 S_i 的大小关系可以得到关于 δ 取值的支线性质：

L_i 和 S_i 越小或者 R_i 越大时，$\max\{(T_i-R_i)/(T_i-L_i), (T_i-R_i)/(R_i-S_i)\}$ 就越小，能够致使双方持续合作的折扣系数 δ 的取值范围就越广，双方合作的可能性越大。

综上，只有在折扣系数 δ 足够大且大于 $(T_i-R_i)/(T_i-L_i)$ 和 $(T_i-R_i)/(R_i-S_i)$ 中的较大者的时候，主动破坏合作给己方带来的收益在任何情况下均不足以弥补后续的损失，背叛合作不是任何一方的占优策略，双方国家才能保持长久的合作。而双方合作的可能性与 L_i 和 S_i 的大小关系成反比且与 R_i 成正比。

8.5 不完全信息博弈模型下中美贸易战的形成机理

8.5.1 不完全信息静态博弈模型

上述的静态博弈、一次序贯博弈以及重复博弈的模型分析均是基于完全信息的假设，而现实情况下，中美之间的贸易博弈远比完全信息博弈模型复杂得多,因为贸易双方在不同策略条件下的收益函数信息并不是双方的公共知识,至少有一个参与人不能确切衡量另一个参与人的收益或是损失,这会影响到参与人所作出的决策判断。实际上,一方在决定是否主动挑起贸易争端的时候会考虑其贸易对手方采取反制措施的可能性和成本,而对手的反制成本对己方来说是不确定的。具体到中美贸易关系的分析,时任中国商务部部长钟山曾经表示,中国不希望打贸易战,也绝不会主动发起贸易战争,假设贸易战只可能由美国主动挑起,而美国方面的信息是不完全的,美方并不了解中方采取贸易反制措施所需要的成本是高是低,但他知道中国只有这两种成本的可能性(高成本和低成本)以及相应选择的概率分布。假设美国认为中国反制成本高的概率为 p,反制成本低的概率为 $1-p$。如果中国的反制成本高,则双方形成互相反制的局面时中方的收益 L_2 相对较低,记为 L_{2L},那么中国在美国发起贸易战争时会选择妥协。如果中国的反制成本低,则美国发起贸易战时中方反制后的收益 L_2 相对较高,记为 L_{2H},此时中方会选择采取贸易反制措施,双方的博弈矩阵如图 8-6 所示。

		中国			
		高成本		低成本	
		自由贸易	贸易反制	自由贸易	贸易反制
美国	自由贸易	(R_1, R_2)	(S_1, T_2)	(R_1, R_2)	(S_1, T_2)
	贸易保护	(T_1, S_2)	(L_1, L_{2L})	(T_1, S_2)	(L_1, L_{2H})

图 8-6 不完全信息静态博弈矩阵图

所以,美国选择采取贸易保护措施的期望收益为:

$$E(X_1) = pT_1 + (1-p)L_1$$

而美国采取自由贸易策略的期望收益是 R_1,由此,美国会主动发起贸易争端的条件为:

$$pT_1 + (1-p)L_1 \geqslant R_1$$

由此可得,p 的范围为:

$$p \geqslant (R_1 - L_1)/(T_1 - L_1)$$

据此得到:

结论 4：在美国视角下，当 $p \geqslant (R_1-L_1)/(T_1-L_1)$ 时，会主动挑起贸易争端；而当 $0 < p < (R_1-L_1)/(T_1-L_1)$ 时，两国会坚持相互自由贸易的状态。

另外，p 的取值范围受到 R_1、L_1 和 T_1 的影响，具体表现为：

R_1、L_1 越小或者 T_1 越大时，$(R_1-L_1)/(T_1-L_1)$ 越小，能够致使美国主动挑起贸易战的 p 的取值范围越广，贸易战发生的可能性越大。

所以，从经济学的角度来看，中国反制成本高的概率越大，美国就越有可能对中国发动贸易制裁。同时，当双方均采取贸易保护措施或是双方均采取自由贸易措施时美国的收益越高，而美国单独采取贸易保护措施时其收益越低，p 的可取范围就越大，美国也就越容易主动引起贸易争端。

8.5.2　不完全信息重复博弈模型

沿用上一小节不完全信息静态博弈模型的部分假设，假定中美双方的贸易关系是非对称的，美方是贸易争端的可能发起方且其不了解中方确切的收益函数信息，贸易争端的产生与否主要与美国方面的决策有关。

在采取触发策略的情况下。设 δ 为贴现因子（$0<\delta<1$），如果美方选择坚持自由贸易的战略，则中方也不会主动挑起贸易战争，对任一国家 i 来说将未来收益折现到 t 时刻的总收益 V_{1i} 为：

$$V_{1i} = R_i + R_i\delta + R_i\delta^2 + R_i\delta^3 + \cdots + R_i\delta^n = R_i/(1-\delta)$$

而如果在 t 时刻美国选择破坏合作，则根据前面的假设，中国有 p 的概率会由于高的反制成本不对美国进行任何贸易反制措施，此时美国折现到 t 时刻的收益为：

$$V_{\text{高成本}} = T_i + T_i\delta + T_i\delta^2 + T_i\delta^3 + \cdots + T_i\delta^n = T_i/(1-\delta)$$

而中国有 $1-p$ 的概率反制成本低，在这种情况下，中国会从 $t+1$ 时刻起对美国实施贸易反制，美国折现到 t 时刻的收益为：

$$V_{\text{低成本}} = T_i + L_i\delta + L_i\delta^2 + L_i\delta^3 + \cdots + L_i\delta^n = T_i + L_i\delta/(1-\delta)$$

所以，美国选择在 t 时刻破坏合作的总收益为：

$$V_{2i} = pT_i/(1-\delta) + (1-p)[T_i + L_i\delta/(1-\delta)]$$

只有当 $V_{1i} > V_{2i}$ 时，中美两国才可以保持双方自由贸易的局面，从而走出一次博弈的困境，此时 δ 的取值范围为：

$$\delta > (T_i - R_i)/(1-p)(T_i - L_i)$$

而在针锋相对策略的情况下，同样设 δ 为贴现因子（$0 < \delta < 1$），如果没有一方选择破坏合作，将国家 i 的未来收益折现到 t 时刻的总收益 V_{3i} 为：

$$V_{3i} = R_i + R_i\delta + R_i\delta^2 + R_i\delta^3 + \cdots + R_i\delta^n = R_i/(1-\delta)$$

而如果在 t 时刻美国选择破坏合作，中国有 p 的概率不进行贸易反制，此时美国方面折现后的收益依旧为：

$$V_{\text{高成本}} = T_i + T_i\delta + T_i\delta^2 + T_i\delta^3 + \cdots + T_i\delta^n = T_i/(1-\delta)$$

另外，中国有 $1-p$ 的概率在 $t+1$ 时刻进行反制，在这种情况下两个国家的博弈关系会出现 (T_1, S_2) 和 (S_1, T_2) 的交替，美国折现到 t 时刻的总收益为：

$$V_{\text{低成本}} = T_i + S_i\delta + T_i\delta^2 + S_i\delta^3 + \cdots = (T_i + S_i\delta)/(1-\delta^2)$$

美国方面选择破坏合作的总收益 V_{4i} 为：

$$V_{4i} = pT_i/(1-\delta) + (1-p)[(T_i + S_i\delta)/(1-\delta^2)]$$

只有当 $V_{3i} > V_{4i}$ 时美国才会在 t 时刻选择不破坏合作，此时：

$$R_i/(1-\delta) > pT_i/(1-\delta) + (1-p)[(T_i + S_i\delta)/(1-\delta^2)]$$

由此，δ 的范围为：

$$\delta > (T_i - R_i)/[R_i - pT_i - (1-p)S_i]$$

据上述两种情况的分析可得，

结论 5：当折扣系数 $\delta > \max\{(T_i - R_i)/(1-p)(T_i - L_i), (T_i - R_i)/[R_i - pT_i - (1-p)S_i]\}$ 时，双方均不会选择破坏合作；当 $\min\{(T_i - R_i)/(1-p)(T_i - L_i), (T_i - R_i)/[R_i - pT_i - (1-p)S_i]\} < \delta < \max\{(T_i - R_i)/(1-p)(T_i - L_i), (T_i - R_i)/[R_i - pT_i - (1-p)S_i]\}$ 时，一方会在特定情况下选择破坏合作；而当折扣系数 $\delta < \min\{(T_i - R_i)/(1-p)(T_i - L_i), (T_i - R_i)/[R_i - pT_i - (1-p)S_i]\}$ 时，主动背叛合作的行为总是会发生。

综上，在折扣系数 δ 足够大且大于 $(T_i - R_i)/(1-p)(T_i - L_i)$ 和 $(T_i - $

$R_i)/[R_i - pT_i - (1-p)S_i]$ 中的较大者的时候,主动破坏合作给己方带来的收益不足以弥补后续的损失,背叛合作的情况才不会发生,双方国家才能保持长久的合作。另外,因为 p 的存在,折扣系数 δ 的取值与 T_i、R_i、L_i 和 S_i 的相关性不明显。

8.5.3 模型结论及中方策略提出

完全信息博弈模型下,通过结论 1 和结论 2 可知,双方在静态及一次贯序情况下的博弈均衡均为(贸易保护,贸易保护),也就是说,只考虑短期一次的博弈情况时,贸易争端的产生是必然的结果;而通过结论 3 可知,在重复博弈的情况下,考虑到双方长期合作的可能性,(贸易保护,贸易保护)的纳什均衡才可能被打破,双方才能走出长期贸易争端的困局,通过合作实现共赢。由此可以得到中方的应对策略 1:在与美方洽谈的过程中尝试推动建立合作机制以及背叛合作时严厉的惩罚机制,降低双方之间的关税水平,以促进双方主动合作的可能性。

不完全信息博弈模型下,根据结论 4 和结论 5 可知,中国反制成本高的可能性越大,美国对中国发动贸易制裁的动机就越强。显然可以得到中方的应对策略 2:降低自身的贸易的反制成本。而以往文献显示,贸易反制成本的影响因素众多,比如双方的总体经济实力,双方的贸易依赖度等,一个国家总体经济实力的提升和对其贸易对手国贸易依赖程度的下降均有利于降低本国自身的反制成本,从而在双边贸易中占据主动权。

8.6 结论与建议

基于模型,中国应该寻求最优的应对策略以走出和美国之间贸易战的困境。根据完全信息博弈模型,"建立双方合作"是中方应对策略一个可能的考虑方向;而根据不完全信息博弈模型,"降低贸易反制成本"也可以帮助中国在中美贸易中掌握主动权,基于这两个宏观方向,本章出了以下应对策略:

第一,建立协商洽谈机制,创造长期合作的可能性。中国和美国是世界上第一、第二大的经济体,两国之间的经济、贸易、政治等各个领域的关系均错综复杂且牵连众多,可谓是一荣俱荣,一损俱损。通过平等协商探讨对双方均有利的贸易合作方案,可以体现中国的态度和大国胸怀,也可以为双方带来共赢的结果。

第二,加快行业的转型升级,并完善知识产权的保护制度。中国应继续加大对技术创新和研发的投资,加速行业升级,通过建立跨行业研发合作项目和平台,促进知识和技术的交流,加强技术创新,完善知识产权管理体系,提供更便捷的知识产权申请和保护服务。

第 9 章
小 结

9.1 机制设计理论的优势与问题

机制设计理论是一种经济学理论,它已经在许多领域都取得了成功的应用,其优点明显。在本书中,我们深入探讨机制设计理论的应用,并且通过分析这些相关的应用总结了以下机制设计理论的优势以及在实际应用中所遇到的一些问题。

机制设计理论最显著的优点之一就是它对参与者的行为有一定的预测性,以及一种有效地激励参与者行为的方式。在建立机制设计理论时,评价指标是其最优性。据此,在参与者追求自我利益的过程中,设计者通过制定特定的规则和机制,引导每个参与者都有动机遵守这些规则,从而达到社会整体福利的最大化。比如在拍卖市场,在设计者建立了合理的机制下,竞拍者会被激励真实出价,从而最大化拍卖结果的社会福利。在世界的各个领域,包括经济决策、市场交易以及社会福利最大化等,机制设计理论的应用已经取得了显著的成果,然而,在充分认识和运用这一理论的同时,我们也必须正视它所存在的问题和挑战。

在分析机制设计理论在实际问题中的应用中我们看到了该理论的缺陷和限制。在实践应用中,机制设计理论的局限性主要表现在对信息的过于理想化假定上。在真实世界中,完全的信息对称与信息共享都是难以实现的。在这种情况下,如果参与者的信息并非完全对称,设计出的激励机制可能实际效果有限。同时,还存在被榨取信息的可能,大大降低了机制设计的效果。此外,一个重要的问题是,机制设计理论存在实施难度问题。在很多情况下,理论上的最优解并不一定能有效实施。例如,在公共拍卖领域,虽然通过理论计算可以得出最优拍卖规则,但在实践中进行最优设计却可能遇到种种困难。这不仅包括技术实现难度,也包括了监督执行难度,影响了机制设计理论在实践中的应用效果。在许多实际应用中,机制设计似乎过于强调一种理性偏好的统一性,即所有参与者都以最大化自身利益为目标。然而,实际情况中的参与者可能不全然如此,他们的决策可能受到众多内外部因素影响,包括他们的价值观、情感状态、社会影响等。因此,在某些情况下,机制设计理论可能不能完全预测或引导参与者的行为,并且在某些案例中,有时会导致某些预期之外的结果。

同时,要实施有效的机制设计,对参与者的信息通透和整个决策过程的完全理解至关重要。然而,在许多情况下,信息的获取和理解存在极大的困难。即使是在信息可以获取的情况下,如何确保信息的准确性和完整性也是一个相当大的挑战。而在信息不对称的情况下,机制设计很可能会导致不公平的结果,甚至可能被操纵,使得某些参与者从中谋利。

此外,机制设计还面临着站在实用主义和理论之间的挑战。机制设计需要综合考虑复杂性、计算难度和实施成本,而这些因素往往与理论的精致和优雅背道而驰。简而言之,用于指导真实世界决策的机制设计,可能在精致的理论模型和操作的实际性之间寻找平衡,现实经济生活中的问题往往包含大量的不确定性,使得设计有效的机制变得更为复杂。这其中包括各类黑天鹅事件的影响,以及因为经济环境的多元性和动态变化引发的一系列复杂问题。如何让机制设计理论更好地应对不确定性,提供稳定、优化的经济决策,是一个重要的课题。机制设计过程中对参与者行为的预设以及激励机制的设计也是一个主要问题。在理论中,我们一般会假设参与者是理性的,且形成完全竞争的市场。但在实际情况中,参与者的行为可能受到多种因素的影响,包括非理性行为,以及市场可能的不完全竞争等情况。这就需要我们更深入地理解参与者的行为,以设计出更好的激励机制。机制设计理论在应用过程中,如何将复杂的数学模型转化为具有实际操作性的策略和方法,也是一个重要的问题。要解决这个问题,需要我们不仅对经济理论有深入的理解,还需要掌握先进的数学和计算工具,同时具有丰富的实践经验和敏锐的洞察力。

尽管机制设计理论有其优点和问题,但无疑的是,它为理解和解决许多社会经济问题提供了有效工具。他不仅可以帮助我们理解参与者如何在特定规则下进行优化行为，而且也指出了在特定情况下如何制定和实施这些规则。只有更深入地理解和研究机制设计理论，才能在更大程度上发挥其优势，克服其短处，最终实现理论与实践的高度结合。

然而，尽管这些问题存在，但机制设计理论的核心理念——创建能够鼓励个体行为与社会福利一致的系统，这种引导性的特性使得它在各种应用场景下仍具有极大的价值。了解并思考这些问题，对于我们进一步改进和丰富机制设计理论，实现更加全面、准确和有效的设计和应用至关重要。

机制设计理论是一个高度实证和理论相结合的经济学分支，在很大程度上弥补了传统经济学无法处理不完全信息环境下的市场和制度问题的缺陷。然而，尽管这个理论在过去的几十年中被广泛应用于各种经济问题的解决，例如市场交易设计、优化拍卖策略等，但是还存在着一些挑战和问题。要让机制设计理论更好地服务于经济发展，提高效率，降低成本，还需要对这些问题给予充分的关注和研究。

未来，机制设计理论需要应对这些挑战认真进行探索和研究。发展出具有更强应对不确定性能力的机制设计模型，更加精细的处理参与者行为预设和激励机制设计，以及更加实用的模型应用方法，都将极大地推动机制设计理论的进步，使其更好地服务于经济社会的发展。

9.2 未来的研究方向和挑战

机制设计理论致力于在参与者追求个人利益的同时，通过制度设计促成最大化社会福利。然而，未来的研究方向并不仅是在现有应用场景下对该理论进行优化，更需要勇于拓宽视野，探索新的可能性，包括个性化市场、共享经济等新型经济模式中的机制设计问题。

个性化市场的崛起提出了新的挑战与机遇。在这种市场中，消费者不再是被动接受产品，而是要按照自己的需求定制产品或服务。这就需要我们设计出更加个性化的机制，使得生产者能够更好地满足各式各样的需求，从而达到社会整体福利的提升。同时，这一模式对老旧机制的颠覆也给我们提供了一个重新思考制度设计的机会，激发出更多创新想法，并且有可能在某些情况下取代传统

第9章 小 结

的市场机制。

随着共享经济的飞速发展，新的交易模式，如共享出行、短租房源等新型业务模式的涌现，也为机制设计提出了新的挑战。在这些交易中，个体经常需要对未来的不确定性做出决策，例如一位司机需要决定是否在明天接受一个预约订单，或者一个房主需要决定是否将自己的房屋短租给他人。此类决策往往涉及风险和不确定性，对应的机制设计需要细致入微，考虑到各种可能的影响因素。但是，也正是这种在新的市场形势下的机制设计研究，有可能带来突破，促进理论的深化和实践的改进。

深入研究这两种新兴经济模式下的机制设计不仅具有理论上的巨大价值，更能为社会实践提供理论指导，推动社会进步。然而，伴随新的应用场景出现，也会带来新的问题和挑战。如何更好地理解和处理这些问题，如何利用机制设计理论解决实际问题，是机制设计研究面临的重要任务。而解决这些问题需要跨学科的研究和协作，既需要经济学的理论，也需要计算机科学、心理学等相关学科的研究成果。机制设计正是在这种跨学科研究中闪耀出它的价值。

在机制设计理论的未来研究方向和应用中，我们面临的挑战是复杂性和不确定性。机制设计理论研究的主要挑战之一是如何处理高度复杂的实际问题。许多重要的经济和社会问题，如市场交易、公司股权设计和公共拍卖，都需要处理大量的参与者、项目和可能的决策。这些问题的复杂性使得机制设计的计算和分析变得非常困难。例如，市场交易可能涉及数百甚至数千个卖家和买家，每个人的行为和决策都可能影响结果。而公司股权设计则需要考虑所有股东的利益，这可能会涉及复杂的合约和协调问题。这种复杂性需要我们制定更复杂、更有弹性的机制设计策略来管理，并可能需要借鉴其他研究领域，如复杂系统、博弈论和人工智能。

另一个挑战是不确定性。在实际问题中，我们常常面对不确定的信息和不可预见的未来。例如，参与者的类型和行为可能无法完全预知。公共拍卖可能面临竞标者数量未知、竞标者出价策略不确定等问题。机制设计需要考虑这种不确定性，并在可能的范围内最大化社会福利。这可能需要引入概率理论和风险管理的技术，以及更复杂的博弈模型。

同时，适应快速发展的经济和社会环境也是一项重要的挑战。随着全球经济一体化和数字化的发展，机制设计理论需要不断调整和更新，以捕获新的机会和面对新的问题。这可能包括对新的市场形势、新的交易工具和新的参与者行为的研究。例如，网络平台和加密货币等新的交易形式，可能需要我们重新思考拍卖和合约设计的问题。而社会网络和用户生成内容等新的参与者行为，可能需要我们研究新的激励机制和策略。这些新的研究方向不仅增加了机制设计的复杂性，也为我们提供了理解和改善现代经济和社会问题的新途径。

机制设计理论是经济学里不可或缺的一部分，其影响力不仅体现在理论研究上，更在解决实际经济问题——如资源配置、公共物品供应和市场交易等方面发挥着重要作用。然而，随着新经济形势的发展和新问题的出现，机制设计理论也需要进一步地适应和发展。

对于未来机制设计理论的发展，有许多可能的研究方向。这些方向的出现，无一例外，都是为了解决现实中出现的新问题和新挑战。以资源配置为例，随着科技水平的提高，人们对资源的利用效率要求更高，而高效的资源配置不再是简单的优化问题，而需要考虑到各方的利益关系和市场的动态变化，这就需要我们构建一个能够适应动态环境、反映各方需求的设计机制。

例如，未来机制设计的研究可能会运用更多的数据科学技术，使用更精确的信息来进行决策。当前，大数据技术的应用已经改变了许多领域，从而可能会对机制设计理论产生深远的影响。例如，通过收集和分析大量的交易数据，我们可以更准确地理解市场需求和供应关系，从而设计出更有效的市场机制。再比如，以 AI 和机器学习技术为基础的决策支持系统，可以帮助我们更好地理解和预测个体行为，这对于设计个体激励机制有着重要的意义。

此外，机制设计的未来研究也应注意到新出现的经济现象和市场形势，以适应新的经济环境。例如，共享经济和区块链技术的兴起，带来了新的市场形势和交易方式，这对于机制设计理论的发展提出了新的需求。例如，如何设计一个有效的机制，以保证共享经济中的公平性和效率等问题，需要我们进一步探讨和研究。

机制设计理论作为经济学的重要支撑，拥有广阔的实践领域和理论空间。在未来的研究中，我们更期待看到这种理论能进一步完善和发展，更好地服务于经济社会的发展。

未来的机制设计理论应该考虑到信息不对称甚至信息缺失的情况，让规则制定者能够对资源配置进行更有效地干预。这就需要我们对人们的行为预测进行更精准的模型设定,包括人们的偏好、风险态度甚至是他们在困境中的决策行为。这种预测不仅可以帮助我们理解和分析社会经济现象,也能够指导我们制定更为有效的政策。

我们还需要将机制设计理论应用到更加广泛的领域中。例如,在公共物品的供应中,我们如何通过妥善的机制设计来激励人们积极参与公共生活,更好地实现资源的公平配置。又比如,在市场交易中,如何通过制定合理的交易规则来降低信息不对称带来的市场失灵风险。这些问题都需要机制设计理论去深入探索和解决。

在未来的机制设计理论发展中,我们也不能忽视新兴科技的影响。在大数据、人工智能等技术的推动下,我们可以获取更多、更精细的信息,以实现更为确的决策预测。但这也为我们提出了新的问题:如何在保证信息安全和隐私的前提下,更好地利用这些技术来提升机制设计的有效性。

但不管如何,机制设计理论都将继续作为经济学的重要工具,在解决各种经济社会问题上发挥着日益重要的作用。我们期待,通过对这一理论的深入探讨和研究,能够促进其在经济社会发展中的广泛应用,为建设更公平、更高效的社会提供强有力的理论支撑。

总的来说,虽然我们面临的挑战艰巨,但也展现出机制设计理论的广阔前景和重要价值。通过处理这些挑战,我们可以进一步理解和解决许多重要的经济和社会问题,从而有助于实现更大的社会福利和进步。未来的机制设计理论将更加注重实践和技术的结合,旨在解决更多的实际问题。这无疑为我们提供了一个广阔的研究领域和无穷的可能性,期待我们在这个领域取得更多的突破。

参考文献

1. Amiti, M., Redding, S. J., and Weinstein D. The Impact of the 2018 Trade War on U.S. Prices and Welfare. NBER Working Paper, 2019.
2. Arie Beresteanu and Shanjun Li. Gasoline Prices, Government Support, and the Demand for Hybrid Vehicles in the U. S. 2008. International Economic Review, 2011, 52(1): 161-182.
3. Bagwell, K. W. and R. W Staiger. Enforcement, Private Political Pressure And The GATT/WTO Escape Clause, The Journal of Legal Studies, 2005 (34): 471-513.
4. Bagwell, K. W. and R. W Staiger. The Economics of the World Trading System. 2002; Cambridge, MA: MIT Press.
5. Bagwell, K. W. and R.W Staiger. Enforcement, Private Political Pressure And The GATT/WTO Escape Clause The Journal of Legal Studies, 2005 (34): 471-513.
6. Baldwin, K. W. Politically realistic objective functions and trade policy: PROFs and tariffs. Economics Letters, 1987(24): 287-290.
7. Boldrin M, Levine D. The case against intellectual property. American Economic Review, 2002, 92(2): 209-212.
8. Brouwer, E.,Kleinknecht, A. Firm size, small business presence and sales in innovative products: A micro-econometric analysis. Small Business economics, 1996, 8(3): 189-201
9. Beltramello A, Haie-Fayle L, Pilat D. Why New Business Models Matter for Green Growth, OECD Green Growth Papers. Paris, OECD Publishing, 2013.

10. Chen J, Kim S. A comparison of Chinese consumers' intention to purchase luxury fashion brand for self-use and for gifts. Journal of international consumer marketing, 2013, 25(1): 29–44.

11. Cleff T, Rennings K. Determinants of Environmental Product and Process Innovation. European Environment. 1999, 9(5): 191–201.

12. Colantonem, I. and Stanig, P. The trade origins of economic nationalism: import competition and voting behavior in Western Europe. American Journal of Political Science, 2018(62): 939–953.

13. Campi, M. and Duenas, M. Intellectual property rights, trade agreements and international trade. Research Policy, 2019(48): 531–545.

14. Chen J., Hsieh P. and Wang K. Cracking down on the infringement and counterfeiting: Intellectual property rights and corporate innovation in China. Finance Research Letters, 2023, 103846, ISSN 1544–6123.

15. Chong, T. and Li X. Understanding the China-US Trade War: Causes, Economic Impact, and the Worst-Case Scenario. Economic and Political Studies, 2019(2): 185–202.

16. Chisik, R. and Onder, H. Does Limited Punishment Limit The Scope For Cross-retaliation? Economic Inquiry, 2017(55): 3, 1213–1230.

17. Chisik, R. and Fang, C. Limited cross-sector retaliation and lengthy delays in international dispute settlement. Working Paper, 2023.

18. Delgado, M., Kyle, M. and McGahan, A. M. Intellectual property protection and the geography of trade. Journal of Industrial Economics, 2013(61): 733–762.

19. Delgado, M., Kyle, M. and McGahan, A. M. Intellectual property protection and the geography of trade. Journal of Industrial Economics, 2013(61): 733–762.

20. Guo H, Xu EM, Jacbos M. Managerial Political Ties and Firm Performance during Institutional Transitions: An Analysis of Mediating Mechanisms. Journal of Business Venturing, 2014, 67(2): 116–127.

21. Gangopadhyay K., and Mondal D. Does stronger protection of intellectual

property stimulate innovation?. Economics Letters, 2012, 116(1): 80-82.

22. Grossman, M. and Helpman, E. Trade, innovation, and growth. American Economics Review, 1990(2): 86-91.

23. Grossman, M. and Lai C. International protection of intellectual property. American Economics Review, 2004(94): 1635-1653.

24. Helpman, E. Innovation, imitation, and intellectual property rights. Econometrica, 1993(61): 1247-1280.

25. Hillman, A. L. Declining industries and political-support protectionist motives. American Economic Review, 1982(72): 1180-1187.

26. Horn, H., Mavroidis, P. C. and Sapir, A. Beyond the WTO? An anatomy of EU and US preferential trade agreements. World Economics, 2010(11): 1565-1588.

27. Horbach J, Rammer C, Rennings K. Determinants of Eco-innovations by Type of Environmental Impact: The Role of Regulatory Push/Pull, Technology Push and Market Pull. Ecological Economics, 2012(78): 112-122.

28. Jacob Schmookler. Invention and economics growth. Cambridge. Mass: Harvard University Press, 1966.

29. Kammerer D. The Effects of Customer Benefit and Regulation on Environmental Product Innovation: Empirical Evidence from Appliance Manufacturers in Germany. Ecological Economics, 2009, 68(8): 2285-2295.

30. Kanwar S and Evenson R. Does intellectual property protection spur technological change? Oxford Economic Papers, 2003, 55(2): 235-264.

31. Kim, Y. K., Lee, K., Park, W. G., Choo, K. Appropriate intellectual property protection and economic growth in countries at different levels of development. Research Policy, 2012(41): 358-375.

32. Kim, I. S. Political cleavages within industry: firm-level lobbying for trade liberalization. American Political Science Review, 2017(111): 1-20.

33. Kim Y. K., Lee K., and Park W. G. Appropriate intellectual property

protection and economic growth in countries at different levels of development. Research policy, 2012, 41(2): 358 – 375.

34. Li, C., He C., and Lin C. Economic Impacts of the Possible China-US Trade War. Emerging Markets Finance and Trade, 2018, 54(7): 1557 – 1577.

35. Marquez J. and Schindler J. Exchange-rate Effects on China's Trade. Review of International Economics, 2007(5): 837 – 853.

36. Maskus, K. E. and Penubarti, M. How trade-related are intellectual property rights? Journal of International Economics, 1995(3): 227 – 248.

37. Maskus, K. E. and Ridley, W. Intellectual Property-Related Preferential Trade Agreements and the Composition of Trade. Robert Schuman Centre for Advanced Studies Research Paper, 2016(35).

38. Mayda, M. and Rodrik, D. Why are some people (and countries) more protectionist than others? European Economic Review, 2005(49): 1393 – 1430.

39. MaxA hman. Government policy and the development of electric vehicles in Japan. Energy Policy 34 (2006): 433 – 443.

40. Maynard Smith J., Price G R. The Logic of Animal Conflicts. Nature, 1974(246): 15 – 18.

41. Maynard Smith J., The Theory of Games and the Evolution of Animal Conflict. Journal of Theory Biology, 1973(47): 209 – 212.

42. Nie Y M, Ghamami M, Zockaie A, et al. Optimization of incentive polices for plug-in electric vehicles. Transportation Research Part B, 2016(84): 103 – 123.

43. Nathan W. Chan, Kenneth Gillingham. The Microeconomic Theory of the Rebound Effect: Nuances, Externalities, and Welfare. Yale University, 2015.

44. Osgood I and Feng Y. Intellectual property provisions and support for US trade agreements. The Review of International Organizations, 2018: 13.

45. Papageorgiadis N., and Sharma A. Intellectual property rights and innovation: A

panel analysis. Economics Letters, 2016(141): 70-72.

46. Peter Mock, Z. Y., 2014. Driving electrification a global comparison of fiscal incentive policy for electric vehicle. ICCT.

47. Scheve, F. and Slaughter, J. What Determines Individual Trade-Policy Preferences? Journal of International Economics, 2001(54): 267-292.

48. Tinbergen, J. An analysis of world trade flows. Shaping the World Economy, 1962.

49. Richard E Romano. Aspects of R&D Subsidization. Quarterly Journal of Economics, 1989, 104(4): 863-873.

50. R M. Stock, N A. Zacharias. Two sides of the same coin: how do different dimensions of product program innovativeness affect customer loyalty? Journal of product innovation management, 2013, 30(3): 516-532.

51. R. Chisik and H. Onder, 2017. Does Limited Punishment Limit The Scope For Cross-retaliation? Economic Inquiry, 2017, 55(3): 1213-1230.

52. Scherer, F. M. Demand-pull and technological invention: Schmookler revisited. Journal of industrial Economics, 1982, 30(4): 225-237.

53. Selten Reinhard. Evolutionarily Stable Strategies in Extensive Two-person Games. Math. Soc. Sci., 1983(5): 269-363.

54. Solow RM. A Contribution to the Theory of economic growth. The Quarterly Journal of Economics, 1956(2): 65-94.

55. Selten Reinhard. A Note on Evolutionary Stable Strategies in Asymmetric Animal Conflicts. Journal of Theoretical Biology, 1980(84): 93-101.

56. Turan F K, Tuzuner A, Goren S. Modeling Electric Mobility in Germany: A Policy Analysis Perspective. Istanbul: International Conference on Industrial Engineering and Operations Management, 2012: 1654-1663.

57. Yang, S. Shi, S. and Yang, F. Macroeconomic impact of the Sino-U.S. trade frictions: Based on a two-country, two-sector DSGE model. Research in International Business and Finance, 2023(65).

58. 白泓渌.中国机电产品出口美国遭遇"337条款调查"分析[D].北京：北京林业大学.2007：30-45.

59. 陈功玉,钟祖昌,邓晓岚.企业技术创新行为非线性系统演化的博弈分析[J].南方经济,2006(4):110-118.

60. 曹霞,邢泽宇,张路蓬.基于政府驱动的新能源汽车产业合作创新演化博弈研究[J].运筹与管理,2018,27(6):21-30.

61. 曹霞,张路蓬.企业绿色技术创新扩散的演化博弈分析[J].中国人口·资源与环境,2015,25(7):68-76.

62. 曹霞,李传云,于娟,于兵.市场机制和政府调控下的产学研合作创新网络演化博弈仿真——以新能源汽车产业为例[J].系统管理学报,2020,29(3):464-474.

63. 曹国华,杨俊杰.政府补贴激励下消费者对新能源汽车购买行为的演化博弈研究[J].经济问题探索,2016(10):1-9.

64. 陈姝.感知产品创新的作用结果及其机制研究:消费者行为和品牌的双重视角[D].西安:西北大学,2015:28-41.

65. 蔡双立,张晓丹.开放创新下知识产权保护与区域创新能力提升:堵还是疏?[J].科研管理,2023,44(5):149-158.

66. 代中强,蔡华津.美国知识产权调查的贸易抑制效应研究.国际贸易问题,2019(8):124-137.

67. 戴晨,刘怡.税收优惠与财政补贴对企业R&D影响的比较分析[J].经济科学,2008(3):58-71.

68. 范如国,冯晓丹."后补贴"时代地方政府新能源汽车补贴策略研究[J].中国人口·资源与环境,2017,27(3):30-38.

69. 冯伟业,卫平.中美贸易知识产权摩擦研究:以"337调查"为例[J].中国经济问题,2017,301(2):118-124.

70. 傅星国.WTO争端解决中"交叉报复"的案例分析.国际经济合作,2009(7):68-73.

71. 高新伟,周燕春.车辆购置税优惠对新能源汽车企业创新绩效的影响分析[J].中国石油大学学报(社会科学版),2021,37(1):11-19.

72. 高秀平,彭月兰.我国新能源汽车财税政策效应与时变研究:基于A股新能源汽车上市公司的实证分析[J].经济问题,2018(1):49-56.

73. 高新伟,张晓艺.税收优惠对新能源企业创新绩效影响研究[J].中国石油大学学报(社会科学版),2020,36(6):1-10.

74. 郭燕青,李磊,姚远.中国新能源汽车产业创新生态系统中的补贴问题研究[J].经济体制改革,2016(2):29-34.

75. 高倩,范明,杜建国.政府补贴对新能源汽车企业影响的演化研究[J].科技管理研究,2014(11):75-79.

76. 官松.论WTO补贴案件报复规则的发展:以美国—陆地棉花案为视角[J].北方法学,2013,7(5):140-149.

77. 黄晓凤,廖雄飞.中美贸易失衡主因分析[J].财贸经济,2011,353(4):85-90+137.

78. 侯旭.对外贸易与产业结构相互作用的理论分析[J].经济论坛,2009(17):14-16.

79. 胡祖平,何建佳,刘举胜.新能源汽车补贴政策下政府与企业的信号博弈分析[J].资源开发与市场,2017:564-568.

80. 郝俊峰.企业创新行为对顾客感知价值及购买行为的影响研究[D].天津:天津大学,2011:35-39.

81. 李国栋,罗瑞琦,谷永芬.政府推广政策与新能源汽车需求:来自上海的证据[J].中国工业经济,2019(4):42-61.

82. 李国栋,罗瑞琦,张鸿.推广政策对新能源汽车需求的影响:基于城市和车型销量数据的研究[J].上海对外经贸大学学报,2018,2(26):49-58+68.

83. 卢君生,张顺明,朱艳阳.汽车购置税优惠政策应该常态化吗?——基于CGE模型的分析[J].系统工程理论与实践,2019,39(8):1917-1935.

84. 刘怡芳,吴国萍.我国政府R&D补助对技术创新的影响[J].当代经济研究,2016(12):78-83.

85. 李爽.R&D强度、政府支持度与新能源企业的技术创新效率[J].软科学,2016,30(3):11-14.

86. 李春顶.中美贸易摩擦成因中的心理、制度和政治因素分析[J].财贸研究,2007(3):50-56.

87. 李浩.我国知识产权贸易存在的问题及对策[J].国际贸易问题,2005(11):118-122.

88. 李静晶,庄子银.知识产权保护对我国区域经济增长的影响[J].科学学研究,2017,35(4):557-564.

89. 李文韬.发展中国家适用跨 TRIPS 协定交叉报复的困境与解决[J].中阿科技论坛(中英阿文),2020,14(4):15-16+28.

90. 刘亮.中国进出口结构与产业结构的关系研究(1978—2016)[D].广州:广东外语外贸大学,2018.

91. 梁军.中美贸易摩擦的经济学困惑及其政治经济学解释[J].国际观察,2005(4):59-65.

92. 刘志迎.《现代产业经济学教程》[M].科学出版社,2007:156-157.

93. 卢超,尤建新,戎珂,石涌江,陈衍泰.新能源汽车产业政策的国际比较研究[J].科研管理,2014,35(12):26-35.

94. 李绍萍,李悦.税收对新能源汽车企业研发投入的影响研究[J].资源开发与市场,2016,32(9):1100-1103.

95. 马钧,王宁,孔德洋.基于 AHP 及 Logit 回归的新能源汽车市场预测模型[J].同济大学学报(自然科学版),2009,37(8):1079-1084.

96. 马亮,仲伟俊,梅姝娥.政府补贴、准入限制与新能源汽车产业发展[J].上海经济研究,2017(4):17-25.

97. 马忠法,李依琳.后 TRIPS 协议时代美国知识产权国际保护诉求之变及其影响[J].河北法学,2020,38(8):48-61.

98. 马章良.中国进出口贸易对经济增长方式转变的影响分析[J].国际贸易问题,2012(4):30-38.

99. 孟琪.WTO 交叉报复的效力问题研究:以美国-棉花案(巴西)为例[J].世界农业,2017(6):23-27.

100. 卢超,闫俊琳.考虑"双积分"交易的双寡头新能源车企研发博弈[J].工业技术经济,2019(1):67-73.

101. 李文鹣,戴良平,郭本海,吴思远.后补贴时代复合牵引机制下新能源汽车上下游企业合作创新博弈分析[J].软科学,2021,35(1):81-88.

102. 李云霞.中国新能源汽车补贴对消费者的激励效果研究[D].大连:东北财经大学,2018:34-36.

103. 芮明杰.产业经济学[M].上海财经大学出版社,2012.

104. 孙红霞,吕慧荣.新能源汽车后补贴时代政府与企业的演化博弈分析[J].软科学,2018(2):24-29+49.

105. 任靓.特朗普贸易政策与美对华"301调查"[J].国际贸易问题,2017(12):153-165.

106. 史宇鹏,顾全林.知识产权保护、异质性企业与创新:来自中国制造业的证据[J].金融研究,2013(8):136-149.

107. 石高林.基于结构方程模型的智能手机企业创新行为对消费者购买意愿影响研究[D].深圳:深圳大学,2017:35-38.

108. 王薇,刘云.基于内容分析法的我国新能源汽车产业发展政策分析[J].科研管理,2017,38(S1):581-591.

109. 谢青,田志龙.创新政策如何推动我国新能源汽车产业的发展:基于政策工具与创新价值链的政策文本分析[J].科学学与科学技术管理,2015,36(6):3-14.

110. 熊彼特.经济发展理论[M].华夏出版社,2015:56-68.

111. 马歇尔.经济学原理[M].朱志泰,译,商务印书馆,1964.

112. 王海啸,缪小明.我国新能源汽车研发补贴的博弈研究[J].软科学,2013,6(27):29-32.

113. 张平,张鹏鹏,蔡国兴.不同类型环境规制对企业技术创新影响比较研究[J].中国人口·资源与环境,2016(4):8-13.

114. 王维,李昊展,乔朋华,桂嘉伟.政府补助方式对新能源汽车企业绩效影响研究:基于企业成长性的深入分析[J].科学进步与对策,2017,34(23):114-120.

115. 王颖,李英.基于感知风险和涉入程度的消费者新能源汽车购买意愿实证研究[J].数理统计与管理,2013(5):863-872.

116. 赵充.车辆购置税优惠政策影响新能源汽车销量的实证研究:基于双重差分模型的分析[D].济南:山东大学,2018:33-35.

117. 钟太勇,杜荣.基于博弈论的新能源汽车补贴策略研究[J].中国管理科学,2015,23(S1):817-822.

118. 汪秋明,韩庆潇,杨晨.战略性新兴产业中的政府补贴与企业行为:基于政府规制下的动态博弈分析视角[J].财经研究,2014,7(40):43-53.

119. 万光彩,刘莉."原产地"统计原则、"所有权"统计原则与中美贸易不平衡[J].财贸经济,2007,302(1):116-122.

120. 王孝松,陈燕.贸易摩擦的成因、效应和应对策略[J].齐鲁学刊,2023(1): 117-132.

121. 王孝松,吕越,赵春明.贸易壁垒与全球价值链嵌入:以中国遭遇反倾销为例[J].中国社会科学,2017,253(1):108-124+206-207.

122. 韦东明,徐扬,岳林峰.知识产权治理促进了区域创新效率提升吗:基于国家知识产权示范城市的准实验[J].世界经济文汇,2023,273(2):14-30.

123. 魏浩,巫俊.知识产权保护、进口贸易与创新型领军企业创新[J].金融研究,2018,459(9):91-106.

124. 张扬,陆宸欣.政府、企业和消费者三方在新能源汽车后补贴时代的演化博弈分析[J].重庆交通大学学报,2020,5(39):38-48.

125. 徐建中,孙颖.市场机制和政府监管下新能源汽车产业合作创新演化博弈研究[J].运筹与管理,2020(5):143-151.

126. 徐元.当前我国出口遭遇专利壁垒的挑战与对策[J].国际贸易,2014(5):30-35.

127. 许春明,单晓光.论知识产权制度功能的有限性[J].科学学研究,2009,27(5):653-659.

128. 杨全发,韩樱.知识产权保护与跨国公司对外直接投资策略[J].经济研究,2006(4):28-34.

129. 余振,周冰惠,谢旭斌,王梓楠.参与全球价值链重构与中美贸易摩擦[J].中国工业经济,2018(7):24-42.

130. 于铁流,李秉祥.中美贸易摩擦的原因及其解决对策[J].管理世界,2004(9):67-72,80.

131. 汪涛,何昊,诸凡.新产品开发中的消费者创意——产品创新任务和消费者知识对消费者产品创意的影响[J].管理世界,2010,(2):80-92.

132. 武小悦,刘琦.应用统计学[M].国防科技大学出版社,2009(10):389-397.

133. 周绍东.企业技术创新与政府R&D补贴:一个博弈[J].产业经济评论,2008(9):38-51.

134. 赵瑾.中美经济摩擦的焦点和主要问题[J].世界经济,2004(3):17-21.

135. 朱东平.外商直接投资、知识产权保护与发展中国家的社会福利——兼论发展中国家的引资战略[J].经济研究,2004(1):93-101.

136. 邹宏元,崔冉.实际汇率和关税税率变动对中国进出口的影响[J].数量经济技术经济研究,2020:143-161.
137. 张纪凤,黄萍.替代出口还是促进出口:我国对外直接投资对出口的影响研究[J].国际贸易问题,2013(3):95-103.
138. 战书彬.论对外贸易与优化产业结构的关系[J].东岳论丛,1997(6):40-43.
139. 张应武.对外直接投资与贸易的关系:互补或替代[J].国际贸易问题,2007(6):87-93.

后　记

对于机制设计的研究,始于笔者在加拿大读博期间。笔者因与导师合作撰写了一些有关机制设计的论文,开始逐渐对机制设计以及机制设计相关问题的应用产生浓厚的兴趣。此后,笔者的研究主要聚焦于探讨针对不同实际问题,在信息不对称的情况下,如何设计合理的机制,在此机制下各种行为策略以及对社会、个体造成的影响,等等。笔者陆续在知名英文和中文期刊上发表数篇相关论文,考虑到论文的篇幅和字数限制,所以笔者进一步地进行系统的整合和梳理,以专著的形式出版成书。

在本书撰写的过程中,笔者也遇到了如何扩充研究背景,更新实证数据,完善写作内容等等的困难和问题。笔者非常感谢在此过程中,刘秋磊同学对第3章"机制设计在新能源汽车领域的应用"内容的分析和补充;邓洁同学和谭静同学对第5章"机制设计在外卖O2O平台中的应用"和第6章"机制设计在'后P2P时代'监管问题的应用"的内容补充;杨恒杰同学对第7章"机制设计在电商平台直播业务中的应用"中的仿真结果进行的更新和补充;郭笑云同学和贺泽珺同学对于整体写作内容的补充和编辑校对。同时,也感谢上海市科学技术委员会扬帆人才计划项目的支持。在此,一并表示谢意。

方楚怡

2023年12月